高等学校“十三五” 规划教材

大学生创新创业概论

主编 杨晓梅 张蕴启 徐艺 夏昌祥
主审 鲁克成

北京
冶金工业出版社
2019

内容简介

本书根据大学生初次接触创新创业教育的实际和创新创业人才培养的逻辑关系，按照循序渐进的教育教学规律编写而成。本书共9章，主要包括创新浪潮：大学生创新创业的“助推器”，创新基础：大学生创新创业的“奠基石”，创新能力：大学生创新创业的“牛鼻子”，创新品质：大学生创新创业的“护身符”，创新障碍：大学生创新创业的“拦路虎”，创新思维：大学生创新创业的“金钥匙”，创新技法：大学生创新创业的“银手杖”，创业天地：大学生创新创业的“大熔炉”以及创业体验：大学生创新创业的“试金石”等9个方面内容。

本书可作为高等学校开展大学生创新创业教育的基础教材，也可作为创新创业培训教材，还可作为广大读者了解创新创业教育的科普读物，并且可供相关专业的研究人员阅读参考。

图书在版编目(CIP)数据

大学生创新创业概论/杨晓梅等主编.—北京：冶金工业出版社，2019.9

高等学校“十三五”规划教材

ISBN 978-7-5024-7996-1

Ⅰ.①大… Ⅱ.①杨… Ⅲ.①大学生—创业—高等学校—教材 Ⅳ.①G647.38

中国版本图书馆CIP数据核字(2019)第027709号

出版人 谭学余
地 址 北京市东城区嵩祝院北巷39号 邮编 100009 电话 (010)64027926
网 址 www.cnmip.com.cn 电子信箱 yjcbs@cnmip.com.cn
责任编辑 杜婷婷 美术编辑 彭子赫 版式设计 禹 蕊
责任校对 郭惠兰 责任印制 李玉山
ISBN 978-7-5024-7996-1
冶金工业出版社出版发行；各地新华书店经销；三河市双峰印刷装订有限公司印刷
2019年9月第1版，2019年9月第1次印刷
787mm×1092mm 1/16；13.25印张；314千字；193页
48.00元

冶金工业出版社 投稿电话 (010)64027932 投稿信箱 tougao@cnmip.com.cn
冶金工业出版社营销中心 电话 (010)64044283 传真 (010)64027893
冶金工业出版社天猫旗舰店 yjgycbs.tmall.com
（本书如有印装质量问题，本社营销中心负责退换）

“创新创业系列教材”
编委会

蔡　欣（天津工业职业学院）
陈家旭（中国新高教集团）
赵雪君（昆明冶金高等专科学校）
袁　媛（云南工商学院）
李仲荣（吉林工业职业技术学院）
杨彬楠（昆明冶金高等专科学校）
程媛媛（镇江高等专科学校）
林训超（成都航空职业技术学院）
王　静（云南工商学院）
周霞霞（昆明冶金高等专科学校）
林　磊（天津工业职业学院）
杨　柳（吉林工业职业技术学院）
李庆芹（昆明冶金高等专科学校）
方显峰（天津工业职业学院）
勾　英（云南工商学院）
张海涛（内蒙古机电职业技术学院）
安敏杰（甘肃工业职业技术学院）
王　磊（四川工商职业技术学院）
李志波（山东工业职业学院）
李　娟（昆明冶金高等专科学校）
高岗强（内蒙古机电职业技术学院）
王火清（天津工业职业学院）
马　健（四川工商职业技术学院）
刘稳章（山东工业职业学院）
陈　勉（昆明冶金高等专科学校）
武晨华（内蒙古机电职业技术学院）

本书编委会

主　编　杨晓梅　张蕴启　徐　艺　夏昌祥

主　审　鲁克成

副主编　吾甫尔·艾买提江　孔维军　丁　钢
李春明　张喜春　周加贝　夏　仡
刘风明　赵红军　李小薇　郭科研
刘　伟　杨永锋　周　刚　陈向贵
张丽华　田玉伟　邓春生　杨　渝
万由祥　李明富　杨俊雄　聂文俊
杨　浩　张秀芳　杨增俊

参　编　何　瑛　旃亚玲　张海彬　曹彩霞
林训超　孔凡杰　杜　蕾　杨彬楠
李　颖　李伸荣　赵雪君　吕　清
陈家旭　李　歆　刘　健　程媛媛
蔡　欣　王　静　孔　卿　黄　琪
周霞霞　杨　柳　牟　波　赵述彤
袁　媛　李　娟　林　祎　林　磊
勾　英　李庆芹　方显峰　张海涛
郑　晖　安敏杰　王　磊　李志波
王火清　高岗强　马　健　刘稳章
陈　勉　武晨华

前　言

适用于本科和专科创新创业基础教育的高等学校“十三五”规划教材、“创新创业系列教材”之《大学生创新创业概论》，经过两年多的努力终于面世了。

这是参加本教材编写的高校教师深入贯彻中共中央国务院关于实施《国家创新驱动发展战略纲要》《国务院关于大力推进大众创业万众创新若干政策措施的意见》《国务院关于强化实施创新驱动发展战略　进一步推进大众创业万众创新深入发展的意见》《国务院办公厅关于深化高等学校创新创业教育改革的实施意见》《国务院办公厅关于深化产教融合的若干意见》和《国务院关于推动创新创业高质量发展　打造“双创”升级版的意见》等一系列文件精神的学习研究成果，也是积极践行全面深化高校创新创业教育改革的一份献礼。

习近平总书记在2015年10月召开的中国共产党第十八届中央委员会第五次全体会议上指出“必须牢固树立并切实贯彻创新、协调、绿色、开放、共享的发展理念”。2016年3月5日习近平总书记在参加上海代表团审议时强调，在五大发展理念中，创新发展理念是方向、是钥匙，要瞄准世界科技前沿，全面提升自主创新能力，力争在基础科技领域作出大的创新、在关键核心技术领域取得大的突破。同时，创新发展居于首要位置，是引领发展的第一动力。正如2013年10月21日习近平总书记在欧美同学会成立一百周年庆祝大会上的讲话所指出的：“创新是一个民族进步的灵魂，是一个国家兴旺发达的不竭动力，也是中华民族最深沉的民族禀赋。在激烈的国际竞争中，惟创新者进，惟创新者强，惟创新者胜。”

2018年7月10日，联合国世界知识产权组织（WIPO）和美国康奈尔大学等机构联合发布了2018年全球创新指数排行榜，中国较2017年上升5位，位列第17位，首次进入前20名。这显示出我国创新能力的快速提升，而创新是其最根本驱动要素。这反映出中央最高领导层把发展世界级创新实力设定为我国经济发展战略方向，并使其经济结构转向更侧重依赖创新、保持竞争优势的知识密集型产业。2020年中国将进入世界创新型国家的行列，2030年中国将进入世界创新型国家的前列，2050年中国将成为创新强国。这无疑对高校培养创新创业人才提出了更为迫切的、更高的要求。

创新创业教育，已被联合国教科文组织称为教育的“第三本护照”。创新创业教育被赋予了与学术教育、职业教育同等重要的地位。在尽快培养大学生的创新精神和创业意识的基础上，尽快提高大学生的创新创业能力（即创造力），始终是本教材编写的出发点和落脚点。及时帮助创新创业初学者分别打牢创新基础和创业基础，尽快帮助创新创业初学者牢固确立先创新、再创意、最后创业和创新创业融为一体、共生共荣的创新创业思路，是本教材编写的主要特色和特点。而通过学习、实习、体验、实践尽快培养大学生的创新思维始终是本教材编写的关键环节和重中之重。为此本教材设计了如下9章内容：

第1章　创新浪潮：大学生创新创业的“助推器”——基本理解创新创业已为全球大势所趋的概念和意义，初步了解创新驱动已成国家发展战略的主要精神。

第2章　创新基础：大学生创新创业的“奠基石”——更为具体而深刻地理解创新的内涵，明确创新并不神秘和高不可攀，为实施双创教育奠定基础。

第3章　创新能力：大学生创新创业的“牛鼻子”——创新能力、创业能力即创造力。创造力人皆有之，创造力可以开发，这是创造力开发的两个理论依据。因此，认识、把握和获得创造力是创新能否成功的关键。创造力开发的思路和方法为开发创造力指明了道路。从而，引导大学生能够积极主动地走进创造力开发的进程之中。

第4章　创新品质：大学生创新创业的“护身符”——创新不可能缺少创新动机、创新兴趣、创新情感、创新意志和创新性格等创新人格因素，更不可能没有创新的注意力、观察力、记忆力、思维力和想象力等创新智能因素。了解并应用培养创新人格因素和创新智能因素，对于成长中的大学生来说，是不可缺少的。

第5章　创新障碍：大学生创新创业的“拦路虎”——思维创新，是一切创新的基础和前提。任何组织或者个人若是封闭思维，只会让自身深陷囹圄。大学生要想获得创新思维，就必须扫除创新思维的一切思维障碍。

第6章　创新思维：大学生创新创业的“金钥匙”——思维是人类特有的一种精神活动。人工智能产品如电脑、机器人等，无论多么完善，都是模仿人脑的产物。创新思维是思维的重要表现，创业思维也包含在创新思维之中。没有创新就没有创业。

第 7 章　创新技法：大学生创新创业的“银手杖”——创新技法是创新的工具，是创新创业教育中最实用的内容。学生和老师可以尝试一边学习一边使用这些创新技法解决相应的创新问题。

第 8 章　创业天地：大学生创新创业的“大熔炉”——让大学生知道当一名创业者所应具备的创业素质和应做好的创业准备。

第 9 章　创业体验：大学生创新创业的“试金石”——一切想法，最终都要落实于实践。了解大学生创业体验的心理特征、环境特征和需求特征后，就能够更加有效地帮助大学生融入社会后尽快朝着自己的创业目标顺利迈进。

为方便同学和老师掌握本书内容，每章都设计有“二维码思维导图和课件”“温馨提示”“本章小结”和“延续思考”等创新环节。同时，还穿插了许多案例和实践活动，以助学员理解相关内容，并逐步取得参加各学校创新创业协会学术研讨等活动，参与创新或创业团队的创新创业研究，撰写发表创新论文，参加各类创新创业竞赛并争取名次、获得专利，参与创业团队的创业体验等创新创业教育成果。

青年兴则国家兴，青年强则国家强。青年一代有理想、有本领、有担当，国家就有前途，民族就有希望。21 世纪是中华民族伟大复兴的世纪。习近平总书记在党的十九大报告中提出：“中国梦是历史的、现实的，也是未来的；是我们这一代的，更是青年一代的。”“广大青年要坚定理想信念，志存高远，脚踏实地，勇做时代的弄潮儿，在实现中国梦的生动实践中放飞青春梦想，在为人民利益的不懈奋斗中书写人生华章！”个人要发展，企业要腾飞，国家要富强，民族要复兴，关键在创新。加快培养大学生创新创业思维，培养创新创业智能，提高创新创业素质，开发创新创业潜能，这是 21 世纪赋予高校教育的神圣职责。因为大学生真正具备创造力，既是岗位竞争、不断成功的制胜法宝，又是由无到有、由弱到强的财富宣言，更是创造辉煌、实现梦想的胜利基石。

期待本教材能为更多大学生更加顺利地成人成才和成长成功、为国家富强和民族复兴培养出更多的创新型人才增砖添瓦、鼓劲加油、多作贡献！

编　者

2018 年 12 月

目　录

1　创新浪潮：大学生创新创业的“助推器” …… 1
1.1　创新驱动已成国家发展战略 …… 1
1.1.1　中共中央国务院印发实施《国家创新驱动发展战略纲要》 …… 1
1.1.2　《国务院办公厅关于深化高等学校创新创业教育改革的实施意见》实施 …… 2
1.2　创新创业已为全球大势所趋 …… 4
1.2.1　“大众创业、万众创新”上升为世界理念 …… 4
1.2.2　全球竞争形势加剧下的六大创新趋势 …… 5
1.2.3　适应中国创新创业的五大教育观念转变 …… 5
1.3　创新创业已入高校各个环节 …… 6
1.3.1　全方位推进高校创新创业教育工作 …… 6
1.3.2　进一步加强高校创新创业基地建设 …… 7
本章小结 …… 8
延续思考 …… 8
2　创新基础：大学生创新创业的“奠基石” …… 9
2.1　创新的概念 …… 9
2.1.1　创新的基础性概念 …… 9
2.1.2　创新的要素性概念 …… 16
2.1.3　创新的过程性概念 …… 16
2.2　创新的内涵 …… 17
2.2.1　创新的特征 …… 17
2.2.2　创新的原理 …… 18
2.2.3　创新的原则 …… 20
2.2.4　创新的类型 …… 21
2.3　创新的程序 …… 24
2.3.1　创新准备阶段 …… 24
2.3.2　创新实施阶段 …… 25
2.3.3　创新复盘阶段 …… 27
本章小结 …… 27
延续思考 …… 27
3　创新能力：大学生创新创业的“牛鼻子” …… 28
3.1　创造力的概念与结构 …… 28

3.1.1　创造力的概念 …… 28
3.1.2　创造力的结构 …… 30
3.2　创造力开发的原理与因素 …… 32
3.2.1　创造力开发的含义 …… 32
3.2.2　创造力开发的理论依据 …… 33
3.2.3　创造力开发的脑生理机制 …… 34
3.2.4　创造力开发的主要因素 …… 34
3.3　创造力开发的途径与方法 …… 36
3.3.1　创造力开发的主要途径 …… 36
3.3.2　创造力开发的主要方法 …… 37
本章小结 …… 39
延续思考 …… 39

4　创新品质：大学生创新创业的“护身符” …… 40

4.1　创新人格因素 …… 40
4.1.1　创新人格的基本概念 …… 40
4.1.2　创新人格的重要意义 …… 41
4.1.3　创新人格的主要内容 …… 43
4.2　创新智能因素 …… 51
4.2.1　创新智能的基本概念 …… 51
4.2.2　创新智能的培养意义 …… 51
4.2.3　创新智能的主要内容 …… 51
本章小结 …… 59
延续思考 …… 59

5　创新障碍：大学生创新创业的“拦路虎” …… 60

5.1　创新必须突破思维定势障碍 …… 60
5.1.1　思维定势的基本概念 …… 60
5.1.2　思维定势的表现形式 …… 61
5.1.3　思维定势的突破方法 …… 66
5.2　创新必须突破惯性思维障碍 …… 66
5.2.1　惯性思维的基本概念 …… 67
5.2.2　惯性思维的表现形式 …… 68
5.2.3　惯性思维的突破方法 …… 71
5.3　创新必须突破心理困惑障碍 …… 72
5.3.1　心理困惑的基本概念 …… 72
5.3.2　心理困惑的表现形式 …… 72
5.3.3　心理困惑的突破方法 …… 74
本章小结 …… 77

延续思考 …… 77

6　创新思维：大学生创新创业的“金钥匙” …… 78

6.1　思维 …… 78
6.1.1　思维的基本含义 …… 78
6.1.2　思维的重要特征 …… 79
6.1.3　思维的主要类型 …… 80
6.1.4　思维能力的概念 …… 80
6.1.5　思维品格的概念 …… 82
6.2　创新思维 …… 83
6.2.1　创新思维的基本含义 …… 83
6.2.2　创新思维的重要特征 …… 83
6.2.3　创新思维的主要形态 …… 84
6.2.4　创新思维的重要作用和现实意义 …… 85
6.3　创新思维方法 …… 85
6.3.1　转换视角的创新思维方法 …… 85
6.3.2　适应变通的创新思维方法 …… 89
6.3.3　拓展空间的创新思维方法 …… 91
6.3.4　借助外力的创新思维方法 …… 93
6.3.5　提升速度的创新思维方法 …… 95
6.4　创意 …… 97
6.4.1　创意的基本含义 …… 98
6.4.2　创意的内在本质 …… 98
6.4.3　创意的主要功能 …… 98
6.4.4　创意的理论来源 …… 98
6.4.5　创意的主要特点 …… 99
6.4.6　创意的形成阶段 …… 99
本章小结 …… 100
延续思考 …… 100

7　创新技法：大学生创新创业的“银手杖” …… 101

7.1　创新技法 …… 101
7.1.1　创新技法的基本含义 …… 102
7.1.2　创新技法的主要原则 …… 102
7.1.3　创新技法的主要应用 …… 102
7.1.4　创新技法的应用意义 …… 104
7.1.5　创新技法的基本类型 …… 104
7.2　创新方法 TRIZ …… 126
7.2.1　TRIZ 的基本含义 …… 126

7.2.2 TRIZ的应用案例 …… 134
7.3 创新思维工具之六顶思考帽 …… 136
7.3.1 六顶思考帽的概念 …… 136
7.3.2 六顶思考帽的特点 …… 137
7.3.3 六顶思考帽的应用 …… 138
7.4 创新思维工具之水平思考法 …… 140
7.4.1 水平思考法的概念 …… 141
7.4.2 水平思考法的内容 …… 142
7.5 创新思维工具之思维导图 …… 143
7.5.1 思维导图的基本含义 …… 143
7.5.2 思维导图的思维形式 …… 143
7.5.3 思维导图的作用优势 …… 143
7.5.4 思维导图的实际运用 …… 145
本章小结 …… 145
延续思考 …… 145

8 创业天地：大学生创新创业的“大熔炉” …… 146

8.1 尽快熟悉创业基础 …… 147
8.1.1 创业的概念与特点 …… 147
8.1.2 创业的内涵与形式 …… 147
8.1.3 创业的真谛与规律 …… 148
8.1.4 创业的模式与方向 …… 149
8.1.5 创业的要素与类型 …… 150
8.1.6 创业的本质与现实 …… 152
8.1.7 创业的项目与计划 …… 153
8.1.8 创业的教学与研究 …… 155
8.2 敏锐寻找创业商机 …… 156
8.2.1 懂得寻找创业商机之法 …… 156
8.2.2 培养发现创业商机之能 …… 157
8.2.3 厘清选择创业商机之策 …… 158
8.3 及时做好创业准备 …… 158
8.3.1 具备创业思维 …… 158
8.3.2 具备创业精神 …… 158
8.3.3 具备创业意识 …… 159
8.3.4 具备创业能力 …… 159
8.3.5 具备创业素质 …… 161
8.3.6 具备专业知识 …… 164
8.3.7 具备创业之道 …… 164
8.3.8 具备创业优势 …… 166

8.3.9　具备创业起步条件 …… 166
8.4　从容应对创业变换 …… 170
8.4.1　冷静识别创业陷阱 …… 170
8.4.2　注意规避创业风险 …… 171
8.4.3　坦然面对创业失败 …… 171
本章小结 …… 172
延续思考 …… 172

9　创业体验：大学生创新创业的“试金石” …… 173

9.1　大学生创业体验的环境认知 …… 173
9.1.1　大学生创业体验的心理特征 …… 174
9.1.2　大学生创业体验的环境特征 …… 175
9.1.3　大学生创业体验的需求特征 …… 176
9.2　大学生创业体验的绩效追求 …… 177
9.2.1　创新创业的创效之需 …… 177
9.2.2　创新创业的创效之道 …… 181
9.3　大学生创业体验的技巧训练：学会绘制创业商业模式画布 …… 186
9.3.1　商业模式画布的基本概念 …… 186
9.3.2　商业模式画布的构造模块 …… 187
9.3.3　商业模式画布的绘制要领 …… 188
本章小结 …… 188
延续思考 …… 189

参考文献 …… 190

1 创新浪潮：大学生创新创业的“助推器”

扫一扫获取
课件及思维导图

创新是一个民族进步的灵魂，是一个国家兴旺发达的不竭动力，也是中华民族最深沉的民族禀赋。在激烈的国际竞争中，惟创新者进，惟创新者强，惟创新者胜。

——习近平

创新是社会进步的灵魂，创业是推进经济社会发展、改善民生的重要途径，创新和创业相连一体，共生共存。

——《国务院关于强化实施创新驱动发展战略进一步推进大众创业万众创新深入发展的意见》

科学是研究未来的东西，科学的教育任务是教学生探新、创新。

——恩格斯

温馨提示

通过本章的学习，基本理解创新创业已为全球大势所趋的概念和意义，初步了解创新驱动已成为国家发展战略的主要精神，重点熟悉《国务院办公厅关于深化高等学校创新创业教育改革的实施意见》关于深化高校“双创”教育改革的三个阶段、五大目标和九大措施和任务。特别领会《国务院关于强化实施创新驱动发展战略进一步推进大众创业万众创新深入发展的意见》提出的“创新和创业相连一体，共生共存”的深刻道理，唯有创新，才有创业；创新是创业的基础和前提，创业是创新的体现和延伸，并将这一思想贯穿创新创业教育教学全过程。

1.1 创新驱动已成国家发展战略

1.1.1 中共中央国务院印发实施《国家创新驱动发展战略纲要》

2016年5月，中共中央国务院印发实施了《国家创新驱动发展战略纲要》。其精神有：

（1）国家创新驱动发展战略把创新确定为国家引领发展的第一动力。《国家创新驱动发展战略纲要》指出：“创新驱动就是创新成为引领发展的第一动力，科技创新与制度创新、管理创新、商业模式创新、业态创新和文化创新相结合，推动发展方式向依靠持续的知识积累、技术进步和劳动力素质提升转变，促进经济向形态更高级、分工更精细、结构更合理的阶段演进。”

（2）确定了三步走的创新发展战略目标。《国家创新驱动发展战略纲要》指出：“战略目标分三步走：第一步，到2020年进入创新型国家行列，基本建成中国特色国家创新体系，有力支撑全面建成小康社会目标的实现”，“第二步，到2030年跻身创新型国家前列，发展驱动力实现根本转换，经济社会发展水平和国际竞争力大幅提升，为建成经济强国和共同富裕社会奠定坚实基础”，“第三步，到2050年建成世界科技创新强国，成为世界主要科学中心和创新高地，为我国建成富强民主文明和谐的社会主义现代化国家、实现中华民族伟大复兴的中国梦提供强大支撑”。

（3）提出了八大战略任务。即《国家创新驱动发展战略纲要》确定的“推动产业技术体系创新，创造发展新优势”“强化原始创新，增强源头供给”“优化区域创新布局，打造区域经济增长极”“深化军民融合，促进创新互动”“壮大创新主体，引领创新发展”“实施重大科技项目和工程，实现重点跨越”“建设高水平人才队伍，筑牢创新根基”和“推动创新创业，激发全社会创造活力”八大任务。

1.1.2 《国务院办公厅关于深化高等学校创新创业教育改革的实施意见》实施

2015年5月，《国务院办公厅关于深化高等学校创新创业教育改革的实施意见》下发实施（国办发〔2015〕36号），应当特别把握三个重点。

1.1.2.1 提出了深化高校“双创”教育改革的三个阶段

国办发〔2015〕36号文件提出了深化改革的三个阶段：

（1）第一阶段。2015年起全面深化高校创新创业教育改革。

（2）第二阶段。2017年取得重要进展，形成科学先进、广泛认同、具有中国特色的创新创业教育理念，形成一批可复制可推广的制度成果，普及创新创业教育，实现新一轮大学生创业引领计划预期目标。

（3）第三阶段。到2020年建立健全课堂教学、自主学习、结合实践、指导帮扶、文化引领融为一体的高校创新创业教育体系。

1.1.2.2 提出了深化高校“双创”教育改革的五大目标

国办发〔2015〕36号文件也提出了高校应当努力达到以下五大双创教育目标：

（1）人才培养质量显著提升。

（2）学生的创新精神明显增强。

（3）学生的创业意识明显增强。

（4）学生的创新创业能力明显增强。

（5）投身创业实践的学生显著增加。

1.1.2.3 提出了深化高校“双创”教育改革的九大措施

国办发〔2015〕36号文件还提出了高校“双创”教育改革的九大措施和任务。

（1）完善人才培养质量标准。制订实施本科专业类教学质量国家标准，修订实施高职高专专业教学标准和博士、硕士学位基本要求，明确本科、高职高专、研究生创新创业教育目标要求，使创新精神、创业意识和创新创业能力成为评价人才培养质量的重要指标。相关部门、科研院所、行业企业要制修订专业人才评价标准，细化创新创业素质能力要求。不同层次、类型、区域高校要结合办学定位、服务面向和创新创业教育目标要求，制订专业教学质量标准，修订人才培养方案。

(2) 创新人才培养机制。实施高校毕业生就业和重点产业人才供需年度报告制度，完善学科专业预警、退出管理办法，探索建立需求导向的学科专业结构和创业就业导向的人才培养类型结构调整新机制，促进人才培养与经济社会发展、创业就业需求紧密对接。深入实施系列“卓越计划”、科教结合协同育人行动计划等，多形式举办创新创业教育实验班，探索建立校校、校企、校地、校所以及国际合作的协同育人新机制，积极吸引社会资源和国外优质教育资源投入创新创业人才培养。高校要打通一级学科或专业类下相近学科专业的基础课程，开设跨学科专业的交叉课程，探索建立跨院系、跨学科、跨专业交叉培养创新创业人才的新机制，促进人才培养由学科专业单一型向多学科融合型转变。

(3) 健全创新创业教育课程体系。各高校要根据人才培养定位和创新创业教育目标要求，促进专业教育与创新创业教育有机融合，调整专业课程设置，挖掘和充实各类专业课程的创新创业教育资源，在传授专业知识过程中加强创新创业教育。面向全体学生开发开设研究方法、学科前沿、创业基础、就业创业指导等方面的必修课和选修课，纳入学分管理，建设依次递进、有机衔接、科学合理的创新创业教育专门课程群。各地区、各高校要加快创新创业教育优质课程信息化建设，推出一批资源共享的慕课、视频公开课等在线开放课程。建立在线开放课程学习认证和学分认定制度。组织学科带头人、行业企业优秀人才，联合编写具有科学性、先进性、适用性的创新创业教育重点教材。

(4) 改革教学方法和考核方式。各高校要广泛开展启发式、讨论式、参与式教学，扩大小班化教学覆盖面，推动教师把国际前沿学术发展、最新研究成果和实践经验融入课堂教学，注重培养学生的批判性和创造性思维，激发创新创业灵感。运用大数据技术，掌握不同学生学习需求和规律，为学生自主学习提供更加丰富多样的教育资源。改革考试考核内容和方式，注重考查学生运用知识分析、解决问题的能力，探索非标准答案考试，破除“高分低能”积弊。

(5) 强化创新创业实践。各高校要加强专业实验室、虚拟仿真实验室、创业实验室和训练中心建设，促进实验教学平台共享。各地区、各高校科技创新资源原则上向全体在校学生开放，开放情况纳入各类研究基地、重点实验室、科技园评估标准。鼓励各地区、各高校充分利用各种资源建设大学科技园、大学生创业园、创业孵化基地和小微企业创业基地，作为创业教育实践平台，建好一批大学生校外实践教育基地、创业示范基地、科技创业实习基地和职业院校实训基地。完善国家、地方、高校三级创新创业实训教学体系，深入实施大学生创新创业训练计划，扩大覆盖面，促进项目落地转化。举办全国大学生创新创业大赛，办好全国职业院校技能大赛，支持举办各类科技创新、创意设计、创业计划等专题竞赛。支持高校学生成立创新创业协会、创业俱乐部等社团，举办创新创业讲座论坛，开展创新创业实践。

(6) 改革教学和学籍管理制度。各高校要设置合理的创新创业学分，建立创新创业学分积累与转换制度，探索将学生开展创新实验、发表论文、获得专利和自主创业等情况折算为学分，将学生参与课题研究、项目实验等活动认定为课堂学习。为有意愿有潜质的学生制定创新创业能力培养计划，建立创新创业档案和成绩单，客观记录并量化评价学生开展创新创业活动情况。优先支持参与创新创业的学生转入相关专业学习。实施弹性学制，放宽学生修业年限，允许调整学业进程、保留学籍休学创新创业。设立创新创业奖学金，并在现有相关评优评先项目中拿出一定比例用于表彰优秀创新创业的学生。

（7）加强教师创新创业教育教学能力建设。各地区、各高校要明确全体教师创新创业教育责任，完善专业技术职务评聘和绩效考核标准，加强创新创业教育的考核评价。配齐配强创新创业教育与创业就业指导专职教师队伍，并建立定期考核、淘汰制度。聘请知名科学家、创业成功者、企业家、风险投资人等各行各业优秀人才，担任专业课、创新创业课授课或指导教师，并制定兼职教师管理规范，形成全国万名优秀创新创业导师人才库。将提高高校教师创新创业教育的意识和能力作为岗前培训、课程轮训、骨干研修的重要内容，建立相关专业教师、创新创业教育专职教师到行业企业挂职锻炼制度。加快完善高校科技成果处置和收益分配机制，支持教师以对外转让、合作转化、作价入股、自主创业等形式将科技成果产业化，并鼓励带领学生创新创业。

（8）改进学生创业指导服务。各地区、各高校要建立健全学生创业指导服务专门机构，做到“机构、人员、场地、经费四到位”，对自主创业学生实行持续帮扶、全程指导、一站式服务。健全持续化信息服务制度，完善全国大学生创业服务网功能，建立地方、高校两级信息服务平台，为学生实时提供国家政策、市场动向等信息，并做好创业项目对接、知识产权交易等服务。各地区、各有关部门要积极落实高校学生创业培训政策，研发适合学生特点的创业培训课程，建设网络培训平台。鼓励高校自主编制专项培训计划，或与有条件的教育培训机构、行业协会、群团组织、企业联合开发创业培训项目。各地区和具备条件的行业协会要针对区域需求、行业发展，发布创业项目指南，引导高校学生识别创业机会、捕捉创业商机。

（9）完善创新创业资金支持和政策保障体系。各地区、各有关部门要整合发展财政和社会资金，支持高校学生创新创业活动。各高校要优化经费支出结构，多渠道统筹安排资金，支持创新创业教育教学，资助学生创新创业项目。部委属高校应按规定使用中央高校基本科研业务费，积极支持品学兼优且具有较强科研潜质的在校学生开展创新科研工作。中国教育发展基金会设立大学生创新创业教育奖励基金，用于奖励对创新创业教育作出贡献的单位。鼓励社会组织、公益团体、企事业单位和个人设立大学生创业风险基金，以多种形式向自主创业大学生提供资金支持，提高扶持资金使用效益。深入实施新一轮大学生创业引领计划，落实各项扶持政策和服务措施，重点支持大学生到新兴产业创业。有关部门要加快制定有利于互联网创业的扶持政策。

1.2 创新创业已为全球大势所趋

“大众创业、万众创新”不仅成为国家创新驱动发展战略和创建创新型国家战略的重要组成部分，而且通过联合国认可，已经上升为世界理念。在这种形势下，大学生创新创业教育，也就在中国高校全面系统并如火如荼地开展起来了。

1.2.1 “大众创业、万众创新”上升为世界理念

1.2.1.1 第71届联合国大会通过284号决议：把每年4月21日确定为世界创意和创新日

第71届联合国大会（以下简称联大）2017年4月27日协商一致通过关于纪念“世

界创意和创新日”的第284号决议，确认创新对于每个国家发挥经济潜力至关重要，呼吁各国支持大众创业、万众创新，认为这将为各国实现经济增长、创造就业凝聚新动力，为包括妇女和青年在内的所有人创造新机遇。

中国常驻联合国代表刘结一对媒体谈道，第71届联大一致通过第284号决议，确认创新对推动各国经济发展至关重要，呼吁各国支持“大众创业、万众创新”。这表明，中国的理念为国际社会实现经济增长和创造就业贡献了解决方案，得到了国际社会的普遍赞同。

1.2.1.2 联大决议通过后的中国表态：以创新创业促进发展进步

联大第284号决议通过后，中国常驻联合国代表刘结一大使向媒体表示，中国政府深入贯彻“创新、协调、绿色、开放、共享”五大发展理念，将创新摆在国家发展全局核心位置，持续推进“大众创业、万众创新”，积极落实2030年可持续发展议程。并将同广大会员国共同努力，落实联大相关决议，以创新创业促进发展进步，全面推进2030年可持续发展议程，共创人类更加美好的未来。

1.2.1.3 联合国教科文组织主题报告：只有抓住创新这个关键，人类才能生存和发展

联合国教科文组织早在1972年的一份主题报告中就明确指出：“全球问题千头万绪，使人类面临的最大问题是怎样开发人的创造力。因为在未来的挑战面前，人类已不能依靠有限的资源、能源，也难以依靠历史的经验，只有抓住‘创新’这个关键，才能生存和发展。”创新是一个民族的灵魂，是国家兴旺发达的不竭动力。要坚持把推动自主创新摆在全部科技工作的突出位置，大力增强科技创新能力，大力倡导创新精神。

1.2.2 全球竞争形势加剧下的六大创新趋势

根据以下六大创新趋势，指导高校把握好开展双创教育的方向和重点。

（1）经济模式：由资源经济正在逐步过渡到知识经济和创新经济。高校对经济社会发展的贡献度越来越大。

（2）集成模式：由知识集成正在逐步过渡到信息集成。社会发展过程中的信息化程度越来越高。信息社会已经全面颠覆了人们的观念。

（3）产品模式：由“中国制造”正在逐步过渡到“中国创造”。中国正在从制造大国向创造大国迈进。

（4）研发模式：由注重“设计”正在逐步过渡到注重创新。因为现在是一个全面、全方位、全过程创新的时代。

（5）学习模式：由学习知识正在逐步过渡到培养激发创新能力。要适应这个创新社会，只学知识还不够，必须花大力气去开发和培养创造力。

（6）管理模式：由例行式管理正在逐步过渡到创新式管理。就是创造性地进行管理。

1.2.3 适应中国创新创业的五大教育观念转变

（1）从强调教育的统一性向强调教育的创新创造性转变。为了培养学生的个性，必须克服同质化的现象，并根据实情开展人才培养工作。

（2）从强调学生的竞争能力向强调学生的合作精神转变。靠单打独斗的时代已经过

去，只有通过协调组建相应的竞争团队，才能更好适应社会。

（3）从强调狭隘的民族观点向强调开阔的全球意识转变。中国正在逐步与世界融为一体，再闭关自守，必将被世界淘汰。

（4）从强调知识本位向能力本位和创新本位转变。要从掌握零星的、脱离实际的知识，向整体上掌握应用知识和解决实践问题的能力转变。

（5）从强调为个人利益而学向强调为公众的利益而学转变。从“小我”到“大我”的改变，将有更大学习动力，才能学到更多适应社会的有用东西。

1.3 创新创业已入高校各个环节

《教育部关于大力推进高等学校创新创业教育和大学生自主创业工作的意见》2010年5月下发实施（教办〔2010〕3号）。该《意见》要求把双创融入高校人才培养的各个环节。其中，有两个方面需特别引起关注。

1.3.1 全方位推进高校创新创业教育工作

1.3.1.1 创新创业教育是适应经济社会和国家发展需要的一种教学理念和模式

在高校中大力推进双创教育，对于促进高等教育科学发展，深化教育教学改革，提高人才培养质量具有重大的现实意义和长远的战略意义。双创教育要面向全体学生，融入人才培养全过程。要在专业教育基础上，以转变教育思想、更新教育观念为先导，以提升学生的社会责任感、创新精神、创业意识和创新创业能力为核心，以改革人才培养模式和课程体系为重点，大力推进高校双创教育工作，不断提高人才培养质量。

1.3.1.2 切实加强创新创业教育课程体系建设

把双创教育有效纳入专业教育和文化素质教育教学计划和学分体系，建立多层次、立体化的双创教育课程体系。突出专业特色，双创类课程的设置要与专业课程体系有机融合，双创实践活动要与专业实践教学有效衔接，积极推进人才培养模式、教学内容和课程体系改革。加强双创教育教材建设，借鉴国外成功经验，编写适用和有特色的高质量教材。

1.3.1.3 切实加强创新创业师资队伍建设

引导各专业教师、就业指导教师积极开展双创教育方面的理论和案例研究，不断提高在专业教育、就业指导课中进行双创教育的意识和能力。支持教师到企业挂职锻炼，鼓励教师参与社会行业的双创实践。积极从社会各界聘请企业家、创业成功人士、专家学者等作为兼职教师，建立一支专兼结合的高素质双创教育教师队伍。高校要从教学考核、职称评定、培训培养、经费支持等方面给予倾斜支持。定期组织教师培训、实训和交流，不断提高教师教学研究与指导学生双创实践的水平。鼓励有条件的高校建立双创教育教研室或相应研究机构。

1.3.1.4 广泛开展创新创业实践活动

高校要把双创实践作为双创教育的重要延伸，通过举办双创大赛、讲座、论坛、模拟实践等方式，丰富学生的双创知识和体验，提升学生的创新精神、创业意识和创新创业能力。省级教育行政部门和高校要将双创教育和实践活动成果有机结合，积极创造条件对双创活动中涌现的优秀创业项目进行孵化，切实扶持一批大学生实现自主创业。

1.3.1.5 及时建立创新创业教育教学质量检测跟踪体系

省级教育行政部门和高校要建立双创教育教学质量监控系统。要建立在校和离校学生创业信息跟踪系统，收集反馈信息，建立数据库，把未来创业成功率和创业质量作为评价双创教育的重要指标，反馈指导高校的双创教育教学，建立有利于双创人才脱颖而出的教育体系。

1.3.1.6 切实加强创新创业教育教学理论研究和经验交流

教育部成立高校创业教育指导委员会，开展高校双创教育的研究、咨询、指导和服务。省级教育部门和高校都加强对国内外双创教育理论研究，组织编写高校双创教育先进经验汇编和大学生双创成功案例集。省级教育部门也定期组织双创教育经验交流会、座谈会、调研活动，总结交流双创教育经验，推广双创教育优秀成果。逐步探索建立中国特色的双创教育理论体系，形成符合实际、切实可行的双创教育发展思路，指导双创教育教学改革发展。

1.3.2 进一步加强高校创新创业基地建设

1.3.2.1 全面推进高校创新创业基地建设

教育部会同科技部，以国家大学科技园为主要依托，重点建设一批“高校学生科技创业实习基地”，并制定相关认定办法。省级教育部门也结合实际，通过多种形式建立省级大学生双创实习和孵化基地；并争取有关部门支持，推动有关地市、高校、大学科技园建立大学生双创实习或孵化基地，并按其类别、规模和孵化效果，充分发挥基地的辐射示范作用。

1.3.2.2 科学定位高校创新创业基地功能

大学生创业实习或孵化基地是高校开展双创教育、促进学生自主创业的重要实践平台，主要任务是整合各方优势资源，开展双创指导和培训，接纳大学生实习实训，提供双创项目孵化的软硬件支持，为大学生双创提供支撑和服务，促进大学生创业就业。

1.3.2.3 不断规范高校创新创业基地管理

大学科技园作为“高校学生科技创新创业实习基地”的建设主体，要把基地建设作为园区建设的重要内容，确定专门的管理部门负责基地的建设和管理；加强与依托学校和有关部门的联动，共同开展大学生实习实训和双创实践。有关高校要高度重视大学科技园在双创人才培养中的作用，出台有利于大学科技园开展学生双创工作的政策措施和激励机制。

1.3.2.4 及时提供多种形式的大学生创新创业扶持

大学生双创实习或孵化基地要结合实际，为大学生双创提供场地、资金、实训等多方面的支持。并开辟较为集中的大学生双创专用场地，配备必要的公共设备和设施，为大学生双创企业提供至少 12 个月的房租减免。还提供法律、工商、税务、财务、人事代理、管理咨询、项目推荐、项目融资等方面的创业咨询和服务，以及多种形式的资金支持；要为大学生开展双创培训、实训；建立公共信息服务平台，发布相关政策、创业项目和创业实训等信息。

本章小结

创新创业已为全球大势所趋，创新驱动已成国家发展战略。教育是创新创业传播应用的基地，也是培养创新创业精神和创新创业人才的摇篮。开展创新创业教育，是为了培养具有创新精神、创业意识和创新创业能力的各类高素质创新型人才。

延续思考

1-1　为什么说创新驱动已成国家发展战略？

1-2　适应中国创新创业的五大教育观念转变给你什么启示？

1-3　结合双创教育的含义、内容、意义以及目标，谈谈你对双创教育的理解。

2 创新基础：大学生创新创业的“奠基石”

扫一扫获取
课件及思维导图

发展是第一要务，人才是第一资源，创新是第一动力。

——习近平

创新应当是企业家的主要特征，企业家不是投机商，也不是只知道赚钱存钱的守财奴，而就应是一个大胆创新敢于冒险、善于开拓的创造型人才。

——熊彼特

处处是创造之地，天天是创造之时，人人是创造之人，让我们至少走两步退一步向着创造之路迈进吧！

——陶行知

要有创新永无止境的观念，创新的空间存在于每个地方每个人每件事上。

——张瑞敏

不创新，就死亡。

——艾柯卡

温馨提示

通过对创新、创造、双创教育的概念、分类、构成等相关知识的学习，更为具体而更深刻地理解创新的内涵，明确创新并不神秘和高不可攀，为实施双创教育奠定基础。

2.1 创新的概念

2.1.1 创新的基础性概念

2.1.1.1 创新

A 创新的基本含义

创新是指人们为了发展的需要，运用已知的信息，不断突破常规，发现或产生某种新颖、独特的有社会价值或个人价值的新事物、新设想的活动。创新的本质是突破，即突破旧的思维定势，旧的常规戒律。创新活动的核心是新颖，通俗地说，创新是别人没想到的你已经想到了，别人没发现的你已经发现了，别人没做成的你做成了。概括起来，创新是人产生新好的精神或物质产物的思维与行为的总和。

“创新”，这个现代使用相当广泛的词，早在三国时期就出现在我国第一部百科词典《广雅》当中。“创”和“新”连起来使用也出现在了许多经典古籍当中，如《魏书》里有“革弊创新”，《周书》里面有“创新改旧”。在《词源》中“创”有疮、伤、损、惩等意思，本义是指创伤、伤口，后引申“破坏”。而“新”的意思是初始的，没有用过的，与“旧”“老”相对。在《新华字典》中对“创新”的解释是“摒弃旧的、创立新的”，即在已有的基础上提出独特的、新颖的且富有成效的见解与思维。

B　创新的经济学概念

创新的经济学概念是由美国经济学家熊彼特1912年在其出版的《经济发展理论》一书中以技术创新的形式提出来的，熊彼特认为：“创新是指新技术、新发明在生产中的首次应用，是指建立一种新的生产函数或供应函数，是在生产体系中引进一种生产要素和生产条件的新组合。”熊彼特还认为，创新包括五个方面的内容：引入新产品或提供产品的新质量；采用新工艺；开辟新市场；获得新供给来源；实行新的组织形式。

C　创新的细分含义

基于对“新好”涵义的不同理解，创新可分为狭义创新和广义创新。

（1）狭义创新是指创新的产物对于社会来说是新的、有价值的和首创的。一般所说的创新指狭义创新。

（2）广义创新是指创新产物仅对创新者本人来讲是新好产物，而对社会来说不一定是新的。某人有了一个创意，推出一种新设计，革新了一次新工艺，发明了一种新产品，对他个人来说或对一个群体来讲却并不是新的，其他部门、地区、国家已经有了。这就是广义创新。

狭义创新与广义创新都属于创新，因为它们的产物全都具备新好意义，都可以对科学技术发展和国家富裕起推动作用。比如，原子弹、氢弹都不是中国发明和首先制成的，在世界范围内不能归入狭义创新，但中国靠自己的力量造出了原子弹、氢弹的创新意义仍是深远和巨大的。又如，一项教育改革的新举措即使不属于狭义创新，但在一所学校产生了很明显的提高教育质量的效果。由此看来，狭义创新与广义创新具有相对的意义，不应因层次而半途而废。没有广义创新，何来狭义创新？从一定意义上说，广义创新是狭义创新的沃土。

案例2-1　鲁班发明锯子——鲁班有一次上山的时候，不小心被野草将手划破了。鲁班很奇怪，一根小草为什么这样锋利？于是他摘下了一片叶子来细心观察，发现叶子两边长着许多小细齿，用手轻轻一摸，这些小细齿非常锋利。他明白了，他的手就是被这些小细齿划破的。后来，鲁班又看到一条大蝗虫在一株草上啃吃叶子，两颗大板牙非常锋利，一开一合，很快就吃下一大片。这同样引起了鲁班的好奇心，他抓住一只蝗虫，仔细观察蝗虫牙齿的结构，发现蝗虫的两颗大板牙上同样排列着许多小细齿，蝗虫正是靠这些小细齿来咬断草叶的。这两件事给了鲁班很大启发。于是他就用大毛竹做成一条带有许多小锯齿的竹片，然后到小树上去做试验，结果几下子就把树干划出一道深沟，鲁班非常高兴。但是由于竹片比较软，强度比较差，不能长久使用，拉了一会儿，小锯齿就有的断了，有的变钝了，需要更换竹片。鲁班想到了铁片，便请铁匠帮助制作带有小锯齿的铁片。鲁班和徒弟各拉一端，在一棵树上拉了起来，不一会儿就把树锯断了，又快又省力，锯子就这样发明了，大大提高了木工工作效率。

2.1.1.2 创造

创造是指“第一次提出、造出的”，就是人们为了实现开发前所未有的独创性成果目标，应用已知信息，借助由灵感激发的高智能劳动，第一次产生崭新的物质或精神成果的行为。这个成果可以是指新概念、新设想、新理论，也可以是指新技术、新工艺、新产品。它是一种“从无到有”的过程，故有人将其简称为首创或原创。

案例 2-2 林德创造电冰箱——对于现代家庭来说，电冰箱是不可缺少的。19 世纪 70 年代德国化学家林德提出了一个设想：如果利用法拉第制冷原理，先加压力使氨气液化，然后将此液化物向一个狭小的空间放出，它会立即蒸发成气体，同时吸收蒸发热，使周围的温度下降。如果使这一过程在密闭容器中反复进行，那就会实现人工冷冻。按照这一设想，林德进行了反复试验，终于在 1873 年发明了冷冻机。但这种冷冻机有一个明显的缺点，就是一旦发生故障，氨气外泄，就会臭气逼人，影响左邻右舍。为了改进冷冻机，1930 年美国通用汽车公司研究所所长凯特灵受一家冷冻公司的委托，开始研制新的冷媒。凯特灵把研制任务交给了自己的得意门生米吉里。米吉里和他的另外两位年轻的同事合作，经过系统的研究，终于找到了二氟二氯甲烷这种最适宜的气体化合物，并通过动物试验，证明它无毒。他们给这种气体化合物起了个商品名叫氟利昂，并成立了一个化学公司，专门进行氟利昂的生产。随着新冷媒氟利昂和小型制冷机的出现，电冰箱很快地进入了千家万户。1939 年，通用电器公司推出双温电冰箱（一部分冷冻，另一部分冷藏，即现在家庭所用的电冰箱），一进市场便很快“飞入寻常百姓家”。此后，恰如米吉里所说“自从有了冰箱，人类再也不会为食物变质而发愁了”。

2.1.1.3 创意

创意是具有新颖性和创造性的想法和构思。

案例 2-3 “高尔丁”死结——有这样一则寓言：上帝为人间制造了一个怪结，被称为“高尔丁”死结，并许有承诺：谁能解开奇异的“高尔丁”死结，谁就将成为亚细亚之王。所有试图解开这个怪结的人都失败了，最后轮到亚历山大，他说：“我要创建我自己的解法规则。”他抽出宝剑，一剑将“高尔丁”死结劈为两半。于是他就成了亚细亚之王。

这个寓言深入浅出地道出了创意的真谛，也许，本身就是个怪结，没有人能把它解开，它也没有一个真正意义上的解释和定义。但可以肯定的是，创意绝不是一般意义上的模仿、重复、循规蹈矩。好的创意必须是新颖的、新奇的，甚至是惊人的、震撼的。

2.1.1.4 创业

（1）广义的创业。广义的创业是指一个人运用自己掌握的知识、技能、资源和发现的信息、机会等，克服思维定势，以创新的思维和艰苦的努力，开辟新的工作途径，开创新的工作局面，争创新的工作业绩，促进事业取得突破性的成就，从而实现自己某种追求或目标的过程，包括岗位创业。岗位创业是指在现有工作岗位上顺应时代发展和岗位目标要求，全面提高自身能力和素质，创造性地发挥自己的聪明才智，通过勤奋努力地工作，在事业上取得开创性的新发展，从而为岗位提供者创造尽可能多的价值。

创业实质上是一种劳动方式，是一种对自己、对企业、对社会，对国家创造价值与贡献的行为。因此，从这个角度上说，人生就是创业。

（2）狭义的创业。一般仅指自主创业，自主创业是指创业者个人或创业团队以资源所有者的身份、利用知识、能力和社会资本，通过自筹资金、技术入股、寻求合作等方式创立新的社会经济单元，并为社会上更多的人创造就业机会。自主创业的主体是投资者和资产所有者。自主创业需要创业者拥有关键资源或者具有整合资源的能力，因此，比岗位创业更为复杂艰难。

因此，广义的创业（岗位创业）和狭义的创业（自主创业）都是创业。

2.1.1.5 创新创业

创新创业是基于创新基础上的创业活动，既不同于单纯的创新，也不同于单纯的创业。创新强调的是开拓性和原创性，而创业强调的是通过实际行动获取利益的行为。因此，在创新创业这一概念中，创新是创业的基础和前提，创业是创新的体现和延伸。“创新和创业相连一体、共生共存。”

总之，只要能够带来新价值的活动就是创新，在某一方面或某几方面创新并进而创业的活动，就是创新创业。

案例2-4 中国农业“双创”显活力——中国农业“双创”具有三个特点：一是“双创”人数越来越多。据最新统计，各类返乡下乡人员已达700万人，创办的经济实体平均可吸纳7人、8人就业。其中，返乡农民工比例为68.5%，农村“双创”人员平均年龄44.3岁，展现出巨大的人口红利。二是“双创”领域越来越宽。农村“双创”人员82%以上创办的都是农村产业融合类项目，广泛涵盖特色种养业、农产品加工业、休闲农业和乡村旅游、信息服务、电子商务、绿色农产品、特色工艺等产业。三是“双创”起点越来越高。其中，54.3%的经营主体都使用互联网等新一代信息技术获得信息和营销产品，89.3%的农村创业创新经营主体是多人联合创业、合作创业、抱团创业，广泛采用了个人独资制、合伙制、合作制、股份合作制和股份制等形式。❶

2.1.1.6 创新精神

A 创新精神的基本含义

创新精神是指能够综合运用已有的知识、信息、技能和方法，提出新方法、新观点和进行发明创造、改革、革新的意志、信心、勇气和智慧。创新精神是一种勇于抛弃旧思想旧事物、创立新思想新事物的精神，是一个国家和民族发展的不竭动力，也是一个现代人应该具备的素质。只有具有创新精神，才能在未来的发展中不断开辟新的天地。

B 创新精神的主要内涵

创新精神提倡与科学精神相统一，与其他方面的科学精神并不矛盾。

创新精神提倡新颖、独特，同时又要受到一定的道德观、价值观、审美观的制约。

创新精神提倡独立思考、不人云亦云，并不是不倾听别人的意见、孤芳自赏、固执己见、狂妄自大，而是要团结合作、相互交流，这是当代创新活动不可少的方式。

创新精神提倡胆大、不怕犯错误，并不是鼓励犯错误，只是出现错误认知是科学探究过程中不可避免的。

创新精神提倡不迷信书本、权威，并不反对学习前人经验，任何创新都是在前人成就

---

❶《大众创业万众创新 中国经济微观细胞活力迸发》，摘自人民日报海外版，2017年9月26日。

的基础上进行的。

创新精神提倡大胆质疑，而质疑要有事实和思考的根据，并不是虚无主义地怀疑一切。

C 创新精神的具体表现

(1) 不满足已有认识（掌握的事实、建立的理论、总结的方法），不断追求新知。

(2) 不满足现有的生活生产方式、方法、工具、材料、物品，根据实际需要或新的情况不断进行改革和革新。

(3) 不墨守成规（规则、方法、理论、说法、习惯），敢于打破原有框框，探索新的规律，新的方法。

(4) 不迷信书本、权威，敢于根据事实和独立的思考，向书本和权威质疑。

(5) 不盲目效仿别人的想法、说法、做法，不唯书唯上，坚持独立思考，说自己的话，走自己的路；不喜欢一般化，追求新颖、独特、异想天开、与众不同。

(6) 不僵化、呆板，灵活地应用已有知识和能力解决问题。

(7) 不跟在别人后面亦步亦趋，敢为天下先。

2.1.1.7 创业意识

创业意识是指人们从事创业活动的强大内驱力，是创业活动中起动力作用的个性因素，体现着创业者的个性，是创业者素质系统中的第一个子系统即驱动系统。

A 创业意识的要素

(1) 创业需要，指创业者对现有条件的不满足，并由此产生的最新的要求、愿望和意识，是创业实践活动赖以展开的最初诱因和最初动力。但仅有创业需要，不一定有创业行为，只有创业行为发生了，这时创业需要才上升为创业动机。

(2) 创业动机，指推动创业者从事创业实践活动的内部动因。创业动机是一种成就动机，是竭力追求获得最佳效果和优异成绩的动因。有了创业动机，才会有创业行为。

(3) 创业兴趣，指创业者对从事创业实践活动的情绪和态度的认识指向性。它能激活创业者的深厚情感和坚强意志，使创业意识得到进一步的升华。

(4) 创业理想，指创业者对从事创业实践活动的未来奋斗目标较为稳定、持续的向往和追求的心理品质。创业理想属于人生理想的一部分，主要是一种职业理想和事业理想，而非政治理想和道德理想。创业理想是创业意识的核心。

(5) 创业意志，指创业者在创业实践活动中克服困难，冲破阻碍的心理因素，创业意志具有目的性、顽强性和自制性。

(6) 创业情感，指创业者在创业实践活动中引起、推进乃至完成创业的心理因素，只有具有正确的创业情感才能使创业成功。

B 创业意识的内容

(1) 商机意识。真正的创业者，会在他创业之前、创业中和创业后，始终面临着识别商机、发现市场的考验。他必须有足够的市场敏锐度，可以宏观地审视经济环境，洞察未来市场形势的走向，以便作出正确的决策来保证企业的持续发展。

(2) 转化意识。仅有商机意识是不够的，还要在机会来临时抓住它，也就是把握机会，把商机转化成实实在在的收入和公司的持续运作，最终实现自己的创业梦想。转化意识就是把商机、机会等转化为生产力；把你的才能、你在学校学到的知识转化为智力资本、人际关系资本和营销资本。

（3）战略意识。创业初期给自己制定一个合理的创业计划，解决如何进入市场、如何卖出产品等基本问题。创业中期需要制定整合市场、产品、人力方面的创业策略和转换创业初期战略。需要指出的是，创业战略不止有一种，也没有绝对的好坏之分，关键要适合自己的创业之路。在这条路上应时刻保持着战略的高度，不以朝夕得失论成败。

（4）风险意识。创业者要认真分析自己在创业过程中可能会遇到哪些风险，一旦这些风险出现，要懂得应该如何应对和化解。大学生是否具备风险意识和规避风险的能力，将直接影响到创业的成败。

（5）勤奋意识。李嘉诚说：“事业成功虽然有运气在其中，主要还是靠勤劳，勤劳苦干可以提高自己的能力，就有很多机会降临在你面前。”创业，一定要务实，要勤奋，不能光停留在理论研究上。可以从小投资开始，逐步积累经验，不能只想着一口吃个胖子。没有资金，没有人脉都不要紧，关键你要有好的思路和想法，有勇气去迈出第一步，才会成功。

2.1.1.8　创新创业能力

创新创业能力是一种既具有实践能力、创新能力，又具备创业潜能的复合型能力。创新创业能力包括：

（1）诚信带队能力。创业者和团队应该诚实并且以诚相待，像对待家人一样对待团队，宁可自己吃亏，也不要让团队吃亏。

（2）自我约束能力。能够很好地进行自我管理和自我调节，实现自我约束，不在意外人的评价，拥有强大的内心。

（3）挫折承受能力。创业需要很大的挫折承受能力，创业者在心理承受能力方面是要优于常人的。

（4）分析判断能力。创业者能从错综复杂的现象中发现事物的本质，找出存在的真正问题，分析原因，从而正确处理问题，这就是创业者的分析能力。判断能力，就是能从客观事物的发展变化中找出因果关系，并善于从中把握事物的发展方向，分析是判断的前提，判断是分析的目的。

（5）市场应变能力。应变能力是一种根据不断发展变化的主客观条件随时调整领导行为的难能可贵的能力。创业者应该注意提高自己的应变能力，这样才能随机应变，也才能把危机转换成对自己有利的机遇。

（6）临机决策能力。临机决策能力是在瞬息万变的市场竞争中果断做出决策的能力，这是创业者智慧与谋略及胆量的结晶。

（7）与人合作能力。每个人的能力都有限度，善于与别人合作的人，才能够弥补自己能力的不足，达到原本达不到的目的。

（8）善于授权能力。授权是现代领导活动的重要组成部分。现代企业制度的建立使创业活动更具复杂性和多变性，领导者个人的知识和能力已难以实现优异的领导绩效，善于授权、讲究授权艺术已成为现代领导活动的重要特征和追求目标。

（9）信息处理能力。获取别人难以接触或忽视的信息是发现创业机会的必要条件，在此基础上，创业者还必须具备相应的信息处理能力，能够看到信息背后的商业价值和含义，从而发现创业机会。

（10）形象策划能力。创业者的个人形象决定公司的整体形象，良好的自我形象是成功人生的潜在资本。

（11）是资源整合能力。创业者能否成功，通常取决于他们掌握和能整合到的资源，以及对资源的利用能力。优秀的创业者就是创造性地整合和运用资源，尤其是那种能够创造竞争优势，并带来持续竞争优势的战略资源。

（12）交际谈判能力。创业者必须要有很强的谈判能力。杰出的谈判能力能够让创业者在谈判过程当中直接获得更多的利益。

案例 2-5　发明家包起帆的创造力——我国工人出身的发明家包起帆取得“3～25t 木材抓斗”等 70 多项创造性成果，分五大系列几十个品种，其中 13 项获得国际发明金、银、铜奖，仅金奖就有 9 项，3 项获得国家发明奖，多项获得国家专利。他发明的新型抓斗及吊具系列推广应用于 200 多个港口、车站等部门，获经济效益 4 亿多元。

2.1.1.9　科学发现

科学发现是对客观世界中前所未知的事物、现象及其规律的一种认知活动。发现的结果本身是客观存在的，是不以人的意志为转移的。无论人类是否对其有所认识，它都按照自身的规律存在于客观世界中。对这种结果进行认识的活动过程就是发现。例如，物质的本质、现象和规律等，不管人类是否发现了它们，它们本来就是客观存在的。后来被人类认识到了，就是发现。科学研究的目的就是发现这些客观存在的、还没有被人类认识到的规律。发现也称为科学发现。科学是不断发现的过程，真理是不断创新的过程。

案例 2-6　青蒿素的发现——20 世纪 60 年代，在氯喹抗疟失效、人类饱受疟疾之害的情况下，1969 年，中国中医研究院接受抗疟药研究任务，屠呦呦任科技组组长。此后，屠呦呦领导课题组从系统收集整理历代医籍、本草、民间方药入手，在收集 2000 余方药基础上，编写了 640 种药物为主的《抗疟单验方集》，对其中的 200 多种中药开展实验研究，历经 380 多次失败，1971 年发现中药青蒿乙醚提取物的中性部分对疟原虫有 100%抑制率。在青蒿提取物实验药效不稳定的困境中，东晋葛洪《肘后备急方》有关青蒿截疟的记载启迪了团队的研究思路，他们改进了提取工艺，富集了青蒿的抗疟成分，并最终于 1972 年发现了青蒿素。1973 年经临床研究取得与实验室一致的结果，抗疟新药青蒿素由此诞生。青蒿素的发现不仅找到了一个抗疟新药，而且为寻找抗疟药开辟了一条新的途径，由此带动国际抗疟领域工作的新进展，也促使世界上很多国家对青蒿素展开进一步的研究，挽救了全球特别是发展中国家数百万人的生命。2011 年 9 月，屠呦呦因创制新型抗疟药——青蒿素和双氢青蒿素的贡献，获得被誉为诺贝尔奖“风向标”的拉斯克奖。2015 年屠呦呦获诺贝尔生理学或医学奖，2016 年获国家最高科学技术奖。

2.1.1.10　技术发明

技术发明是指通过思维或实验过程首先为一项科学或技术难题找到或发现了解决方案、解决方法等成果，这些成果包括有形的物品和无形的方法等，在被发明出来之前，客观上是不存在的。通过技术研究而得到的前所未有的成果大多属于发明。发明最注重的是独创性和首创性，所以《中华人民共和国专利法》指出：发明是对产品、方法或者其改进所提出的新的技术方案。是人类改造客观世界的物质手段和信息手段，技术发明是世界上尚无的东西。人类利用已有的科学知识和经验背景，在自身生产活动和社会活动中创造性地开展关于产品设计、材料利用、制作方法、工业配方、过程控制及质量管理等方面的行动及其成果的总括。

发现和发明的区别在于，发现是认识世界；发明是改造世界。发现要回答“是什么”“为什么”和“能不能”等问题，主要属于非物质形态财富；发明要回答“做什么”“怎么做”和“做出来有什么用”等问题，是知识的物化，能够直接创造物质财富。科学发现在我国是不授予专利权的。对于那些具有新颖性、创造性和实用性的发明，发明人可以申请专利，通过法律手段来保护自己的合法权益。

案例 2-7　声呐的发明——声呐诞生于第二次世界大战。它的发明，凝聚着几代科学家的心血。早在 1490 年，意大利著名美术家、科学家达·芬奇就注意到了声音在水中的传播。有一次，他来到海边写生。完成一幅画后，好奇的达·芬奇忽然产生了一个念头：水里面到底有没有什么声音？于是，他取来一根管子，将管子的一端插到水里，管子的另一端放在耳朵旁。结果听到了“咕噜咕噜”的声音。经过仔细地辨认，他发现这是远方的船航行时螺旋桨击水放出的声响。达·芬奇的这根管子可以算是声呐最古老的祖先了。3 个多世纪后，瑞士物理学家柯拉顿和德国数学家斯特模，对声音在水中的传播进行了深入的探讨。在这以后，许多科学家也进行这方面的研究。经过反复实验，他们比较精确地测出声音在水中的传播速度为 5500km/h，比在空气中的传播快 4 倍。此外，科学家们还发现，声音在水中传播，遇到海洋中的物体或海底时，声音会被反射回来，此时也被“吞掉”一些声波。不同频率的声波，在水中被吸收和反射的程度也不相同。超声波能量集中，可朝一个方向传播，反射回来的声波比较强烈。1880 年，英国科学家彼埃尔、居里等成功地制造出换能器，实现了电、声信号的转换。这样，通过换能器，可将电波变成声波，并向海里发射；声波遇到物体后，又反射回来，换能器接收到声波，并把它变成电波，显示出来。根据超声波发出到接收所需的时间，就可以测出发射地点与物体之间的距离。于是，世界上第一代声呐诞生了。后来，科学家在第一代声呐的基础上，做了许多改进，发明了“主动式声呐”和“被动式声呐”两大类。

2.1.1.11　技术创新

技术创新就是一种科技新设想转变而成的新的或改进的可销售的新产品或新工艺。

2.1.2　创新的要素性概念

2.1.2.1　创新人格因素

创新人格因素主要包括强烈的动机、浓厚的兴趣、炽热的情感、坚强的意志、进取的性格等概念。

2.1.2.2　创新智能因素

创新智能因素主要包括注意力、观察力、记忆力、想象力、操作力等概念。

2.1.3　创新的过程性概念

创新过程主要包括了五个阶段。

(1) 创新阶段 1：发现问题——开始走进创新思维。一切创新是从发现问题、提出问题开始的。问题的本质是现有状况与理想状况的差距。爱因斯坦认为:“形成问题通常比解决问题还要重要，因为解决问题不过牵涉数学上的或实验上的技能而已，然而明确问题并非易事，需要有创新性的想象力。”

(2) 创新阶段2：综合酝酿——系统寻找创新对策。在酝酿期要对收集的资料、信息进行加工处理，探索解决问题的关键，因此常常需要耗费很长时间，花费巨大精力，是大脑高强度活动时期。这一时期，要从各个方面进行思维发散，让各种设想在头脑中反复组合、交叉、撞击、渗透，按照新的方式进行加工。

(3) 创新阶段3：顿悟创新——瞬间出现创新办法。顿悟期很短促、很突然，呈猛烈暴发状态。久盼的创造性突破在瞬间实现，人们通常所说的“脱颖而出”“豁然开朗”“众里寻他千百度，蓦然回首，那人却在灯火阑珊处”等都是描述这种状态的。如果说“踏破铁鞋无觅处”描绘的是酝酿期的话，“得来全不费功夫”则是顿悟期的形象刻画。

(4) 创新阶段4：假说验证——论证形成创新理论。验证期是评价阶段，是完善和充分论证阶段。突然获得突破，飞跃出现在瞬间，结果难免稚嫩、粗糙甚至存在若干缺陷。验证期是把顿悟期获得的结果加以整理、完善和论证，并且进一步得到充实。

(5) 创新阶段5：成功实施——最终体现创新价值。经过验证期理论的验证和实践检验成功的创新成果就可付诸实践，以体现创新的价值。

2.2 创新的内涵

2.2.1 创新的特征

创新作为产生新颖的精神或物质产物的思维与行为的总和，主要有三个特征。

2.2.1.1 新颖性

新颖性是指首次出现的或首次经验到的，即“新”。这是创新的最本质特征，如果创新的事物或经过改进的事物与原有的东西基本相同，甚至完全相同，即没有任何新意，这样的创新就失去了其本身的价值。

案例2-8 一面镜子的故事——纽约的一栋摩天大厦因为楼层太高，电梯又来不及运送，让许多乘客等得不耐烦。他们乱按按钮，电梯的按钮经常损坏。物业公司在电梯旁贴出告示，请乘客不要这样做，但是收效甚微。一位心理学家想出了个办法解决了这个问题，他的办法就是在电梯旁装一面镜子，由于镜子会使客人清晰地看到自己急不可耐的模样，不得不改变自己的形象。那些平时举止粗鲁的人，只要站在镜子前就变成绅士淑女模样，耐心等待。

2.2.1.2 独特性

独特性是指创新成果具有差异性，体现了其鲜明个性。该独特性既可以表现在创新成果的思想独特性、品质独特性、功效独特性、市场独特性以及文化独特性等多个方面，是创新成果脱颖而出、取得成功的关键。

案例2-9 毛姆的征婚启事——有一段时间，英国著名作家毛姆的小说销售不畅，他便在报刊上刊登了一则征婚启事：本人年轻英俊，家有百万资产，希望获得和毛姆小说中女主人公一样的爱情。结果毛姆的这一独特举动使他的小说在短时间内被抢购一空。

2.2.1.3 有益性

有益性是指创新成果具有良好的社会效益和经济效益，即“好”。这种积极的效果是人们实施创新活动的根本目的。

案例 2-10 国道饭店的生意——有一位老板在国道边开了一个饭店，但开业以后生意不景气，眼看着众多的车辆过去，却很少有人光顾饭店。他就思考为什么自己物美价廉的经营却并不能招来顾客呢？后来他换了一个方位和着眼点，想到在饭店旁建一个很好的厕所，做了一个很醒目的标志。这样，许多司机为了方便而停下车，也同时就光顾了饭店，从而也使饭店的生意越来越好。

2.2.2 创新的原理

创新的原理是依据创新思维的特点、对人们所进行的无数创新活动的经验性总结，又是对客观所反映的众多创新规律的综合性归纳。因此，它能为人们更好地认识创新活动、更好地运用创新方法、更好地为解决创新问题提供条件，主要有以下十个原理。

2.2.2.1 组合原理

组合原理是将两个及两个以上的因素，或按不同技术制成的不同物质，通过巧妙的组合或重组，获得具有统一整体功能的新产品、新材料、新工艺、新事物等新产物的一种创新原理。组合是“创造性的动力源泉”。据统计，组合形式的成果约占全部创新的60%~70%。

案例 2-11 瑞士军刀——被世界各国视为珍品的瑞士军刀，恐怕是迄今为止最精彩的组合发明，其中被称为“瑞士冠军”的款式最为难得，它由大刀、小刀、木塞拔、开罐器、螺丝刀、开瓶器、电线剥皮器、钻孔锥、剪刀、钩子、木锯、鱼鳞刮、凿子、钳子、放大镜、圆珠笔等31种工具组合而成。携刀一把等于带了一个工具箱，但整件长只有9厘米，重185克，完美得令人难以置信。正因为如此，素以苛求著称的美国现代艺术博物馆也收藏一把作为军刀中的极品。

2.2.2.2 综合原理

综合原理是在分析各个构成要素基本性质的基础上，综合其可取的部分，使综合后所形成的整体具有优化的特点和创新的特征。综合不同于组合，它不是把研究对象进行简单的叠加或初级的组合。

2.2.2.3 分离原理

分离原理是指把某一对象进行科学的分散或离散，使主要问题从复杂现象中暴露出来，从而理清创新的思路，便于人们抓住主要矛盾。分离原理是与综合原理完全相反的另一种创新原理。综合原理在创新过程中提倡聚集、综合。分离原理则提倡将事物打破、分解。鼓励人们冲破事物原有面貌的限制，将研究对象予以分离，创造出全新的概念和产品。

2.2.2.4 还原原理

还原原理是从一个事物的某一创新起点出发，按照人们研究的创新方向反向追溯到其创新原点，再以原点为中心进行各个方向上的分散，并寻找其他的创新方向，用新的思想、技术和方法在新找的思维方向上重新进行创新。还原原理就是先还原到原点，再从原点出发解决问题，或者说是回到根本上去找到问题的关键，这样往往能取得较大成功，产生突出的成果。

根据还原原理，首先需要从中抽象出问题的关键所在，即追溯到创新的原点上，或者叫做回到根本上去抓关键，所以有人也将其称为“抽象原理”。

2.2.2.5 移植原理

移植原理是指把一个已知对象中的概念、原理、方法、内容或部件等运用或迁移到另一个待研究的对象之中，促进事物间的渗透、交叉与综合，使研究对象产生新的突破而导致的创新。“它山之石、可以攻玉”即是对该原理的真实写照。移植原理的实质是借用已有的创新成果进行创新目标下的再创新，使现有成果在新的条件下进一步延续、发挥和拓展。

2.2.2.6 换元原理

换元原理就是把创新对象的诸多因素看成是可以改变的变量，从而针对每一个因素进行改进思考，使问题得到解决。

2.2.2.7 迂回原理

当在创造新活动中受阻时，不妨暂停在某个疑难问题的僵持状态上，或转入下一步行动，带着未知问题继续前进；或者试着改变一下观点，注意下一个或另一个与该问题有关的侧面或外围问题。当其他问题解决后，该难题或许就迎刃而解了。善于在困境中迂回，在迂回中创造继续前进的条件，从而逐步接近目标而取得成功。

2.2.2.8 逆反原理

逆反原理要求人们敢于并善于打破头脑中陈旧的、常规的思维模式的束缚，对已有的理论、方法、技术、产品等持怀疑态度，从相反的思维方向去分析和思索，以实现创新。事物的属性是多种多样的，人们往往习惯于从显而易见的一方面去考虑问题，因而阻塞了自己的思路。在这种情况下，如果能有意识地从相反方面思考和处理问题，常常会获得意想不到的成功，产生许多未曾见过的新事物。在实际创造中，逆反原理可进一步区分为原理逆反、属性逆反、方向逆反、大小逆反。

2.2.2.9 仿生原理

仿生创新是人们通过观察和模仿生物而创新的一种原理。仿生创新的类型有原理仿生型、结构仿生型、外形仿生型。

案例 2-12 极地越野汽车的发明——在冰天雪地的南极，普通车辆难以通行，要解决南极交通问题，就得创造适应冰雪条件的车辆。苏联科学院动物研究所的科学家注意到了企鹅是南极古老的动物，它们在那里生活了 1500 万~2000 万年，适应了极地生活，在水下，企鹅游动的速度可达 36km/h；在陆地上，它们通常是蹒跚而行，一旦遇到危险却能以 30km/h 速度在雪地上飞跑。原来企鹅飞跑时扑倒在地，用肚子贴在雪地表面，然后蹬动双腿，俨如使用雪杖的滑雪运动员，在雪地上快速地滑行。在企鹅的启发下，他们设计了一种新型汽车——“企鹅”牌极地越野汽车。这种汽车宽宽的底部直接贴在雪面上，用轮勺撑动着前进，行驶速度可达 50km/h。

2.2.2.10 群体原理

随着现代科技的发展，创新的层次在提高，创新的难度在增加，离开集体的团结协作仅靠个人的努力，创新会很困难。在创造活动中结成一个研究群体，使彼此间产生积极的相互影响和促进作用，对激发创造性构想是大有裨益的。

2.2.3 创新的原则

创新原则就是开展创新活动所依据的法则和判断创新构思所凭借的标准。

2.2.3.1 遵循科学原则

创新必须遵循科学原理，不得有违科学发展规律。因为任何违背科学原理的创新都是不能获得成功的。比如，近百年来，许多才思卓越的人耗费心思，力图发明一种既不消耗任何能量、又可源源不断对外做功的“永动机”。但无论他们的构思如何巧妙，结果都逃不出失败的命运。其原因在于他们的创新违背了“能量守恒”的科学原理。为了使创新活动取得成功，在进行创新构思时，必须做到以下几点：

（1）对创新设想进行科学原理相容性检查。创新的设想在转化为成果之前，应该先进行科学原理相容性检查。如果关于某一创新问题的初步设想，与人们已经发现并获实践检查证明的科学原理不相容，则不会获得最后的创新成果。因此与科学原理是否相容，是检查创新设想有无生命力的根本条件。

（2）对创新设想进行技术方法可行性检查。任何事物都不能离开现有条件的制约。在设想变为成果时，必须进行技术方法可行性检查。如设想所需条件超过现有技术方法可行性范围，则在目前该设想还只能是一种空想。

（3）对创新设想进行功能方案合理性检查。任何创新的新设想，在功能上都有所创新或有所增强。但一项设想的功能体系是否合理，关系到该设想是否具有推广应用的价值。因此，必须对其合理性进行检查。

案例 2-13 毛细永动机——一条干毛巾，当下部接触水的时候，毛巾的上部也会渐渐变湿。这就是说，水可以沿着毛巾的细孔自动地跑上来。这种现象叫做“毛细现象”或“毛细作用”。这是水的一种有趣的性质。

2.2.3.2 市场评价原则

创新设想要获得最后的成果，必须经受市场的严峻考验。爱迪生曾说：“我不打算发明任何卖不出去的东西，因为不能卖出去的东西都没有达到成功的顶点。能销售出去就证明了它的实用性，而实用性就是成功。”

创新设想经受市场考验，实现商品化和市场化要按市场评价的原则来分析。其评价通常是从市场寿命观、市场定位观、市场特色观、市场容量观、市场价格观和市场风险观六个方面入手，考察创新对象的商品化和市场化的发展前景，而最基本的要点则是考察该创新的使用价值是否大于它的销售价格，也就是要看它的性能、价格是否优良。这需要在市场评价时把握住评价事物使用性能的解决问题的迫切程度、功能结构的优化程度、使用操作的可靠程度、维修保养的方便程度、美化生活的美学程度等方面，然后在此基础上作出结论。

2.2.3.3 相对优秀原则

创新产物不可能十全十美。在创新过程中，利用创造原理和方法，获得许多创新设想，它们各有千秋，这时，就需要人们按相对优秀的原则对设想进行判断选择。

2.2.3.4 机理简单原则

在现有科学水平和技术条件下，如不限制实现创新方式和手段的复杂性，所付出的代价可能远远超出合理程度，使得创新的设想或结果毫无使用价值。在科技竞争日趋激烈的今天，结构复杂、功能冗余、使用繁琐已成为技术不成熟的标志。因此，在创新过程中，要始终贯彻机理简单原则。为使创新的设想或结果更符合机理简单的原则，可进行如下检查：新事物所依据的原理是否重叠，超出应有范围；新事物所拥有的结构是否复杂，超出应有程度；新事物所具备的功能是否冗余，超出应有数量。

2.2.3.5 构思独特原则

我国古代军事家孙子在《孙子兵法·势篇》中指出："凡战者，以正合，以奇胜。故善出奇者，无穷如天地，不竭如江河。"所谓"出奇"，就是"思维超常"和"构思独特"，创新贵在独特，创新需要独特。在创新活动中，关于创新对象的构思是否独特，可以从以下几个方面来考察：创新构思的新颖性，创新构思的开创性，创新构思的独特性。

案例 2-14 独具特色的牛仔裤——1850 年，美国人利维·斯特劳斯创制了牛仔裤，开始是为淘金者专用的抗磨损的工作服。牛仔裤采用了西班牙牧童短裆瘦腿裤的款式，缝制过程中用走明线、钉铜锌合金扣的方式加工，并在口袋四角钉铆钉，在重要部位用皮革镶边，在显眼位置钉金属亮片，既增加了裤子的耐磨性，又增加了裤子的装饰性，独具特色、卓越不凡。加上电影明星迪安·伯兰又身穿牛仔裤，作为劫富济贫的英雄出现在西部电影上，更为牛仔裤推波助澜，问世不久就风靡世界。在此后漫长的时间里，虽然世界上各类服饰频频发生危机，但牛仔裤却长盛不衰。究其原因，是牛仔裤既保持了自己独特的风格，又在款式、面料、饰物和制法上不断增添新的特色，所以"独领风骚数百年"。

2.2.3.6 不轻易否定原则

不轻易否定，是指在分析评判各种创新方案时应注意避免轻易否定的倾向。在飞机发明之前，科学界曾从"理论"上进行了否定的论证，过去也曾有权威人士断言，无线电波不可能沿着地球曲面传播，无法成为通信手段。显然，这些结论都是错误的，这些不恰当的否定之所以出现是由于人们运用了错误的"理论"，而更多的不应该出现的错误否定，则是由于人们的主观武断。

2.2.3.7 不简单比较原则

在避免轻易否定倾向的同时，还要注意不要随意在两个事物之间进行简单比较。不同的创新，包括非常相近的创新，原则上不能以简单的方式比较其优势。

不同创新不简单比较原则，带来了相关技术在市场上的优势互补，形成了共存共荣的局面。创新的广泛性和普遍性都源于创新具有的相融性。如市场上常见的钢笔、铅笔就互不排斥，即使都是铅笔，也有普通木质的铅笔和金属或塑料桿的自动铅笔之分，它们之间也不存在排斥的问题。总之，我们在尽量避免盲目地、过高地估计自己的设想的同时，也要注意珍惜别人的创意和构想。简单的否定与批评是容易的，难得的却是闪烁着希望的创新构想。

2.2.4 创新的类型

根据不同的标准，可以对创新进行分类。如根据创新的行为主体，可分为政府创新、企业创新、团体创新、个人创新等；根据创新的意义大小，可以分为渐进性创新、突破性创新、革命性创新等；根据创新构成而言，可分为以下三类。

2.2.4.1 知识创新

知识创新是指通过科学研究，包括基础研究和应用研究，获得新的基础科学和技术科学知识的过程，其目的是追求新发现、探索新规律、创立新学说、创造新方法、积累新知识。是科技创新的基础，是新技术和新发明的源泉，是促进科技进步和经济增长的革命性力量。其为人类认识世界、改造世界提供了新理论和新方法，为人类文明进步和社会发展提供不竭动力。

案例 2-15 帕斯卡定律——法国数学家、物理学家布莱斯·帕斯卡于 1623 年 6 月 19 日生于克勒加菲朗，父亲是位著名的数学家，母亲也受过良好的教育，帕斯卡自幼就受到了极好的家庭教育。在父亲的影响下，帕斯卡 16 岁时就参加了巴黎数学家和物理学家小组的学术活动，就在这时期，他发表了题为《圆锥曲线论》的第一篇论文。在这篇论文里他提出了投影几何的一个重要定理，即圆锥曲线内接六边形，其三对边之交点共线。后来被称为帕斯卡定理，并成为投影几何学上的基本定理之一。这个神秘的六边形题目即帕斯卡定理连同帕斯卡其人，从此扬名于数学界。年轻的帕斯卡没有在赞扬和荣誉面前停步不前，而是再接再厉，约在 18 岁时，发明了一种二进制的算术运算计算器，为后来计算机的设计提供了最初的原理，以后又不断在数学和物理方面有所发现和创新。31 岁时，他发表了题为《论算术三角形》的论文，提出了二项式系数的三角形排列方法，后来被称为“帕斯卡三角形”。帕斯卡在物理学方面的主要成就在于对流体力学和大气压强的研究，关于液体压强的传递定律——帕斯卡定律是在 1653 年发现的，直到 1663 年他死了一年之后才正式发表。帕斯卡指出，盛有液体的容器壁上所受的由于液体的重量所产生的压强仅仅与深度有关。传说他曾做过一次生动的实验：取一个大木桶，把它密封起来，再在盖面上开一个小孔，接上一根细长的管子，在桶里预先灌了水，然后，取来一杯水，当众把水灌注到细管里，由于水面一下子升得很高，桶内压强急骤增大，木桶不胜负载，水便破壁四溅，这个实验引起观众的莫大兴趣。

2.2.4.2 科技创新

科技创新是原创性科学研究和技术创新的总称，是指创造和应用新知识、新技术、新工艺、采用新的生产方式和经营管理模式，开发新产品，提高产品质量，提供新服务的过程。近现代世界历史表明，科技创新是现代化的发动机，是一个国家进步和发展最重要的因素之一，并通常包括了产品创新和工艺方法等技术创新。

案例 2-16 中国科技成果“井喷”——“天舟一号”上太空送货加油、“蛟龙”号下探马里亚纳海沟、C919 大型客机首飞、光量子计算机问世、可燃冰试采成功……2016 年“科技三会”以来，我国一系列重大科研突破的集中亮相不仅极大提升了中国人的民族自信心和自豪感，也令全世界投来注视的目光。对于天舟一号货运飞船成功发射，俄罗斯齐奥尔科夫斯基航天研究院院士热列兹尼亚科夫评价说，这是中国航天向建设轨道空间站迈出的“巨大一步”，这在国际航天界也是一个令人瞩目的事件，“我们见证了另一位重要选手的崛起”。对于“蛟龙”号载人潜水器下潜至世界最深海沟马里亚纳海沟 6km 处，世界第一个下潜到地球最低点的美国海洋学家沃尔什表示，中国的深海探索正在推进人类对海洋、对地球的认知，这让人印象深刻。他还特别称赞了由中国上海海洋大学等机构打造的万米级“深渊科学技术流动实验室”项目。

科技创新通常包括产品创新和工艺方法等技术创新。

案例 2-17 勇于创新铸全能——“全国优秀共产党”耿家盛是云南冶金昆明重工有限公司昆明重工特种设备制造分公司的一名高级技师。1984 年，他进该公司当车工。当车工第一件事是学磨刀。耿家盛说：“车刀是车工的灵魂，在我眼里，车刀、产品都是一种艺术品，一定要认真打磨。”技校毕业的耿家盛对车间里的车、镗、铣、刨、磨，样样精通，是名副其实的全能机床工，还是个创新能手。1993 年，耿家盛所在的分公司首次承接 132HC 塔机生产任务，原加工工艺效率低，费用高。耿家盛和工友研究创新技术用 T68 镗床加工，使每组的加工费用从 1250 元降到 300 元，工效提高了 3 倍。2010 年以后，耿家盛带领工作室成员先后完成拉丝机、轧机等产品工艺编制和图纸改进 500 余项，攻克了多个技术难关，年均为公司节约创效 100 余万元。多年来他个人的技术创新有近 200 项。

2.2.4.3 管理创新

管理创新是指组织形成一个创造性思想并将其转换为有用的产品、服务或作业方法的过程，也即富有创造力的组织能够不断地将创造性思想转变为某种有用的结果。

案例 2-18 阿里巴巴企业管理创新——阿里巴巴以 B2B（Business to Business）业务为切入点，通过横向和纵向一体化战略的结合，使其构筑了 B2B、C2C（Consumer to Consumer）、软件服务、在线支付、搜索引擎、网络广告六大业务领域的电子商务生态圈，全面覆盖中小企业电子商务化的各大环节。整个商业生态圈的六大环节之间相互作用、相互影响、相互支撑，通过资源的整合应用最终发挥最大价值，实现了产业链的协同。同样，基于此原理，其他企业也在采用相似手段，实现其产业链延伸和系统，如百度高调宣布利用其搜索资源和丰富的社区资源，全力进入 C2C 市场，这也再次验证了阿里巴巴战略布局的前瞻性和价值性。马云是全球电子商务 B2B 模式的创建者，这为全球中小企业发展奠定了历史性的基础。如果没有阿里巴巴，B2B 在全球范围内或许不会为社会创造如此巨大的价值。创新同样决定了淘宝的命运。在全球 C2C 老大 EBAY 挥斥中国市场，刚刚建立的淘宝用两年时间，把整体市场做大了上百倍，并从强悍的对手中拿走了曾经属于对方的 80% 多份额。阿里巴巴自创建之始就没有简单复制美国的 B2B 模式，而是结合中国市场的实际情况走了一条创新之路：为中国的制造商和国外的采购商搭建一个信息平台，为中小企业服务，帮中小企业赚钱。从最基础的替企业架设站点，到网站推广以及对在线贸易资信的辅助服务、交易本身的订单管理，不断进行开拓和延伸。正是阿里巴巴立足于中国中小企业特点的这种差异化的发展策略，开拓出了为中小企业服务的差异化的产品，并开始为企业的发展提供源源不断的动力，强有力，可持续，可拓展。

2.2.4.4 知识创新、科技创新和管理创新的关系

知识创新、科技创新和管理创新是相辅相成的。知识创新是科技创新和管理创新的文化基础，没有新的理论学说和公理体系，不可能有科技创新和制度创新，科技创新反过来又为知识创新和管理创新奠定了必要的物质基础；管理创新则为知识创新和科技创新提供必要的微观和宏观环境。科技创新是社会发展的“硬件”，而知识创新和管理创新则是社会进步的“软件”，它们对国家的发展和进步起着关键作用，是社会进步的动力源泉。

2.3 创新的程序

程序也称程式。程，指过程，是一种路径行程的方法；式，指方式、形式和准则。创新的程序主要包括创新的3个阶段、8个步骤和19类分析。

2.3.1 创新准备阶段

2.3.1.1 第一步巩固创新基础之分析1—体系分析：创新 之前先“守旧”

创新是针对时弊来说，有弊病需要改革、需要创新，没有时弊或者暂时找不到时弊，那么就不需要改革，可以守旧。

2.3.1.2 第二步分析创新机会之分析2—机会分析：观察问题要复杂全面，确定对策要简单明确

（1）观察问题要复杂全面。就是要全面地观察分析问题。而不是片面地观察分析问题，以至于发生只知其一、不知其二，只看见局部、看不见主体，只见树木、不见森林，只停留在表面、看不到实质的重大偏差。要注意排除影响全面观察分析问题的两个最重要因素：一是主观性，二是表面性。

（2）确定对策要简单明确。善于把复杂问题简单化。有的人往往把简单的问题复杂化，而不善于把复杂的问题简单化，导致陷入无限的烦恼。其实，世界上任何复杂的问题都是有规律可循的，看其复杂，是由于还没有找到其规律，一旦掌握规律，再复杂的问题也能一目了然。同时，也有许多事情本来很简单，只是由于思想的偏执和思维的狭窄，把简单的问题给复杂化了。创新就是要善于把复杂问题简单化，才是一种大智慧。确定对策就是要尽量简单明确。

2.3.1.3 第二步分析创新机会之分析3—环境分析：环境因素很重要

大量研究证实，需求拉力是创新的最主要动力。而反映需求变化的最佳途径是市场：一方面，市场需求变化引导生产者进行创新；另一方面，市场为创新提供获取资源的途径，从资本市场获得投资，从技术市场获取信息，从劳务市场吸纳人才。

大多数经济学家认为市场主流技术之所以呈现出良好的发展趋势，是因为其中的一项或者多项技术点符合市场的需求，技术在进入市场的初期只要依靠一点因素就能够取得不错的发展形势，但是随着该项市场需求被满足后，消费者开始对该项产品的其他方面提出了新的要求，只有不断创新才能够满足市场需求。

为迎合市场而进行的创新才具有生命力，但是同时也必须综合分析政策法规、社会文化等环境因素，避免一味迎合市场和消费者而非法、盲目创新。

2.3.1.4 第三步制定创新对策之分析4—思路分析：学知识，找案例，抓灵感

善于创新并具良好创新思路者的相关特质。

2.3.1.5 第三步制定创新对策之分析5—变通分析：打倒教条主义

“前事不忘，后事之师”，思考历史可以总结经验教训，但若凡事总是向后看，则容易因循守旧，无所作为。在时代前进步伐日新月异和市场环境瞬息万变的情况下，站在今天看未来的超前思维和应变能力决定了事业的发展。

2.3.1.6 第三步制定创新对策之分析6—对策分析：对策就是“刀”

对策是针对可能发生的问题而拟的解决方案，是使创新思路变为切实可行的保障，是

用“铁”千锤百炼打造的“刀”。“刀”的作用在于减少尝试与错误的任意性，节约解决问题所需要的时间，提高解决问题成功的概率。可将创新“思路”加工成“对策”，即把“铁”加工打磨成“刀”。刀有很多种，根据不同的需要可以随意进行选择。

2.3.1.7 第四步筛选创新对策之分析7—前提分析：站在宏观层面上审时度势

智慧不能只是停留在微观层面上，要有站在宏观层面上审时度势的气魄和能力，对前提进行深入的分析，做一个统领全局的人。

2.3.1.8 第四步筛选创新对策之分析8—利益分析：穷开心，众开心，富开心

创新的实质是破与立的过程，必然涉及利益格局的调整，包括自身、部门和团体利益。创新要落地，必须要过利益关，因为一个创新项目带来的改变一旦应用到生活实际，不免触动现有秩序，连带触动相应的观念和既得利益，如何实现创新项目的双赢甚至是多赢呢？

2.3.1.9 第四步筛选创新对策之分析9—资源分析：有钱男子汉，没钱汉子难

创新思路已经成熟，搭建了团队并找到了适合自身的创新方法，接下来需要分析的是如何借助外部资源让资源效应最大化了。

2.3.1.10 第四步筛选创新对策之分析10—控制分析：抓住机会，制定最佳方案

人生充满了机遇，所谓“时势造英雄”就能够说明机遇对人一生的影响之大了。“机会总是留给有准备的人。”“你可以没有开枪的机会，但当机会来时，你的枪里一定不能没有子弹。”这两句话应用到创新的落地方面非常合适。

2.3.2 创新实施阶段

2.3.2.1 第一步细化创新对策之分析11—对抗分析：向高手学“对抗”

对策就是对抗的策略，现实生活中的精彩“对抗”莫过于打麻将：各人的牌都是藏着的；不知道下一次会摸到什么牌；有人愁眉苦脸，有人喜笑颜开，都在玩心理战；最重要的是每个人的对手都不止一个，大家一团混战。麻将高手都是对抗高手，很值得我们学习。

2.3.2.2 第一步细化创新对策之分析12—过程分析：《孙子兵法》的真面目

A 《孙子兵法》的过程分析

《孙子兵法》有13篇，各篇之间步步推进，步步为“赢”，其过程为：

第一篇，始计——第一，巩固军政体系，在此基础上，决定是否有必要跟敌人打仗；

第二篇，作战——考察自己有没有实力跟敌人打仗；

第三篇，谋攻——如果既有必要打仗，又有实力打仗，怎样制定打仗的战略；

第四篇，军形——怎样根据既定战略进行军事力量的总体部署；

第五篇，兵势——怎样运用部署好的军事力量去打击敌人；

第六篇，虚实——打击敌人时怎样避实击虚。

……这才是《孙子兵法》的真面目。

B 面临分析的过程类型

同样可以照着这个真面目，把对策也步步推进，步步为“赢”。分析的过程，可以分成固定型、引导型和对抗型三种类型。

C　根据不同过程类型采取的不同手段

(1) 顺应。对于固定型过程，顺应是最好的应对措施。例如四季更迭是固定型过程，春天看花、夏天游泳、秋天爬山、冬天滑雪。

(2) 赶超。对于引导型过程，不能总是跟在他后面，应该超过他，牵着他的鼻子走。例如应经广告媒体，许多公司再争夺电视、报纸、路牌的宣传途径时，“分众传媒”绕了个道，把几万栋大楼的电梯间都钉满了显示屏来给别人播放广告，这个“赶超”无疑是非常成功的。

(3) 钳制。对于对抗型过程，双方你来我往，就看谁能争取主动，有效牵制住对方就能够给自己赢得发展的空间。

2.3.2.3　第一步细化创新对策之分析 13—程度分析：凡事都要把握“度”

孔子曰：过犹不及。这就是“度”。开展创新的“程度分析”，首先要对创新机会和创新环境进行程度分析，其次要分析创新对策的程度，主要分析力量的投入时机和投入程度，以确保在恰当时候触发有利质变，避免不利的质变。有时，在方案操作过程中需要根据形势变化及时调整投入力量的程度和时机。

案例 2-19　方太集团发布“云魔方”智能油烟机——在智能家电的热潮下，不少厂家将网络、APP、云等代表智能化的功能和标签简单粗暴地附加在家电产品上。一味标榜科技感的背后却忽略了用户的实际体验和需求的情况下，方太集团盯住消费者的需求，同时也就切中了智能家电的脉，从而确定了方太智能化的标准——有价值。2017 年 8 月 16 日，方太集团在新品发布会上，提出了创新的“度”的概念，并发布了“云魔方”智能油烟机：没有互联网，没有手机，没有云，有的是站在消费者的角度思考如何开发出真正对用户有价值、有意义的智能产品的创新原则，真正体现了“顾客真正需要的不是‘智能化’，而是‘更好的体验’”的客观规律。

2.3.2.4　第一步细化创新对策之分析 14—质变分析：打蛇要打七寸

荀子在所著的《劝学篇》中写道：“不积跬步，无以至千里；不积小流，无以成江海。”征途千里是一步步完成的，江海浩瀚是涓涓细流汇聚而成的。阐明了没有量变的积累，质变就不会发生的道理。任何事物的变化都有一个量变的积累过程，没有量变的积累，质变就不会发生。任何事物单纯的量变都不会永远持续下去，量变达到一定程度必然引起质变。老子说：“合抱之木、生于毫末，九层之台、起于垒土，千里之行、始于足下。”也说明了没有量变的积累，质变就不会发生的道理。

2.3.2.5　第一步细化创新对策之分析 15—利害分析：塞翁失马后，到底能得什么福

失败是弱者的地狱，强者的阶梯，智者的故乡，伟人的天堂，大凡成功之人，似乎都有一段漫长的失败旅程。屡战屡败，屡败屡战，曾经那么努力地为之付出，却总也得不到回报，但是如果再来一次，还有勇气和力气让自己逆流而上吗？强者从来不会在逆境中屈服，一扇门关上了，总会找到另一扇窗。经历了太多失败，以至于面对任何困难都可以从容应对。

2.3.2.6　第一步细化创新对策之分析 16—沟通分析：世事洞明皆学问，人情练达即文章

创新项目在实施过程中非常重要的一项内容是如何与人交往，做到“世事洞明、人情

练达”需要不断修炼。

2.3.2.7 第二步落实创新对策之分析17—执行分析：执行需要智者

在人才培养过程中，创新创造能力的稀缺导致了其备受推崇以至执行能力被忽视。可实际上，社会上大部分人赢得幸福更多是依靠执行能力。所以在呼唤创新创造能力的同时也要认识到：创新对策的落实需要执行力；执行能力背后也有智慧，建立在智慧上的执行与盲目执行有着本质的区别。

2.3.3 创新复盘阶段

2.3.3.1 第一步总结创新对策之分析18—理论分析：打倒经验主义

哲学原理告诉我们：办任何事情都要根据具体情况进行具体分析，千万不能搞经验主义。其实，在现实生活中，犯经验主义错误的例子很多。

创新项目在实施过程中，需要根据条件的变化不断进行调整，如果只是一味地生搬硬套，那么“经验主义”可能不再是创新的“扶手”，反而会变成创新的“绊脚石”了。

2.3.3.2 第二步构造创新公式之分析19—形式分析：0

“0”是一个圆，既是起点也是终点。世界是个圆，从起点开始，走到终点时，其实是回到原位。从零开始，由零结束，犹如太极，大圈套小圈，无限循环。

创新的过程也是这样：程式1负责“守旧”；程式2负责分析创新机会；程式3负责分析创新环境；程式4～17负责分析创新对策；程式18负责把创新对策加工成固有的“程序”和“体系”；程式0负责把之前形成的“程序”和“体系”再交给程式1去坚守。从程式1到程式18，它们之间是步步推进的，不能随便颠倒。通过程式0再回到程式1，周而复始，无限循环。著名的3M公司就是通过不断创新，才不断实现着自我的超越。

本章小结

创新是社会进步的灵魂，创业是推进经济社会发展、改善民生的重要途径，创新和创业相连一体，共生共存。只要能够带来新价值的活动就是创新，在某一个或几个方面创新并进而创业的活动，就是创新创业。创新创业是基于创新基础上的创业活动，既不同于单纯的创新，也不同于单纯的创业。创新强调的是开拓性和原创性，而创业强调的是通过实践实现创新价值，获取利益的行为。因此，创新是创业的基础和前提，创业是创新的体现和延伸。

延续思考

2-1　什么是创新，你有过创新的经验或体验吗？

2-2　举例说明创新的特征是什么？

2-3　创新的原理和原则对你有什么启示？

3 创新能力：大学生创新创业的“牛鼻子”

扫一扫获取
课件及思维导图

全球问题千头万绪，使人类面临的最大问题是怎样开发人的创造力。

——联合国教科文组织 1972 年主题报告

一个人是否具有创造力，是一流人才和三流人才的分水岭。

——普西

认为创造人物有特别的天赋，具有普通人没有的某种品质，这也许仅仅是外行人的看法……所有的人都在某种程度上拥有创造力，几乎所有的人都会有创造性行动。

——吉尔福特

人与人之间有程度上的差异，可是任何人都具有创造力，则是毫无疑问的。

——奥斯本

创造力不是一种天外飞来的东西，创造力的问题最终可能归结为创造力隐藏在什么地方以及通过何种手段才能使它发挥出来。

——汤川秀树

温馨提示

开发和增强创造力始终是本书学习者的出发点和落脚点。通过对创造力和创造力开发的学习，了解创造力是一个以综合性体系化的创新能力系统为主要表现形式的结构。“创造力人皆有之”和“创造力可以开发”是创造力开发的两个理论依据。因此，认识、把握和获得创造力是创新能否成功的关键。创造力开发的思路和方法为开发创造力指明了道路。从而，促使大学生能够积极主动地走进创造力开发的进程之中。

3.1 创造力的概念与结构

3.1.1 创造力的概念

3.1.1.1 创造力的含义

创造力是一个综合性体系化的概念，并以一种创新能力系统为主要表现形式，它是知识、智力、能力及优良的个性品质等多因素综合优化构成的。创造力是创新活动中最关键、最活跃的因素，是创新教育中一个最基本的概念。

从20世纪上半叶以来，创造主体的创造力开发及方法，一直是创造教育的重点，也是创造教育最有意义的成果，使人的创造力得以开发。但是，长期以来人们所注重和推崇的是创造产物，谈到中国的四大发明，总是介绍是什么人在什么时候发明了什么东西，以及他们对人类的贡献、领先外国多少年等等，足以使国人为之自豪一番，然而对于人的创造力从何而来、创造力如何构成、创造力怎样培养和开发等问题却知之不多。

真正的创造活动总是给社会产生有价值的成果，人类的文明史实质是创造力的实现结果。对于创造力的研究日趋受到重视，由于侧重点不同，出现两种倾向，一是不把创造力看作一种能力，认为它是一种或多种心理过程，从而创造出新颖和有价值的东西，二是认为它不是一种过程，而是一种产物。一般认为它既是一种能力，又是一种复杂的心理过程和新颖的产物。创造力较高的人通常有较高的智力，但智力高的人不一定具有卓越的创造力。研究表明，智商超过一定水平时，智力和创造力之间的区别并不明显。创造力高的人对于客观事物中存在的明显失常、矛盾和不平衡现象易产生强烈兴趣，对事物的感受性特别强，能抓住易为常人漠视的问题，推敲入微，意志坚强，比较自信，自我意识强烈，能认识和评价自己与别人的行为和特点。

案例3-1 发明家们的创造力——爱迪生以罕见的热情和精力完成了2000多项发明，仅1869~1910年期间，经正式登记的发明就有1328种。我国工人出身的发明家包起帆取得"3~25t木材抓斗"等70多项创造性成果，分五大系列几十个品种，其中3项获得国际发明金、银、铜奖，仅金奖就有9项，3项获得国家发明奖，多项获得国家专利。他发明的新型抓斗及吊具系列推广应用于200多个港口、车站等部门获经济效益4亿多元，至1996年扩大应用到800多个部门，又创效益2亿多元。日本发明家中松义郎，有2360项发明，居世界之首，他的第一项发明——模型飞机的平衡器获得成功时他年仅5岁，初中二年级时发明的"无燃料暖房装置"第一次获得专利注册。

3.1.1.2 创造力的性质

创造力是一种宝贵的文化生产力，这是因为：

(1) 文化生产力强调了创造社会财富的创造特征。创造力就是文化生产力。人类的生产活动有两类，一类是物质财富的生产，一类是精神财富的生产，完整的生产力概念包括文化生产力，其发展程度构成一个国家综合国力的重要组成部分。过去，在一些人印象中，创新无非是发明、发现及技术创新、产品创新、市场创新等物质财富的创造革新。

(2) 文化生产力又具备了生产文化产品、提供文化服务的产出特征。只要是在生产和提供的产出中有新颖的价值，这种文化生产力也是创造力。创造力是文化生产力的提出，适应了以创新为基本特征的知识经济时代生产力发展的客观要求，体现了生产力构成中的人本思想，突出了科学技术是第一生产力的地位。

3.1.1.3 创造力的分类

A 创造力的马斯洛分类法

美国心理学家马斯洛把创造力分为特殊才能的创造力和自我实现的创造力。

(1) 特殊才能的创造力。主要指创新成果对整个人类社会历史进程来说，是新颖的、前所未有的。它常见于对创新有突出贡献的杰出人物身上，对推动人类文明进步具有重要意义。

（2）自我实现的创造力。主要指不拘泥于创新目标的大小、创新行为的成果，而是对生活的一切领域尝试着采用一种新颖的态度和方式，谋求新颖的感受、乐趣和享受。这种自我实现的创造力在处理每一个生活细节的细微处，都能显示出那种新颖别致、趋新求美、独一无二和巧妙机智，形成一种崭新的生活景观和精神境界。马斯洛更推崇这种创造力。

B 创造力的其他分类法

除了马斯洛分类法，创造力还有其他的分类法：

（1）按创造主体分类，可分为：学习者的尝试性创造力和从业者的目标性创造力；个体创造力和群体创造力；不同年龄创造力。

（2）按创造的内容分类，可分为科学发现的创造力、技术发明的创造力、艺术创作的创造力和社会变革的创造力。

（3）按创造的过程分类，可分为潜在的创造力和现实的创造力。

（4）按创造的产品分类，可分为：最高层次创造力，如牛顿、爱因斯坦、爱迪生等人的创造力；高层次创造力，例如科技及其他方面英才的创造力，如软件奇才比尔·盖茨、“抓斗大王”包起帆以及许多诺贝尔奖奖金获得者；一般创造力，指普通人的创造力。

了解有各式各样的创造，是为了具体而更深刻地懂得创造力，并从自我实现的创造力、前创造力、潜创造力、年轻的学习者创造力以及普通人的创造力等概念。知道大学生都具备创造力，创新就并不神秘和高不可攀。

3.1.2 创造力的结构

创造力由若干子系统组成，它们相互联系，构成各要素之间相应的联系方式，即具有相应的内在结构，并决定了创造力的总水平，如图 3–1 所示。

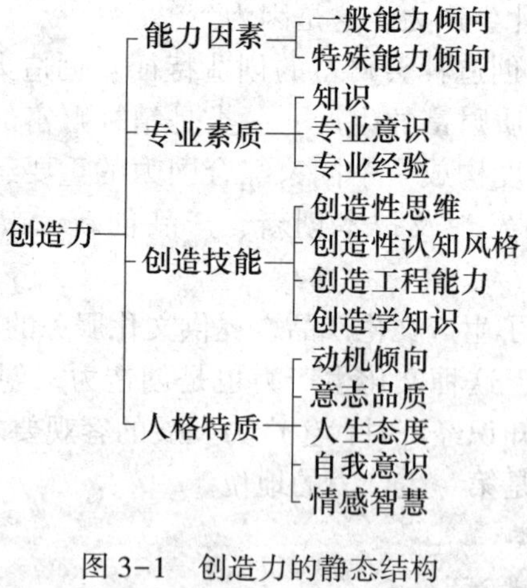

图 3–1 创造力的静态结构

3.1.2.1 能力因素

创造力具有明显的能力属性，包括一般能力倾向和特殊能力倾向。一般能力倾向（亦称为智力）是指个体对多类型活动经训练达到的、有效行为反应的能力，通常是指人基于遗传天赋经训练而存在的注意力、观察力、记忆力、想象力、思维力和操作力。特殊能力倾向则是指从事特定活动所必需的特殊才能和完成这一特定活动的专门技能。特殊才能主要取决于天赋，承认遗传决定的天赋作用，这是因为人在特殊才能方面的个体差异很大，而一般能力倾向即智力方面差异较小。据声乐专家研究发现，人的声音取决于声带，而声带结构及特征主要由遗传决定。音乐艺术家必须有旋律感、节奏感、音乐形象的想象力等特殊才能，还必须有识谱、记谱、演奏等专门技能。

3.1.2.2 专业素质

专业素质包括知识、专业意识和专业经验及专业技术技巧、专业方法。

(1) 知识是人们对自然界和社会观察、认识及实践而获得的感知总结。知识是创造力结构中不可缺少的构块。知识这一子系统中应包括基础知识、专业知识和相关的交叉知识。

(2) 专业意识是对专业地位、作用、特征和性质的认识并在此基础上形成的观念。

(3) 专业经验能为创造力提供丰富的素材，而建立在经验之上的经验智慧就更显得重要。经验智慧是指个体善于运用经验，形成新观念，对新事物处理时能迅速进入新情况，且能表现较高工作效率的能力。同时还包括了专业技术技巧和专业方法。

3.1.2.3 创造技能

创造技能包含4个方面：

(1) 创造性思维。创造性思维就是创新思维。是创造技能要素的基础性因素，又是创造力的核心。

(2) 创造性认知风格。它是指人们在感知觉、记忆和思维中受个人喜爱的、经常采用和习惯化了的态度、方式和认识复杂问题过程中表现出的一贯气度、能力和心理特征，是个性在认知过程中的表现。

(3) 创造工程能力。它是另一主要因素，包括创造的原理、原则、技巧和方法，是创造（创新）技能的操作性因素。

(4) 创造学知识。它是创造技能的理论基础。

3.1.2.4 人格特质

人格是创造的内在根据，创造性人格特质是由动机倾向、意志品质、人生态度、自我意识和情感智慧（情商）等因素组成，它包含了创造的非智力因素的主要内容。创造性人格有“不是智力，胜似智力”的重要作用，由5个方面构成：

(1) 动机倾向。动机是创造性人格结构中的动力源，是创造力的能源。有创造力的人，在动机倾向方面有以下特点：内在动机丰富且水平高；好奇心强；兴趣强烈、广泛与专一；抵抗挫折力和外部压力的能力；接受社会给予的承认和报偿的谦虚态度。

(2) 意志品质。其通俗的说法是韧性、恒心、锲而不舍、百折不回、坚忍不拔等。

(3) 人生态度。它是人对人生及其矛盾和问题的评价和行为倾向，包含人生认知、人生情感、人生意志和人生行为4个方面。创造性人格的人生态度：对人类的文明进步有强烈责任感和使命感，自愿为之贡献甚至牺牲；敢于大胆提出问题，揭开矛盾，直面现实，为创造新价值甘冒风险；喜欢新事物，学习新知识，勇于尝试新方法，接受新产物，探索新道路，有求新精神；具有进取性性格，不满足现状。

(4) 自我意识。它是个人对自己以及自己与周围关系的认识。创造力水平高的人常具备良好的自我意识：自信，表现为自我肯定、自我承认、自我激励；自我统一，有自知之明，善扬长避短，能自我分析，促不断成长，能从内在精神活动中获得创造动力的源泉；有无私精神，在自我与周围的关系上持利他原则。

（5）情感智慧，又称为情商。稳定的、品质良好的情感能提高创造力，促进创造思维的发展，对创造活动有始动和维持作用。自从美国教授萨拉维和迈耶于1990年共同提出情感智慧的概念，我们才得以运用情感智慧来研究创造人格，并使创造力结构的探讨更科学了。情感智慧是一种监控、感知自己和别人的感情，区别并运用它们去指导自己思考和行动的能力。情感智慧主要包括：情感的知觉、评价和表达；情感的调节；情感的运用。

情感智慧对提高人的创造力有促进作用，因此情感智慧构成创造人格并成为创造力结构的一个因素。情感智慧对创造的促进作用主要表现为情感引导注意并维持创造活动；情感智慧影响创造性解决问题；情感智慧的发挥有利于团体创造。

案例3-2 高斯的创造力——高斯是18世纪的德国数学家。3岁那年，高斯听爸爸算账就能知道爸爸算得对不对。7岁时，老师出了一道从1连续相加一直加到100的算术题，当别的小朋友刚开始小心地1 + 2 + 3……计算时，高斯发现这一系列数有一个规律，第一个数加最后一个数是101；第二个数加倒数第二个数也是101，如此相加都是101。就是说，从1加到100就有50个101，只要50×101＝5050，把加法变为乘法使计算大大简化。

3.2 创造力开发的原理与因素

3.2.1 创造力开发的含义

创造力开发是以普及创新知识、激发人们的创新精神，提高创新品质，增强创新思维能力，运用创新技法为内容的创新能力开发活动。“开发”一词在《新华字典》的解释是：“使埋藏着的显露出来。”这就是说，开发的对象本身是一个存在物，因此，开发的对象不是被生产、制造出的，不是无中生有的，而是从埋藏、蕴含、隐藏和幼小状态显露和壮大起来，也就是由隐到显、从小到大、由不知到知晓，变不完善、不发达为更完善、更发达。

3.2.1.1 创造力开发的脑科学含义

创造力是一个以心理活动为主的系统性合力，心理活动的生理基础和物质本质，是大脑和神经系统，从脑功能意义上讲，创造力开发的含义有：挖掘脑功能的生理性潜能；激发脑功能的能动性潜能；提高脑功能的训练性潜能。

总之，创造力开发以树立创新意识，培养创新精神，改进思维技巧，学习创新技法，增强创造性解决问题的能力为目的，着眼于创造力水平的提高。

3.2.1.2 创造力开发的过程含义

（1）创造力的发现。创造力的发现包含对创造力的唤醒、挖掘、启发、解放、显露等含义，强调人以一种新的观念审视自己，从一个新的视角观察自己，以“创造力人都有之”的理论依据发现自己，认识到自己和所有的人一样，确实具有尚待开发的创造力。

（2）创造力的培养。创造力的培养是在发现和确认创造力的基础上，对幼小和稚嫩的创造力实施健全、提高、发展、培养的综合性措施，使创造力得以成熟、发达和强大，以实现提高创造力水平的目的。创造力的培养在创造力开发中是操作性最强的部分，创造力开发的成败和优劣，是看创造力培养后的实际创造力水平。

（3）创造力的整合。在创造力发现的基础上，在创造力培养的过程中，人们开始知道自己确实有创造力。不过，在创造力开发的初级阶段，创造力往往呈低级状态，创造力结构不健全，结构的各要素和要素中的因素也常处于无序状态，这就需要将创造力加以整合，使原始状态的创造力得以健全和完善。联合国教科文组织认为："人是在创造活动中并通过创造活动来完善他自己。"

3.2.1.3 创造力开发的教育含义

教育能指导学生看到自己有创造力。联合国教科文组织编著的《学会生存》一书中写道："人们不断要求教育把所有人类意识的一切创造潜能都解放出来。"要求通过教育开发人的创造力。民族的复兴需要创新，创新需要培养具有创新精神、创业意识和创新创业能力（创造力）的人才。高校要从民族振兴的高度抓好大学生的双创教育。其教育含义包括：

（1）承认每个人的首创精神和创新力量，并把它们在现实生活实践中加以实现。

（2）传递文化以利创新，而不是以陈腐的模式去压抑创新。

（3）鼓励每个人发挥自己的创造才能，尊重其表达方式，但不去助长他的个人主义。

（4）保护和尊重每个人的独特性，而同时强调群体创造力的价值。

案例 3-3 创造力开发的提出——美国历史学家汤因比说："为潜在的创造力提供良好的机会，这对任何一个社会来说都是生死攸关的事情，这一点极为重要，因为按人口比例看是相当少的那种杰出的创造能力是人类最重要的财富。"他还说："如果社会没有让杰出的创造能力发挥出效能，那就是对它的成员的失职，并将会给它自身带来只能责怪自己的那种惩罚。"汤因比说此话是 1964 年，那时日本刚从美国引入创造学，并在政府的重视和支持下大规模推广创造学，开发创造力，为日本在经济腾飞的双翅上增添了创造的羽毛。而那时的中国却连创造学这个名词也不知道，错过了一次经济建设的大好机遇。直到 30 年之后的 1995 年，在我国引入创造学已 15 年之后，第八届全国人大三次会议上，出现了鲍建广等 32 位人大代表的提案："建议把开发创造力作为一项基本国策。"提案在分析了创造力开发的重要性和紧迫性后，提出："我们郑重建议：把开发创造力作为我国的一项基本国策，置于国家建设和发展的重要位置。这是为确保我国在激烈的国际竞争中取得主动，赢得优势的战略需要。"国家科委在对此提案的答复中说："开发创造力，造就和培养了千百万年轻一代的科学技术人才，是实施'科教兴国'战略的一项重要内容，随着科学技术是第一生产力思想的全面落实，开发人的创造力的工作将会摆到重要的议事日程。"

3.2.2 创造力开发的理论依据

"创造力人皆有之"和"创造力可以开发"是创造力开发的理论依据。早在 20 世纪心理学研究就表明，人人都具有创造力，即创造力人皆有之。同时，研究也发现创造力通过教育和训练是可以提高的，即创造力可以开发。这就是说，创造力并非在任何情况下都能自发地表现出来，它需要开发才能得以展示。

案例 3-4 上海通用发明学校的创造力开发——上海通用发明学校对学员通过讲授创造学知识，进行创造力开发的创造思维训练，运用创造技法解决创造性课题，开展创造力开发教育。在教学中曾对学员做过培训前后的创造力测量，结果令人惊喜：创造力提高5倍的人在下列几方面所占的百分比是：思考能力27.5%，发现能力43.8%，想象能力45.3%，新产品开发能力39.1%。也就是，至少有1/3~1/2的人在创造力的几项能力方面提高了5倍！说明创造力是完全可以开发的。

3.2.3 创造力开发的脑生理机制

3.2.3.1 人的大脑蕴藏着巨大的创造潜能

整个宇宙还没有什么东西就结构之复杂、机能之高超可与人的大脑相媲美，人脑在质和量上比其他任何高级动物都有显著优势。人脑的神经细胞（神经元）的构造精巧复杂，而且每个神经元之间的几千个触突依靠电—化学反应形成联系，思维就在这电-化学反应中进行，一瞬间有高达10万~100万个化学反应发生。人有140亿个神经细胞，大脑皮质细胞间形成的联合高达10的2.783×10^6个单位，其惊人作用远远超过任何超大规模集成电路。

3.2.3.2 左右脑优势功能的协调有益于创造

人有左右两半脑。左脑的优势功能是语言、计算、逻辑思维，是理性的脑；右脑的优势功能是形象思维、直觉、非逻辑思维，是创造的脑。左右脑如能协调开发，构成一个功能互补并具有转移功能效应的统一的控制系统，创造潜力就一定能更好地开发。

3.2.3.3 大脑还有极大的潜力未能开发

一般人的大脑潜力仅利用了4%~5%，少数有极高创造力的人利用到10%左右。爱因斯坦谢世后，大脑被保存下来加以研究，希望揭开爱因斯坦脑功能高超之谜。经研究证实，他的大脑的重量、细胞数与常人相仿，仅触突比常人为多，说明他的大脑潜力比常人开发得更好，但最多也不过30%。一个人一天之内大脑的显意识和潜意识闪过的内语言和内形象，如能记录下来足有20万字之多，然而，不是有意去进行创造性思维的话，也就仅几万或几千字可能有点创造价值。可见大脑潜力极大，创造力开发大有可为。

3.2.4 创造力开发的主要因素

美国心理学家罗伯·史登堡和特德·鲁巴特在《不同凡响的创造力》中分析说，创造潜能和创造力是有区别的。创造力就是去形成或看到别人尚未看出价值的想法或念头。有些人可能很有创造力潜能，但是它只是潜伏着，除非他们懂得利用可获得的资源将这个潜能显现出来，不然，别人是很难对他的创造力做出评价和认同的。他们认为，一个人把自己的创造力潜能转化为已经实现创造力的资源有六项。

3.2.4.1 智慧因素

一个有创造力的人必须要有3种智慧：

(1) 能产生新构想的综合智慧。如重新定义问题等，其中包含着信息处理的领悟力，包含着把旧的信息、理论等组装成新的东西的能力，也包含着利用周围现有的物质创造出与众不同的东西，以及改变方向采用别的方式的能力等。比如，3M公司的一位工程师在发明强性粘胶剂时，获得的却是一种弱性的粘胶剂。他通过重新界定需要研究解决的问题，发现了这个弱性胶的最佳用途，发明了“不干胶”。智力的综合功能常常有助于分析和把握问题解决中出现的各种“例外”和“反常”的价值。

(2) 能认清问题、发现问题、调度资源以及评价构想价值的分析智慧——它有助于我们看出哪一个新的想法是个好的、有前途的想法，然后有效地调动资源，把问题的基本部分分别加以解决。在我们周围，总有一些人不断有新点子冒出来，但就是不能区分各种点子的优劣，这就使他们的各种点子和想法常常停留在半空中，无法最终实现。一个真正有高创造力的人，不但要能提出很多点子，而且要能看出这些点子的潜力得以实现的途径。

(3) 能根据别人的批评知道如何宣传、改进自己的构想的实用智慧。它能使我们有效地把自己的成果表现给观众看。在新创意的开发上，“卖点”是很重要的，好的销售策划可以提高这个想法的价值。一个人应该从他的工作中得到回馈，知道怎样回馈就是实用智慧的表现。这个批评值得采纳吗，应该改变产品吗，如何改才可达到最高效益？以新的非故步自封的方式看事情，重新界定问题及把事情反转过来看的能力；能够建构问题、分配资源和评估一个想法是否可行的能力；能够宣传一个想法、善用别人的批评的能力，所有这些都是综合、分析和实用智慧的具体表现，是创造力有效发挥的重要条件。

3.2.4.2 知识因素

要组合或超越已有的想法，必须先要知道这个想法是什么；不要随便接受别人已经接受的东西，必须预先知道什么是别人所接受的；要去质疑基本的原则，必须预先知道什么是基本的原则。创造性成果不可能凭空存在，即使它与现有的理念完全不一样，也必须预先知道什么是现有的理念。因此，知识是一个从事创造性活动的人必备的智力资源。

3.2.4.3 思维形态因素

思维形态不是一种能力，而是一个人解决某个特定问题所用的方式、方法，具体体现在一个人开发利用自己知识和创造力潜能的独特方式上。高创造力的人常常“随时依情境应变”及“质疑社会规范、真理及假设”，而不人云亦云，这种宁可自己去制定规则也不愿遵守既定规则的工作习惯或解题模式，是高创造力者的“注册商标”。思维形态是开发创造力的基本因素，一个人的创造力潜能需要借助于特定的思维形态才能完全激活，从一个原本冬眠的状态突变为创造激情沸腾的状态。

3.2.4.4 人格因素

创造力不仅仅是认知的或心智上的特质，也有人格方面的特质。很多有高创造力者很少或永远没有把他的能力展现出来，最主要的原因是他们没有必备的人格。由于创造性想法和观点的独特性和不合时宜性，一个高创造力的人必须有勇气讲出自己的创造性想法和观点，而且还必须坚持不懈地去克服种种困难来捍卫和实现自己的想法。

3.2.4.5 动机因素

要发挥自己的创造力潜能，一个人必须有很强的动机才行。这些动机可能是外在的，如奖励、金钱、权利、名誉等，也可以是内在的，如自我显示、自我挑战等。动机可以使一个人专注于手边的工作，并促使他不断地克服各种困难，做出更多能表现其创造力的发现和发明成果来。绝大多数成功的高创造力者所从事的都是他们有兴趣、很喜欢的工作。内在的动机常常使一个人保持高度专注力，进入“衣带渐宽终不悔”的人生状态，并最终做出重要的创造性的工作和成果。

3.2.4.6 环境情境因素

创造性想法或创意是一个人跟环境互动的产物。一个可以刺激创意的环境，在这个创意被提出时能够及时给予鼓励、奖励的环境，才可能造就出一流的原创性的科学家、发明家、思想家和其他杰出人才。相反，一个过于排斥异端思想或另类创意的社会环境，会使许多真正有原创性想法的人把自己的创意深埋在心中而不说出来，这不论对那些富有创造精神的个人来说还是对整个社会来说都是很可悲的事。

案例 3-5　多森的骗局——一个叫多森的古生物学研究者，声称他发现了猿人的化石，曾轰动一时，并命名化石为“多森猿人”。40 年后骗局终于被揭穿，原来是一块非洲古猿的下额骨被一位旅行者带到欧洲，多森买了下来，用他的古人类学知识，经化学药品浸泡和锉刀加工，伪造成猿人化石。真相终于大白，多森虽已不在世多年，他家乡的人仍愤怒地把他的铜像推倒，以泄被伪发现欺骗之愤。

3.3　创造力开发的途径与方法

3.3.1　创造力开发的主要途径

3.3.1.1　增强创新意识

人的创新意识有两种，一是主动性创新意识，二是被动性创新意识。创新意识决定一个人想不想创新的问题。因此，要开发创造力，首先要增强和提高人的创新意识。主动性创新意识，是指不需来自外部的推动，主体的意识就可以有效地驱使个体去创新，创新活动是主体自身的需要的一种意识，稳定、持续、主动、习惯化是它的特点。被动性创新意识是指主体受外部的推动而产生的创新意识，例如，接受交给自己完成的指令性科研问题、开发任务或项目。这类被动性的创新意识同样也会对创新活动产生推动作用，主要是创造主体有责任感、有成就欲和有胜任的能力。

3.3.1.2　培养创新思维

创新思维乃创造力的灵魂，培养创新思维是个体创造力开发的关键。美国创造力开发公司总裁、创造学家罗杰·冯奥奇说过：“如果你对创造性思维持冷淡态度，你就不会认识到在一个发展变化、日新月异的世界上，激发和应用新设想是至关重要的生存技能。”

3.3.1.3　掌握创造技法

创造技法和创造方法都是创新活动成功经验的总结和归纳，并上升为工具性的创造方法论。创造技法一举击破了创造的神秘气氛，使普通人借助创造技法亦能涉足创造活动。由于创造技法简单易学，对于创造活动有很大的实用价值和工具价值，掌握创造技法是开发个体创造力的好思路。

3.3.1.4　形成创新环境

创造力开发离不开一个好的创新环境。尤其是个体创造力开发。因为人的行为是个体与环境交互作用的产物。美国创造学家阿瑞提认为：“适宜的气候和环境能极大地促进创造。”

3.3.1.5　优化创新人格

创新思维乃创造力的灵魂，而创新思维的灵魂又是什么呢？那就是创新人格。这是因为人是创造万物的主体，是一切创新活动的认识者、发出者和操作者，忽视创新人格的优化，开发创造力将是舍本求末和本末倒置的。

3.3.1.6 创新成果展示

经常进行各级各类的创新成果展示，对创造力的开发很有推动作用。

3.3.1.7 创新人物示范

对创新方面取得成绩的人物进行表彰、鼓励和奖励，达到示范作用的目的。

3.3.2 创造力开发的主要方法

3.3.2.1 奥-帕创造性解题训练模式

奥斯本-帕内斯创造性解题、训练模式在美国被认为是效果最佳的教学模式之一。由著名创造学家奥斯本提出的理论，由另一创造学家帕内斯制定解题模式，主要分为6个阶段：

(1) 善于发现具体问题。在训练者给定的或者学习者自己发觉的“困境”中，学习者学会提出许多值得探讨的具体问题，并描述问题的要素。

(2) 能够确定复杂问题。给定一个复杂的“问题情境”，也就是对第一阶段描述的问题的要素想得更深些、广些：辨认出所陈述问题的背面还有哪些潜在的或实质性的问题；能否扩展或重新定义问题，也就是多问几个“为什么”；通过变换动词扩展或重新定义问题；试着提出几个有可能的低一个层级的“子问题”。

(3) 善于打破习惯思路。按习惯性思路，即按过去一贯地、“自动化”式地思考方法，提出解决问题方式。冷静评价和审视上述方式是否真正有效。在上一问题基础上，鼓励提出跳出习惯性思路的、有新意的解决方式，这一步十分重要，而且要追求多种有新意的解决方式，越多越好。从上述有新意的方式中选择最优的，制定并实施利用有新意的方式的创新方案。

(4) 冷静学会推迟判断。在思考一个复杂的问题时，力求做到：提出尽可能多的、不追求完美的解决问题的思路和设想；对提出的思路和设想自己不去作评价，这就是推迟判断，因为过早地评价，很可能扼杀有希望成功的设想；也要忍住不去评价他人提出的设想的思路，这也是为了推迟判断。

(5) 及时发现新的关系。把问题情境设计得复杂些，以此刺激学习者，使学习者应该能够做到：发现事物之间的相似性；发现事物之间的差异性；根据事物之间的相似性和差异性提出设想。

(6) 能够评价行动后果。提出可能的评价标准来解决问题，对评价标准也应推迟判断，不过早下结论，以求找到一个创新而又实际的评价标准。

3.3.2.2 AUTA 模式

美国的创造学家戴维斯在1980年提出的由4个环节构成的创造力开发模式，描述了开发创造力的各个步骤，为开发创造力提供了一个合理安排教学内容和教学活动的框架。该模式由意识（A）、理解（U）、技法（T）和实现（A）4个环节组成，既提高创造意识；理解创造原理，包括创造思维、创造力、创造人格、创造过程、创造环境等；技法的学习、训练和掌握；实现创造，大胆创新，勇于实践，创造出成果。其模式合理有效，故有较大影响。

3.3.2.3 珀杜三阶段模式

珀杜大学首创三阶段创造力开发教学模式，最初是为智力水平较高的学生设计的一种提高性课程模式，后来证明在职业教育中也取得了很好的效果。本模式教学过程分为 3 个阶段：

（1）培养发散和收敛能力。由教师选择一些训练思维能力的练习，难度可根据学习者而定。然后组织学习者做这些练习。练习时要让全体同学都参与，都动脑，切忌只有部分人参与，其他人在一旁悠闲地充当“观众”和“听众”。方式可采用分为若干小组的方法进行，或者将学习者编号轮流或抽号随机进行，或者适当借助书面练习，使每个人都要练习。

（2）学习和练习创造性解题模式。学习使用头脑风暴法、形态分析法、综摄法等较复杂和实用的创造技法。

（3）运用所学的技法自己解决问题，提高独立解决问题能力。学习者根据自己所从事的工作或兴趣所在，选择一定的实用的或工作中迫切要解决的课题进行研究，运用所学的技法自己解决问题，教师此时则起“参谋”和助手的作用，创造主角是学习者。

3.3.2.4 中国运载火箭技术研究院的“JLZTH”模式

该模式由 5 个环节构成：

（1）“介绍环节”（简称 J 环节）。讲解介绍创造学知识，方法。

（2）“练习环节”（简称 L 环节）。创造技法和思维的练习。

（3）“总结环节”（简称 Z 环节）。学习者根据过去的经验和学习到创造学知识、经练习掌握的思维、技法，对创造做出总结性评述，以强化创造意识。

（4）“提出环节”（简称 T 环节）。学习者提出自己的解题方案，针对具体课题拿出解决的设想。

（5）“培训后环节”（简称 H 环节）。培训后应巩固和发展学习收敛，继续扩大学习成效，例如组织创造性群体组织、不断深化培训、经常展示成果、定期表彰先进等。

3.3.2.5 “三三一”教学模式

这一创造力开发模式是自 20 世纪 90 年代以来在创造力开发讲学、培训学员时常用的一种方法，开发效果较明显，也受到学习者和教学部门的肯定。

这种共办 7 天培训班的教学模式可分为 3 个阶段：

（1）阶段 1，前 3 天介绍创造学基本知识、创造技法及其练习，其目的是为了解创造学、掌握创造技法、突破创造的心理障碍，但并不求深入，因为第二阶段仍可深化。

（2）阶段 2，第二个 3 天是学习者用初步学得的知识，主要是技法和思维，“真刀真枪”地解决带来的实际创造课题（办班通知中就已告诉学习者来学习时必须带 1～3 个要解决的课题），力求解决或获得解题的思路、创意。方法也力求多样，有在独立思考基础上的研讨、小组式研究、师生合作，也可请本单位技术人员或其他主管负责人、专业人员到班里来一起研究。第二阶段不仅是收获的阶段，也是深化的阶段。第一阶段初步掌握但尚未实践的，在本阶段可得到进一步深入，因此，教师可及时讲授有关问题。

（3）阶段 3，最后 1 天是总结，由师生一起展示成果、畅谈心得收获、明确个人努力方向等，填写由教师评价的学习效果反馈表，以供回原单位汇报、总结使用。

本章小结

创造力是人类最重要的财富，是大学生走向未来的最大资本。每个人都是一座金山，只要能充分开发金子般宝贵的创造力，发挥自己的潜能，努力去奋斗，便会打开这座金山，实现人生的最大价值。开发每个人都有的却常常处于潜能状态的创造力是决胜未来的选择。

延续思考

3-1　请结合本章内容，论述创造力开发的重要性。
3-2　就创造力的结构谈创造力开发需从何入手才能取得实效？
3-3　以你的亲身感受和体会，你认为创造力开发的实质是什么？
3-4　你认为创造力开发的思路和方法中哪些比较适合你开发创造力？

4 创新品质：大学生创新创业的“护身符”

扫一扫获取
课件及思维导图

就单个人来说，他的行为的一切动力，都一定要通过他的头脑，一定要转变为他的愿望的动机，才能使他们动起来。

——恩格斯

敢探未发明的新理，即是创造精神，敢入未开化的边疆，即是开辟精神。创造时，目光要深；开辟时，目光要远。总的来说，创造、开辟都要有胆量。

——陶行知

要意志坚强，要勤奋，要探索，要发现，并且永不屈服，珍惜在我们前进道路上降临的善，忍受我们之中和周围的恶，并下决心消除它。

——赫胥黎

想象力比知识更重要，因为知识是有限的，而想象力概括着世界上的一切，推动着进步，并且是知识进化的源泉。严格地说，想象力是科学研究中的实在因素。

——爱因斯坦

温馨提示

创新因素主要包括创新人格因素与创新智能因素两个方面。创新人格因素主要表现为创新动机、创新兴趣、创新情感、创新意志和创新性格五方面；创新智能因素主要体现为创新的注意力、观察力、记忆力、思维力和想象力五方面。创新不可能缺少创新人格因素的动力、定向、支持和强化等的作用，更不可能没有创新智能为基础。了解并应用培养创新人格因素、创新智能因素，是非常必要的，特别是对成长中的大学生来说，更是不可缺少的。

4.1 创新人格因素

4.1.1 创新人格的基本概念

4.1.1.1 创新人格的含义

创新人格也称个性，是指一个人整体的精神面貌。通俗地讲，人格是指能引发、维持并主动引导人的行为的一种心理倾向，它能够使个人面对不同种类的刺激都能做出相同反应的心理结构。

人格源于希腊语 Persona，原本是指演员在舞台上戴的面具，类似于中国京剧中的脸谱。后来被心理学用来描述一个人的个性特征，形容一个人所具有的与众不同的、独特而稳定的心理特征和行为风格。它主要表现为动机、兴趣、情感及情感智慧、意志、性格、气质、能力、爱好、需要、理想、信念等方面。

4.1.1.2 创新人格的形成

个体的人格是在遗传、教育、实践等先天因素和后天环境交互作用下形成的。遗传因素为个性的形成提供可能性，而长期的社会生活实践是个性形成的决定性因素，它使可能性变为现实性。

人与人之间显著的差别就在于人格即个性。不同的遗传、不同的教育环境以及不同的社会实践，形成了各自独特的个性特征。我们经常所说的“人心不同，各如其面”就是指的这个意思。如有的人自然随和，有的人顽固自守；有的人沉默寡言，有的人开朗善谈；有的人谨小慎微，有的人豪爽粗放等。

4.1.2 创新人格的重要意义

从实践主体的角度讲，运用有关的人格理论有利于人自身的认知与完善。从实践主体的角度讲对于教育、管理等实践领域，具有重要意义。

4.1.2.1 加速认识内外世界

学习创新人格理论，可以加深人们对自身的了解。通过学习心理学，可以知道自己为什么会做出某些行为，这些行为背后究竟隐藏着什么样的心理活动，以及自己现在的个性、脾气等特征又是如何形成的等等。同样，也可以把自己学到的心理活动规律运用到人际交往中，通过他人的行为推断其内在的心理活动，从而实现对外部世界的更准确的认知。例如，作为教师，如果了解了学生的知识基础和认知水平，明确吸引学生注意力的条件，就能更好地组织教学，获得良好的教学效果了。

4.1.2.2 调整控制人的行为

人的心理特征具有相当的稳定性，但同时也具有一定的可塑性。因此，可以在一定范围内对自身和他人的行为进行预测和调整，也可以通过改变内在外在的因素实现对行为的调控。也就是说，可以尽量消除不利因素，创设有利情境，引发自己和他人的积极行为。例如，当发现自己存在一些不良的心理品质和习惯时，就可以运用心理活动规律，找到诱发这些行为的内外因素，积极地创造条件改变这些因素的影响，实现自身行为的改造。

案例 4-1 创业者的情商至关重要——美国公布了一份权威调查，显示了美国近 20 年来政界和商界成功人士的平均智商仅在中等，而情商却很高。为什么他们的企业能够脱颖而出？为什么他们是员工喜欢的老板？为什么狂放不羁、张扬跋扈、气焰嚣张、大胆独裁这些令人不敢恭维的性格却使他们如此迷人？性情后面到底隐藏着怎样一个真实的人？他们如何不同于常人？他们的成功是偶然还是性格使然？在当今竞争激烈的商业社会中，哪种性格的人能够成功呢？性情的魅力怎样使企业领导者凝聚起一支精英团队所向披靡？其实，性情魅力是由情商决定的，对于创业者来说，成功的关键在于是否拥有了创业所需要的情商。

4.1.2.3 直接用于实际工作

人格是个体在行为上的内部倾向，它表现为个体适应环境时在能力、情绪、需要、动机、兴趣、态度、气质、性格等方面的整合，是具有动力一致性和连续性的自我，通过研究人格的构成特征及其形成，从而预计它对塑造人类行为和人生事件的影响。研究人格成因对管理者来说，可以塑造良好的团队行为，为管理团队提供理论指导以及在管理过程中发生的不可绩效、不可标准化的行为进行有依据的管理和影响，通过人格管理可避免很多企业发展过程中的人为无作为的事件发生。也就是说通过研究人格增加企业的魅力、文化和形象，是品牌企业管理必不可少的行为。

案例 4-2 创业者需要哪些情商——自我激励。他们普通都有很强的自信心，有时有咄咄逼人的感觉。成立美吾发公司的李成家认为，成功=能力×个性，能力再强，个性封闭，善妒，也无法成大业，他认为，每个人应随时保持一个开放宽敞的心胸，才能迈向成功。太欣半导体公司总经理王国肇也是杰出的创业楷模，他分析自己的人格特质指出，喜好冒险、不服输的草莽性格，具有带动团队向前冲，达成目标的领导气魄，是支持他创业的动力之一。“创业过程相当孤单，自我需有强烈的事业心，并非常渴望成功，才能对创业的艰辛甘之如饴……所以，自我激励的性格对经营者相当重要。”王国肇表示，碰到困难不仅要懂得自我调适，更要适时安慰，激励部属，才不致影响前进的脚步。

4.1.2.4 显著影响创新创业

总起来说，创新人格因素对于创新创业活动具有动力、定向、引导、支持、强化等一系列相互联系的作用。美国公布了一份权威调查，显示了美国近 20 年来成功人士的平均智商仅在中等，而情感智慧（情商）却很高。对于创业者来说，成功的关键在于是否拥有了创业所需要的情感智慧（情商）。

案例 4-3 创业者的五大人格特质——名人似乎总有与众不同之处，比尔·盖茨之所以会成为当今电脑世界的显赫人物，其独特的性格特征也许早已注定了他的非同寻常。对小时候的盖茨来说，在课堂上睡觉是常有的事。他的生活极其紧张，三天不睡觉对他来说如同家常便饭。据一位朋友说，他通常 36 个小时不睡觉，然后倒头便睡上十来个小时。盖茨常在夜晚或凌晨向其下属发送电子邮件，编程人员常可在上班时发现盖茨凌晨发出的电子邮件，内容是关于他们所编写的计算机程序。一般的情况是，他于凌晨开始工作，至午夜后再返回家。他每天至少要花费数小时时间来答复雇员的电子邮件。商场如战场，对盖茨来说，他必须胜利，所以盖茨是个天生的工作狂。

其实，不仅是盖茨，就是其他的创业者的成功也是由情商注定的。综合数十位青年创业家的创业经验，他们成功的共同点是以勤奋、踏实及勇往直前的创业精神，配合灵活的经营策略、利好产品及朋友们的襄助等，才得以踏上成功的创业之路，而青年创业协会历届的创业楷模，得以攀登高峰，成为杰出的创业家，则多半归因于旺盛的事业心，吃苦耐劳，锲而不舍，与追根究底的精神等行为特质。当然，这些都只是过来人的现身说法，透过客观的适应性测验结果，发现成功创业者大都是具有五大人格特质，包括挑战性、指导性、柔韧性、行动性及持续性等。值得注意的是，想成为一个成功的创业家，需降低自己的“慎重性”，也就是自己的个性需外向开朗，行动积极乐观，做事轻松活泼，善于领导，切勿太过认真谨慎，自我抑制，悲观保守，优柔寡断，否则，太过谨慎，往往错失创业良机。

4.1.3 创新人格的主要内容

创新人格因素主要表现为动机、兴趣、情感、意志和性格五个方面，以及它们的升华。创新动机的升华就是责任感，创新兴趣的升华是事业心，创新情感的升华为创新的执着热爱和追求，创新意志的升华是可贵的毅力，创新进取的升华是创新性格的精髓。

4.1.3.1 强烈的动机

A 动机的含义

创新动机是引起和维持创新主体的创新行为，并将创新行为导向某一目标的愿望或意念，是形成和推动创新行为的内驱力。

创新主体的创新动机往往不是单一的，而是多元的。这既与创新主体的素质和价值取向有关，也与一定的社会环境、文化背景相关。动机中最强烈、最不可动摇的动机是建立在理性基础上的社会责任感。

创新是受人的精神支配的，假如没有崇高的社会责任感，不仅创新思维可能受到影响，即使有了种种创意，也可能成为纸上谈兵被束之高阁；或者发现了急需开拓的领域、急待解决的难题因惧怕艰辛不敢投身进去。事实说明，明确、高尚而强烈的创新动机，是创新活动取得成功的重要条件。

案例 4-4 攻克特大暴雨预报难题——原吉林省气象局局长丁士晟建立了以低空急流为主导的北方暴雨模型，多次准确预报成功。他之所以研究北方暴雨，是因为 1975 年 8 月 5 日发生在河南省驻马店、许昌、南阳地区的一场罕见的暴雨。这场暴雨日降雨量超过 1000mm，创 6h 降雨量的世界纪录，造成两个大型水库失事，数万人死于铺天盖地而来的洪波之中，损失上百亿元。暴雨过后，丁士晟和几位气象科学家在实地考察时，紧蹙眉头，眉宇间紧锁着焦急和忧虑，那翻卷着黄色波浪的洪水，淤泥遍地的土地，被洪水巨大力量扭成麻花状的钢轨，荡然无存的村庄田园，都猛烈地撞击着他的心扉，牵动着他的每一根神经。“预报特大暴雨，是气象预报的癌症！”有多少气象工作者发出这样的慨叹。丁士晟强烈的社会责任感使他下定决心：一定要攻克这个顽固的堡垒！

B 动机的功能

人的各种行为和活动都离不开动机，创新活动更是如此。动机在激励创新活动方面，有以下这些功能：

（1）唤起创新行动的始动功能。恩格斯说过：“就个人来说，他的行动的一切动力，都一定要通过他的头脑，一定要转变为他的愿望的动机，才能使他行动起来。”这就是说，创新活动总是由一定的动机引起的，动机对创新起发动作用。

（2）维持创新活动达到目标的志向功能。动机一旦引起行为和活动，并能使这种创新活动具有稳固而完整的内容，使人表现出极大的积极性，朝思暮想，茶饭不香，思维敏捷，能持久而顽强地进行创新活动。

（3）动机的强化功能。一个人在创新或其他活动上的成功和失败的体验，对他的活动志向有一定的影响。或者说，行为的结果如何，影响着人的动机。若一次创新成功，就可使新的创新行为不断重复出现，这就是正强化。相反，创新的失败，新的创新就可能不再出现，这就是负强化。由此可知，动机对人的创新行为起着以正负强化形式出现的调节控制作用。

案例 4-5 发明头针战胜病痛——山西头针研究所的焦顺发发明了头针疗法和颈动脉滴注药液治疗脑血管疾病，对脑源性病症的治疗有奇效。焦顺发有正确而高尚的为病人祛除病痛的动机，而在一次阅读古代医学经典时获得发明头针疗法的诱因：“募穴是脏腑经气聚汇的地方，它对脏腑疾病有特殊的治疗作用，故称其为‘特定穴’。近距选穴是针灸选穴原则之一。脑源性疾患，病灶在脑，在头皮部位选区针刺，离脑最近，符合‘近距选穴’原则……”动机受到诱发。这项发明成功了，到目前为止，头针能治疗 101 种疾病，尤其对脑源性、皮层内膜性病症和脑血栓形成早期、颅脑损伤恢复期、小儿舞蹈病等有较好的疗效。

C 创新动机的培养

要培养强烈的创新动机，可从价值观、抱负水准和兴趣三方面去努力。

（1）价值观。价值观是人们对客观事物的评估与态度体系，表现为生活方式与生活目标的看法，反映一个人对客观事物的是非、善恶、重要程度、价值大小的基本观点，从而采取相应的态度。因此，价值观决定着个体的动机模式和行为指向。

（2）抱负水准。价值观决定行为的方向，而抱负水准则决定行为达到什么程度。所谓抱负水准是指一种欲将自己的工作做到某种质量标准的要求。一个人在从事创新活动之前，自己内心预先估计所能达到的成就目标，然后竭尽全力为实现这个目标而努力。高尔基的这段话很有道理：“一个人追求的目标越高，他的才力就发展得越快，对社会就越有益；我确信这也是一个真理。这个真理是由我的全部生活经验，即是我观察、阅读、比较和深思熟虑过的一切确定下来的。”

（3）兴趣。人们总是根据自己的兴趣来选定自己认为合适的创新内容和方向。在出现同时有几个目标，同样可以满足个体的创新需要时，那么个体就会选择适合自己兴趣的目标。

D 创新动机的强化

创新动机的强化就是按照动机产生和发展的规律，通过一系列行之有效的方法，使创新者产生高尚、正确的动机，避免消极、错误的动机；强化潜在的积极动机，抑制消极的不良动机。

强化创新动机的主要的方法包括提高目标引力、增强外界压力和加大内部动力。在这三种力的合力作用下，动机的培养和激发是可以奏效的。

4.1.3.2 浓厚的兴趣

A 兴趣的含义

兴趣是指以特定活动事物以及人的特性为对象，个人在积极的、选择的爱好倾向上所产生的情绪兴奋态度。兴趣表现为一个人积极去探究某种事物或从事某种活动的认识或意识倾向，这种倾向是和一定的情感体验联系着的，如喜欢。假如一个人对创新创业有兴趣，他总是会关注有关创新创业方面的一切信息，像新出版的书籍、报刊上的文章以及各种有关创新创业方面的政策、会议等。某人因为喜欢“心理学”“创造学”，并以研究“心理学”“创造学”为乐趣，情愿花很多钱购置这方面的书籍资料也不觉心疼，得到它们后会感到心满意足，有先读为快之感。

兴趣是多种多样的。大学生兴趣的内容主要有专业兴趣、业余（课外）活动兴趣、社会兴趣和物质兴趣。创新的自身特点，需要有明确健康的兴趣，还应有较广泛的兴趣。

案例4-6 最大的快乐——英国生物学家华莱士用自己的亲身体验，真切地道出了当他获得发现时的狂喜心情："只有一个博物学者才能理解我最终捕获一种从未发现过的蝴蝶时体验到的强烈兴奋感情。我的心狂跳不止，热血冲到头部，有一种要晕厥的感觉，甚至在担心马上要死的时候产生的那种感觉。那天我头痛了一整天，一件大多数人看来不足为怪的事竟使我兴奋到极点。"生理学家贝尔纳在评论这类现象时说："获得新发现时所感到的快乐，肯定是人类心灵所能感受的最鲜明而真实的感情。"

B 兴趣的意义

(1) 创新兴趣是进行创新活动最重要的心理条件之一。对一项创新活动只要有了兴趣，就能钻进去，不知疲倦不畏艰险去闯。这就是说，一个人如果被某一事情或者某一种思想完全吸引住的时候，他就会对所有和这种事情或者这种思想相联系的一切产生兴趣。当他被这种兴趣引起的求知直至突破的欲望完全控制了的时候，就到了钻研入迷的程度。培养兴趣—创新入迷—获得成功，这往往是创新成功的三部曲。历史上许许多多的发明创新者，都是沿着这三部曲走向成功的。

(2) 兴趣让创新活动变得快乐。创新本身有客观的内在美，而凡是美的东西，都容易引起人们的兴趣和追求。创造的成果和成就使人兴奋、快乐，从而产生新的兴趣。有一位学者说过："一个人只要一生中体验过一次科学创造的欢乐，就会终生难忘。"

(3) 兴趣让创新活动满足人的自尊心和荣誉感。在个人需要层次中，自尊、受到别人尊重和成就感、荣誉感，是高层次的需要。当一个人由于做出了某种创造性贡献，得到了别人的赞许和尊重，就会因这种需要得到满足而感到快乐，这种快乐又会促使他开始新的创新。

(4) 兴趣产生好奇心。好奇心既是创新的最初根源，还是创新设想的触发物和催化剂。

案例4-7 有兴趣就不苦——杨振宁说过这样一段话："上海一家杂志社写了一篇文章，介绍我的生平。文章有一个小标题叫做'终日计算，沉思苦想'。没有征求我的意见，我不同意，尤其不同意这个'苦'字，什么叫'苦'？自己不愿意做，又因为外界压力非做不可，这才叫'苦'。做物理学的研究没有苦的观念。物理学是非常引人入胜的，它对你的吸引力是不可抗拒的。如果一个人觉得搞得很苦，他应该考虑他是否应该选择这个方向，是否应该再搞下去。"他的话引起了我们的深思。如果我们去问在创新上奋勇攀登的人，你在彻夜攻关时是感到很痛苦，还是觉得很兴奋，而且越干越有劲！每一个从事他所感兴趣的创新时，都会感到快乐。这就是兴趣的力量。

C 兴趣的作用

创新兴趣在创新活动中的作用是巨大的。兴趣是最好的老师。教育家乌申斯曾经说过："没有丝毫兴趣，就不可能克服求知活动中的重重困难，怀疑、思考、释疑、考证各种疑惑，最终有新的创造。"达尔文正是对昆虫产生了极大兴趣，才激发了他探究的激情，从而引出进化论的产生。兴趣在创新中的作用主要有以下三个方面：

(1) 兴趣可以使人善于创造条件、适应环境，对创新活动充满热情。

(2) 兴趣对丰富知识，开发智力有重要意义。

(3) 兴趣有助于创造成功。

案例 4-8 维纳的广博兴趣——维纳创立控制论与他年少时博览群书，自学过数、理、化、法文、德文、拉丁文、精神病学，大学阶段又学过数学、哲学、动物学、物理学是分不开的。维纳认为，在科学上能取得最大收获的是学科之间的无人区。创新就应适应现代科学高度分化又高度综合，学科之间互相依赖又互相渗透的特点。这一特点必然要求创造者具备多方面兴趣。维纳论述这一问题时说："到科学地图上的这些空白地区去做适当的勘察工作，只能由这样的一群科学家来担任，他们每人都是自己领域中的专家，但是每人对他的邻近领域有十分正确和熟练的知识。" 20 世纪 70 年代初，美国对 115 个科研机构中的 1300 多位科学家进行过为期 5 年的调查，得出的结论是，科技工作者只有科技工作面广，兴趣广泛，才富于观察力和想象力，思考问题才有广阔的背景。杨振宁总结自己的经验：在读书的时候，学习的面要广一些，后来通过自己比较广泛的接触，向各个方面发展，这方法对出研究成果是效率比较高的。以上这些道理同样适用于大学生。

D 兴趣的培养

激发和培养创新兴趣的主要途径有三个方面：

(1) 加强理想和目标的教育。创新只有与理想和目标一致，才能激发和培养创新兴趣。一个没有崇高理想和奋斗目标的人，只会凭一时的直接兴趣创造，或者从个人的得失出发，去进行创造活动，这种创造兴趣是靠不住的。因此，要使他们的创造兴趣与远大理想和奋斗目标联系起来，不论什么艰难困苦，波折坎坷，也能保持旺盛的创造兴趣和精力。

(2) 进行教育改革，树立新的教育思想。改进教学方法、更新教学内容、创新教育思想、激发和培养学生的创新兴趣和创新意识是教育中亟待解决的问题。教学方法应灵活多样，旨在培养创新精神，使学生的学习处于积极主动状态，创新的兴趣得到发展。

(3) 应注意在学校广泛开展各种创新性活动。如创业、小发明活动、大学生的科研活动等，使创新成为风气，成为人才标志之一。这样，创新的兴趣一定能被激发和培养起来。

案例 4-9 潜心发明终不倦——被聘任为北京应用技术研究所所长和总工程师的发明家刘士源，有一段艰难困苦跋涉的经历。从他青年时代起，就开始了创造发明，几十年来无论遭遇什么命运，创造志趣不衰，发明兴趣不减。他发明了劈土机、简易自卸车、畦田联合耕作机、飞土器和反冰耙犁等。他的心中还孕育着风力机、播种机的发明设想。在生命结束前的 3 年中，他还完成了 30 多篇应用技术论文，其中多数有幸传到专家手中，并被认定理论正确，方案可行。刘士源后来发明新型风力发电机，时任国家主席李先念参观他的发明时，连声称赞："好！很好！"

正是：半生坎坷几十年，潜心发明终不倦。试问志趣何许有？回眸笑答是信念。

4.1.3.3 炽热的情感

A 情感的含义

(1) 情感。创新情感是人脑对客观现实的反映，是对客观事物是否满足自己需要的态度上的反映。离开了客观事物，无缘无故的情感是不存在的。由于客观事物与人的需要之间的关系不同，人产生了对客观事物的不同好恶态度，有了不同的内心变化和外部表现。需要是人的心理活动的重要根源，创新的需要是一种高级的社会性需要。社会性需要引起的情感，就成为人类高级的情感。人们常说“创造的激情”和“创造的愉快”就是这样一种高级的情感。

（2）热情。热情是一种强有力的，稳定而深刻的情感。如对祖国深沉的爱，为祖国富强而创新的强烈情感。

案例 4-10 热情是一座火山——世间一切事业都需要热情，没有热情，哪怕是一件微不足道的小事情也做不好。创新比其他事业更需要热情，这正如巴甫洛夫谆谆告诫他的学生时说的那样：要有热情。你们要记住，科学需要一个人贡献出毕生的精力。假定你们有两次生命，那还是不够的，科学需要一个人有极紧张的工作和伟大的热情。

B 情感的作用

（1）情感的动力功能。在创新中，情感对人的认识和行动起着发动机作用。达尔文说:“我之所以能在科学上成功，最重要的一点就是对科学的热爱，坚持长期探索。”情感有力地推动着创新，崇高的情感召唤我们去创新所产生的力量，是任何其他动力所不及的。一旦创新已成为心中的深厚情感，创新就是愉快的，这时所表现出来的动力功能是巨大的。乐观、坚定、自信、愉快的积极情感对人的创新活动起“增力”作用。而消极情感则会对人创新活动起“减力”作用。

（2）情感通过能力因素影响科学创新。情感通过能力因素影响创新，良好的情感对能力因素产生好的影响，从而可以增强创造力，反之亦然。

案例 4-11 差点毁了一个诺贝尔奖获得者——德国化学家奥斯特瓦尔德收到一份提出新的溶液理论——离子论的论文。不巧的是化学家正受着牙痛的折磨，而且妻子难产，情绪是可想而知的，他勉强粗略看了一下论文，顿觉心里烦躁，觉得满纸胡诌，索然无味，便弃之不读。几日后，化学家牙痛消除，又得贵子，情绪好转，重新阅读论文，竟禁不住拍案叫绝——该论文提出了一个杰出的思想，有重要科学价值，他立即提笔撰文推荐。后来，论文作者，一个青年人贝齐里乌斯获得了诺贝尔奖奖金。奥斯特瓦尔德差点因为自己情绪不好毁了一个科学创造成果。

C 情感的优化

人的情感不完全是本能的，理智能够影响情感。因为情感具有社会性，它是在人的社会实践活动的过程中发生和发展起来的。因此，情感是可以而且应该调节和陶冶的。陶冶情感使之更有利于创新，这就是情感的优化。情感优化主要从以下 5 个方面去努力：

（1）要有较高的思想境界，努力提高认识水平。

（2）要有高层次需要的追求。

（3）要正确选择自己的人生态度。

（4）要在社会实践活动中丰富和美化自己的情感。

（5）要从文学艺术、历史和哲学中吸取营养。

案例 4-12 戴维从进取到颓废的教训——英国科学家戴维在他 30 岁以前，在情感上是积极的、进取的。他的科学成果一个紧接一个，轰动了欧洲。英国授予他男爵封号，后来又荣任英国皇家学会会长。戴维从此开始追逐名利，为获得财产和“上等人”的地位，娶了一个有钱的富人遗孀，出入于官场、豪门。他的情感随之消极、颓废起来，这种消极的情感，使戴维后半生除了一项矿工井下安全灯的发明是较重大的贡献外，再没有新的建树。他还做了一些令人遗憾的事：他发现了法拉第，又在法拉第作出了重大贡献后，压制了法拉第。他还轻率而武断地宣布了一些化学元素为“化合物”。

4.1.3.4 坚强的意志

A 意志的含义

创新意志就是自觉地认识并确定目标，根据目的来支配、调节自己的行动，克服多种困难，从而实现目的的主观能动过程。

（1）创新就是一种意志行为。创新的特征就是克服困难，做前人和别人没有做的事。

（2）毅力是意志品质中的一个成分。即意志持续度，或者称为意志坚韧性、坚持性。毅力顽强的人，由于有符合客观实际的目的，深信自己的目的和实现目的而采取的行动是符合客观发展要求的，因而能正视各种困难、百折不回地为实现既定目的而努力，坚决、果断地采取行动。英国作家狄更斯这样评价毅力：“顽强的毅力可以征服世界上任何一座高峰。”

（3）精力是一种意志品质。这是指在达到一定目的的过程中具有充沛的克服困难的能力和从事各种活动的紧张程度，是一个人在活动中的兴奋性、准确性和有效性的心理品质表现。

创新需要集中精力，力争调动一切创新能力于一点突破，法国昆虫学家法布尔对一个询问他研究经验的人说：“把你的精力集中到一个焦点上试试，就像这块凸透镜一样。”这就要学会选择和自控，把注意、观察、思维、想象能力都集中到创新的主攻方向上，尽量使自己兴奋起来。

案例 4-13 临终前的科学笔记——“胃剧痛。”“燥渴、耳鸣。”“睁开眼时，眼皮很重……”“我看不见体温表了，情况非常严重，疼痛消失了，软弱无力。”“我想，开始脑充血了。”……这是芝加哥自然历史博物馆的动物学家卡尔·施密特临终前的科学笔记。那天，施密特下班后仍在实验室里观察一条南美毒蛇，突然，受惊的毒蛇趁他不备，猛地在他手指上咬了一口，虽然他赶快从伤口往外挤血，但已经迟了。施密特开始感到头晕、恶心，蛇毒发生作用了。这位67岁的老科学家知道自己的时间不多了，他忍着剧烈的痛苦，斜倚在靠椅上，用颤抖的手记下上面的那些记录。这些在被毒蛇咬后垂死时的征兆和感觉记录，一直进行了差不多4个多小时，直到从靠椅上滑下，他躺在地板上仍在记，眼睛看不见东西了，他凭感觉在记。生命的最后时刻到了，他昏迷过去，笔才从他手里滑落，过了片刻，施密特与世长辞了。要知道，这不是几分钟、几十分钟的短暂记录，而是5h，整整300min。尽管身体极度痛苦，他强忍痛苦，观察、记录；尽管有濒临死亡的心理折磨，施密特仍以惊人的意志与死神夺时间，为人类留下了一份用生命写成的珍贵无比的科学报告。植物学家米丘林说：“只有全神贯注和完全忘我的热情，才能使人获得这种难以相信的毅力，人一有了这种毅力，就能够完成他力所不及的劳动。”

B 意志的作用

（1）创新意志产生巨大力量。意志就是力量，咬定青山不放松。

（2）创新者的认识越自觉、越坚定，他控制和支配自己情感的意志就越坚强、越持久，产生的创新力量也就越大。相反，在意志薄弱者身上，不会出现“奇迹”。这是因为他们的认识常与自身得失安危相联系，情感也是淡漠的，因此，在大脑中产生的兴奋不强烈、不集中。同时，患得患失、怕苦怕累的认识和情感还在干扰兴奋，不能引起人体的相应反应，一旦有了行动的不舒适感和困难、痛苦感，会立刻反馈大脑，行动就会动摇。意志薄弱者的行动常常半途而废就是这个道理了。

C 意志的锻炼

创新意志不是先天的，没有所谓生下就是意志坚强的人。意志是在实践中、在奋斗中逐渐地培养或锻炼起来的。创新活动困难重重，本身就是一个很好的锻炼环境和机会。

（1）辩证法帮助你坚定意志——创造与失败似乎有天然的姻缘，辩证思维帮助创造者对创造的失败和挫折进行科学的分析，从而激发勇气、培养意志品质的坚韧和坚定。

（2）要摸清自己的弱点，要有点与自己“作对”的气概，从小事做起磨炼意志。一个人的意志品质不十分理想，这并不是说他样样品质都不理想，而是在某一方面有缺欠，这种缺欠又影响别的品质，使你的总体意志品质令人感到遗憾。譬如说，你的主要毛病是果断性稍差，遇事不善于适时地下决心和采取决策，总是犹豫不决，瞻前顾后，即使在开始行动之时，你就缺乏信心，动摇不定，开始之后还在不断地修改决定，最终放弃决定，中止行动。找到自己的弱点，先从小事做起，有了进步，及时巩固；出现动摇，拿出点与自己“作对”的气概，正确决策后坚持下去，意志就会一点点坚强起来。

（3）要想使意志行动达到理想的结果，必须符合事物客观规律性的要求。创造成功的获得没有一回是靠蛮干的，创新的新颖性特征更要求行动的科学性。要培养创新者的意志，必须首先帮助他们掌握创新的必要知识和技能。常言说的“艺高人胆大”“知识就是力量”表明了它们之间的转化关系。所以说，人的意志行动是和一定的技能、知识以及熟练的技巧密切联系着的。

（4）还要强调在创新中提高自控能力的问题。自控往往是通过自我暗示来维持和实现的。心理学中把暗示定义为用含蓄、间接的方法对人的心理状态产生迅速的影响过程。暗示可以采取语言的形式，也可以使用其他形式。自我暗示是暗示的一种，它不是来自外界而是起自内心。自我暗示有消极和积极之分，前者引起不良后果，后者是即使自己处于不利之地，也总是鼓励自己，增强信心去完成预想的目标活动。例如，当创新失败后，仍暗示自己干下去一定能成功，这对创新是有利的。有人用格言、名言、警句随时暗示自己，也是一种好方法。林则徐曾经有爱发火的毛病，为此，他大书“制怒”二字悬于墙上，当他发怒中处置事情时，一看字幅，即能收到制怒效果。

案例 4-14 爱迪生的辩证法——爱迪生发明白炽灯竟然试过几千种灯丝，在最后的成功面前，前几千次实验不都是失败吗？如果不认识失败与成功的辩证关系，一次或几次失败就丧失了创新的自信，谈何意志？据说，当爱迪生在 1877 年主持灯泡实验时，已经过去了 100 多天，实验的灯丝材料已逾千种之多，而获得的最佳成绩不过 8min。爱迪生的助手摇摇头叹道:“唉！又是一次白费劲。”“怎么是白费劲呢？这种材料不行我们不用它了，这难道不是成功吗？”爱迪生从 8min 的光明中看到了希望，他接着说:“这次用这种材料亮了 8min，寿命不是比以前长了好几倍吗？既然能亮 8min，为什么就不能亮 80min，800min 呢？”爱迪生的话说明他懂失败与成功的辩证法。

4.1.3.5 进取的性格

A 性格的含义

创新性格是指表现在人对现实的比较稳固的态度以及与之相适应的习惯化了的行为方式。性格在个性心理特征中居于核心地位，最能表现个别差异。性格的好坏与优劣，往往决定一个人事业的成功与否以及社会贡献的大小。它是一种与社会相关最密切的人格特征，在性格中包含社会道德含义，能最直接地反映出一个人的道德风貌。

B 性格的特征

包括以下4个方面特征：

(1) 对现实态度的性格特征。人对现实的态度是性格最重要的组成部分，在人的性格结构中处于核心地位。主要体现在如下方面：对待社会、集体、他人态度的特征，如有的人爱祖国、爱集体、助人为乐、正直、诚实、宽容、与人为善等；而有的人则自私自利、阴险狡猾、虚伪等。对待劳动态度的性格特征，如有的人勤劳、认真、细心、节俭；而有的人则懒惰、马虎、粗心、浪费等。对自己态度的性格特征，如有的人谦虚、自信、自尊、自爱；而有的人则骄傲、自馁、自卑、自怜等。

(2) 性格的情绪特征。这是指一个人情绪活动的强度、稳定性、持续性以及主导心境方面的特征。

(3) 性格的理智特征。这是指人们在认识过程中所表现出来的性格特征。具体表现在：在感知方面有被动感知型（易受环境刺激的影响，易受暗示）、主观观察型（自己有主见且不易被环境刺激所干扰）；详细罗列型（特别注意细节）和概括型（更注重事物的一般特征和轮廓）等。在想象方面有幻想型和现实型，主动想象型（力图用想象打开自己活动的领域）和被动想象型（以想象来掩盖自己的无所作为）等。在思维方面有独立思考型和盲目模仿型、灵活型与刻板型、创造型与保守型等。

(4) 性格的意志特征。主要是指人在行动中所表现出来的目的性、自控性、果断性、坚韧性等性格特点。例如，是具有明确的目的还是盲动蛮干，有主见还是易受暗示等。一个人的行为是主动积极还是消极被动，是有自制力还是易受暗示等。在紧急或困难条件下表现出来的是沉着镇定还是张皇失措，是果断、勇敢还是优柔寡断、胆小怯懦等。在经常和长期的工作中表现出是耐久有恒、坚忍不拔，还是见异思迁、半途而废等。

案例4-15 马克思女儿的问题——1865年，马克思的女儿向马克思提出一个问题：“你所喜欢的座右铭是什么？”马克思录用了拉丁文的一条短语——“Devomnibus DubitAndum”作为答案。这个短语经专家研究，正确而恰当的译文应该是“思考一切”（过去我国的译文用过“怀疑一切”）。“思考一切”是性格的理智特征，包含了性格的理智特征中那些美好的方面。

马克思喜欢“思考一切”，这是一种性格导向。这就是要在性格的理智特征上达到尽可能大的观察广度、记忆广度和思维广度。这对于创新来说，是非常宝贵的性格。创造者在培养优秀的性格品质时，首先做的就是正确的性格导向。

C 性格的作用

人的创新性格与人的创新活动相互作用、相互影响。

(1) 创新性格影响创造力的开发和培养。从创新性格品质影响创造力的实验研究和卓越的创造人物的性格对创造力的分析，得出结论：性格品质对人的创造力有影响。成就卓著的创新人才，以他们自己的切身体验，提出了创新所必需的良好性格品质——勇敢、谦虚、勤劳和乐观。

(2) 创造力对创新性格的影响。创造力对创新性格优化起促进作用。这就是为什么杰出的创造人才都有令人羡慕的优良性格，如大家熟知的李四光、华罗庚、彭加木、爱因斯坦、居里夫人，都是我们的楷模。

案例 4-16 世界上哪个国家的年轻人最具有创新精神——很多中国人会以为是美国，其实不然，而是一个不起眼的小国家和小民族——以色列《创业的国度》的作者索尔·辛格来分享以色列创业和创新精神的奥秘。对于创业来说，“你认识的人比你掌握的知识来得重要”（Who you know is more important than What you know）。例如以色列人在沟通和互动时的那种坦率、不加掩饰、不惧传统、完全专注于一件事的态度，也就是在书中使用的“chutzpah”（接近于汉语的“肆无忌惮”）这个概念。有句俗话说得好:“两个犹太人会有三种观点”，这句话道出了以色列人最大的特点。管理 5 个以色列人比管理 50 个美国人还要劳心费神，因为他们会不停地向你问这问那。

D 性格的培养

创新和培养创新性格是人的统一发展过程中相互联系、相互依存的两方面。

（1）性格的优化与汰劣。把自己的性格朝着什么方面塑造？这是每一个创造者最关心的。主要应用两个原则，即优化原则和汰劣原则。

（2）优秀性格的重塑。有了性格导向和优化，在创新中可从 4 个方面重塑优秀性格：

1）要确立正确的世界观、人生观。

2）要普及心理学知识，进行良好的性格教育，加强自我修养。

3）应调动社会力量，尽可能地形成有利于创造的良好的社会环境。

4）针对个别差异，进行心理健康教育。

4.2 创新智能因素

4.2.1 创新智能的基本概念

创新智能是指能胜任创新的主观条件，是直接影响创新效率，达到创新目标的个性心理特征，主要有注意力、观察力、记忆力、思维力、想象力和操作力 6 个方面。

4.2.2 创新智能的培养意义

大学生能否成为创新性人才，在很大程度上与其创新智能有关。因而，培养和训练大学生的创造力，很重要的一个方面就是培养和发展他们的创新智能。

4.2.3 创新智能的主要内容

创新离不开创新智能的支持和运用，了解创新智能及组成创新智能的注意力、观察力、记忆力、想象力和操作力的概念、创新作用及其培养提高的方法，认识自己的智能水平，掌握培养和提高创新智能的方法并通过训练提高创新智能。

案例 4-17 毕 发明活字版——毕昇，北宋万历时人，他看到当时的雕刻印书虽然比抄写要快得多，质量也得以保证，但一块书版刻下来颇费工本，又只能印固定的一页。书印完后，积存的大量书版不能再用了，能不能改进一下？毕昇的注意力、观察力在发明的初始阶段就发挥了作用。

毕昇很可能从下列事实中通过联想而获得创造想象：七巧板的每一块只是一个没有整体含义的几何块形，但巧妙地组合能使这七块板子构成有整体意义的图形来。毕昇也有可能通过观察发现，如果刻书匠人偶尔不慎刻错了字，或者对字形不满意，可以用刀挖去，另在木片上刻新的字，补在空缺的位置上。只要新补的字与版面齐平就可以了。

他有了一个极为可贵的创意：如果把印书要用的字刻在一小块一小块木头上，印书时拼凑起来印刷，印完后拆散，还可以再拼合印别的书，这有多好！

怎样使一个个木块连成一片，而且有字的一面又平又齐呢？毕昇调动他的记忆储备——什么东西加热或加水能溶化，冷却后或干燥后又能粘住一个个小木块，连成一块整版？他想到松脂和蜡，肯定还试用过其他东西，诸如胶泥、面团之类，发现还是松脂和蜡比较好，工艺上简单、实用，价格便宜，来源广泛，又能反复使用。这一过程借助了构成智能的记忆力和操作力，以及实验能力。

后来毕昇发现，木头遇水会胀，既不便于清洗，又影响印书质量，他又试图用石质字块来代替木质字块。但石头不易刻字，加工困难。他又想到，有人用胶泥做碗罐，就用胶泥做字，取材方便，刻制容易，不胀不缩，再入窑烧成坚硬的陶制字块，终于发明了活字版印刷术。在整个发明过程中贯穿着丰富的思维。

后人在总结毕昇发明活字版的经历后指出，他的思维转化过程如下：摄取（观察）、排除（放弃）、改造（分析）、适应（修改）、联想（设想）、储备（记忆）、理解（总结）、运用（实验、制作）。

4.2.3.1 注意力

案例 4-18 注意力趣事——阿基米德为了搞清楚叙拉古国王的金王冠是否是纯金这一难题，专心致志，如痴如迷。他在洗澡中突然有了发现，赤身冲到街上，口中高喊“尤里卡！尤里卡（我发现了）！”

王羲之专心练字入了迷，边练边吃馍蘸蒜汁，等他妻子进来一看，他满嘴乌黑，原来，王羲之蘸的是墨汁。

牛顿边思考问题边煮鸡蛋，开锅一看，竟然煮的是怀表。

安培在散步中，突然想到一道题目，就摸出一段粉笔在眼前的一块“黑板”上演算起来，“黑板”突然向前移动了，安培不知不觉跟着“黑板”追着计算，“黑板”越走越快，直到跟不上了，安培才发现，“黑板”原来是辆马车的车厢后背。

在创新活动中，这些专心致志的趣事，就是常见的一种心理现象——注意。

A 注意的含义

创新活动是在一种高度注意状态下进行的。俄国教育家乌申斯基说过：“注意是我们心灵的唯一门户，意识中的一切，必然都要经过它才能进来。”注意的两个特点是指向性和集中性。指向性表明人在认识事物的过程中，并非把所能感受到的刺激物都作为自己认识的对象，而是从诸多刺激物中选择具有现实意义的事物。这些选择出来的事物就成为自己认识过程指向的对象。集中性体现了人的心理活动反映某一事物所达到的清晰程度，因为人的认识过程不仅有选择地指向一定对象，而且需要长久地持续指向这个对象。保持认识的清晰、完善。集中就要抑制那些与该对象相对抗的东西。

案例 4-19 不专心致志，则不得也——我国古代著名的棋师弈秋，教两个学生下棋。但两个学生对下棋的心理活动却不同，一个注意，另一个不注意，注意者专心致志听弈秋的教导，领会了下棋的奥妙，对下棋有了认识，也产生了对下棋的情感过程和下好棋的意志过程；而不注意者则思想开小差，想着鸿鹄将至，打算拿弓箭去射杀，他不仅认识不到下棋的规律和技巧，也不会产生相应的积极的情感过程和意志过程。孟子叹曰:“不专心致志，则不得也。”宋代张载也说:“心不在焉，虽学无成。”

B 注意力的作用

创新从始至终离不开注意力的参与。

首先，创新活动的成功常出现在灵感之后，而产生灵感的条件是对问题进行了一段时间专注的研究，伴之以对解决方法的渴求。

其次，创新也要有一定的机遇，如果不注意，创新的机遇就会从你的手指缝中溜掉。

再次，创新是一种极为艰难的事业，不能坚持持续的注意，创新就可能半途而废。

最后，创新成果的社会价值，人们往往一时认识不到，这就难以使一项创新造福于人类，也不利于社会对它的承认。

总之，良好的注意力能使创造者集中自己的心理活动，提高观察、记忆、想象和思维的效率，可以这样说，善于集中注意力的人，就等于打开了智慧的天窗。所以注意力的培养对开发智力，培养各种能力，提高学习质量，取得创新成果，是必不可少的因素。

C 注意力的培养

兴趣和注意的关系很密切，培养兴趣是形成良好注意力的首要条件。一个缺乏兴趣的人，是很难有良好的注意力的，也无法进行创新活动。

加强意志品质的锻炼，养成因地因时注意的习惯，对自己要有控制能力，上课时就注意听，到图书馆就注意读书。神不守舍，懒散疲沓和见异思迁对注意力的培养都是不利的。

要锻炼在不顺利不理想的条件下工作、学习的习惯。青年时代的毛泽东，故意到嘈杂纷乱的城门口读书，就是一种很好的锻炼手段。在正常、安静的条件下，一般人容易保持较好的注意，但在非常环境中，在对自己有引诱性的活动环境下，要保持注意力高度集中很难。如果有意去锻炼，久而久之就能提高注意力。

4.2.3.2 观察力

案例 4-20 糖尿病人的尿是甜的吗——曼彻斯特市有位医生，在教学生的时候，用手指沾糖尿病人尿的样品来尝味，然后他要求全体学生重复这个动作。学生们勉勉强强愁眉苦脸地照做了，并一致同意尿是甜的。这时，医生笑着说，“我这样做是为了教育你们观察细节的重要性。如果你们看得仔细，就会注意到我伸进尿里的是拇指，而舔的却是食指。”受到尝尿之苦的学生才恍然大悟——老师要教他们观察。在观察中，导致非客观观察结果的主观因素是不容忽视的，至少学生们的感觉器官并没有充分发挥作用。视觉，没有看到拇指到食指的微妙变化；味觉，并不一定真的品尝出了糖尿病人尿的味道。感官为什么会失去作用？主要学生脑子里存在着先入为主的主观因素，或者完全从主观的想象出发，或者过于相信自己的经验，或者从某种暗示出发，给观察结果打上鲜明的主观印记，而是结果不可靠。坚持观察的客观性是创新的一个重要原则。

A 观察和观察力

观察是一种受思维影响的、系统的、主动的、有意的知觉活动，是有目的的具有探索性质的知觉，像常说的勘察、侦察、调查、考察等大致都属于观察的范围。

由于人们的知识经验、思维方式、职业习惯、个性特点等方面存在着各种各样的差异，人们在观察事物的时候，会出现明显的不同。这种个体差异说明人们的观察具有不同的类型。

（1）分析型、综合型和分析—综合型。根据参与观察的思维特点，可以知道，分析型在观察时，特别留心于局部的细节，难以理解事物的整体意义。属于这种类型的人，会在创新中犯“只见树木，不见森林”的毛病。一件创新成果，在它的创新过程中和取得初步成果时，肯定有许多不足，如仅注意细节而不理解它的整体意义，就可能使创新半途而废。

（2）客观型和主观型。根据反映事物的真实程度，又可以知道，客观型的表现是在观察时，很少受自己主观见解或情绪状态的影响。在尚未掌握观察材料之前，不轻易想当然地做出任何结论，因而能够比较真实地、客观地反映事物。这是一种良好的观察类型。

案例 4-21　火车的厄运——1825 年火车刚发明时，速度慢、拉力小，吐着浓重的黑烟，震得地面颤抖。从这些细节看，确实不如马车。但从蒸汽机用于运输的总体评价来观察它，就能认识到这是一次革命。以人力、畜力、风力等自然力量为动力的运输时代，跨入了热能转化为机械能动力的运输新时代。1865 年，也就是 40 年后，一个英国投机商人杜兰德，在北京宣武门外修了一条约半公里长的铁路行驶蒸汽机车。但清政府以“这玩意儿叫人害怕，不准修建”为由拆除了。又过了 11 年，一条英商修筑的从上海到吴淞的窄轨铁道通车到江湾，全长 6km。通车不到 2 个月，小火车压死了人，清政府又有了理由，以 25.8 万两白银买了下来，拆除后投进了大海。

外国人在中国修铁路，算不上真正意义的创新。但代表新兴事业的铁路，在中国两次遭到拆除毁灭的命运，是清政府的保守和愚昧，无法对火车做出正确的总体评价。

这个事例清楚地告诉人们，创新创业、发现发明和任何一种突破，都要学会客观地观察。了解观察类型，对创新实践有益，更对培养创新型人才有十分重要的现实意义。

B　良好的观察品质

为了更好地培养创造者的观察力，必须弄清楚发展观察力的标准和要求，即良好的观察有哪些品质，主要有观察的条理性、观察的敏锐性和观察的精确性。

C　观察的功能

不会观察就没有创新。为了推进创新，务必把握以下 4 方面观察功能：

（1）创新始于观察。

（2）观察力是创新获得成功的重要能力。

（3）观察力为创新提供方向、线索和条件。

（4）观察力促使人们去探索未知，纠正错误。

案例 4-22　发明源于观察——1986 年日内瓦第 14 届国际发明展览会上，获得“日内瓦”大奖的第一个东方人——我国的张开逊，早在 1975 年就自费研制成功“可燃气体探测仪”。他之所以搞这个项目，是因为在一次参观河北怀来地热电站时，看到这个液化石油气管道纵横交错、纷杂衔接的电站，没有可燃气体的探测仪器。他想万一气体漏出，一点火星就可以引起严重爆炸，尤其是当他听说这个电站由于没有探测器，确曾发生过房毁人亡事故时，他下了动手研制的决心。一起参观的其他人也都看到这些可燃气体的通道，但他们仅仅是看到了，而没有向张开逊那样“观察”到。因此，张开逊有了创新意向，而其他人却没有。可见良好的观察力为创新提供了线索和方向。

D 观察力的培养和提高

观察力的不同水平使人的观察活动产生不同的效果，观察力通过观察活动本身，是可以培养和提高的。其方法有三，即循序渐进、及时强化和持之以恒。

案例 4-23 火车原来可以这样开——在火车的发明过程中，人们观察到蒸气发动机很重，非用钢轨不可，这个观察是对的。但根据人们平时的观察，铁轮子在铁轨上转动会打滑，火车就会开不走。于是，火车车头的运行曾采取过下列两个办法：一是在两根铁轨中间，再设置第三条带有齿牙的轨道，机车上还有一个与发动机相连的带齿轮子，靠齿牙咬合运行以防止打滑；二是设计一套用发动机带动连杆机构的“腿”，像水中撑船前进那样推动机车行驶，这两种方法都失败了。这时，才知道原来的观察缺乏实践的检验，在车轮与铁轨之间，如果正压力小时，会因摩擦力小而打滑，但在机车很沉重，正压力很大时，摩擦力与压力成正比，在一般情况下是不会打滑的，这里的关键是蒸汽机的功率是否足够的问题。后来火车终于发明成功了。

观察力的培养是一种高级能力的培养，比起掌握某种知识技能来需要一个更长的培养和锻炼过程。这就需要长期进行观察活动，需要有一定的计划，养成勤于观察的习惯。没有恒心，不坚持长期的观察活动，观察力的发展是有限的。

4.2.3.3 记忆力

A 记忆和记忆力

记忆是过去识记过的事物或经历过的事情在人脑中的再现。记忆的好坏常常用记忆力来衡量，记忆力是人脑贮存和重现过去经验知识的能力。

B 记忆在创新中的作用

记忆是创新的重要心理条件，因为记忆是创新所必需的知识的库房，记忆为思维提供信息，记忆为联想助飞。创新需要联想。联想在创新实践中产生，再由新的联想发展到创新目标的实现，这是创新活动的一个完整过程。

C 学会科学记忆

(1) 记忆与遗忘的辩证法。没有遗忘就没有记忆，记忆和遗忘是对立的统一。正是遗忘了一些东西，才保证了更好地记住另一些东西，遗忘促进了记忆。科学的遗忘能打通信息贮存和输出的通路。尽管大脑记忆容量很大，但作为记忆入口的意识，如果有繁杂而又无关紧要的信息干扰，就难以记住必要的信息。记忆在输出时也一样。对信息进行合理的选择是提高记忆的先决条件。越善于选择信息，记忆就越有效。

(2) 精确记忆与模糊记忆。记忆不一定必须精确，其实，“精确”与“模糊”各有妙用，这一点，对创新来说也很重要。因此，创新所需的记忆要“精确”与“模糊”相结合，有时甚至更注意模糊记忆。

案例 4-24 爱因斯坦忘了回家的路——一天，美国普林斯顿大学研究院院长办公室的电话铃响了，秘书拿起听筒，听到德国口音很重的英语。

“我能不能和院长讲话呀？”

“很抱歉院长出去了。”秘书回答说。

“那么，也许，嗯……你能告诉我，爱因斯坦博士住在什么地方吧？”

当时有规定，绝对不准干扰爱因斯坦的研究工作，连罗斯福总统邀请爱因斯坦到白宫做客，都要事先征得院长同意。因此，秘书很客气地拒绝回答爱因斯坦住在什么地方。这时，电话听筒的声音变低了，低得几乎听不见：“请你别对别人讲，我就是爱因斯坦博士。我要回家去，可是忘了家在哪里了。”

4.2.3.4　想象力

A　想象力比知识更重要

我们没见过兽头人身的人，却见过兽和人，并感知过各种动物的特征。想象就是人脑在过去感知的基础上对所感知过的形象进行加工、改造、创建出新形象的心理过程。

想象是创新的翅膀，这是因为创新活动是从生活中尚未存在的事物进行想象开始的，因此，想象是创造新事物的翅膀。爱因斯坦想象人追上光速时的情景而创造狭义相对论，又在想象人在自由下落的情景中创立广义相对论。他对想象力是推崇备至的：“想象力比知识更重要，因为知识是有限的，而想象力概括着世界上的一切，推动着进步，并且是知识的源泉。严格地说，想象力是科学的实在因素。”哲学家康德说得更加明确：“想象力作为一种创造性的认识能力，是一种强大的创造力量，它从实际自然所提供的材料中，创造出第二自然。”

案例 4-25　《西游记》与孙悟空——谁也没有见过人的身体却长着猴脑袋和猪脑袋的，而吴承恩却活脱脱地使他们跃然纸上。孙悟空和猪八戒就是人的想象的产物，是人凭借想象力创造出来的艺术形象。《西游记》中孙悟空为了制服铁扇公主，变成小虫钻进铁扇公主肚子里的情节，就充满了想象。因为人不可能进入另一个人的肚子里。一旦让大脑插上了想象的翅膀，孙悟空在铁扇公主肚子里说话、打拳、翻跟斗，甚至爬到他的嗓子眼儿检验是不是有芭蕉扇的描写，竟那样惟妙惟肖。

B　想象力的激发和培养

建立正确的世界观、人生观，培养辩证的思想方法，积累知识和经验，保持和发展好奇心，培养善于捕捉“直觉”和“灵感”的本领，陶冶健康而丰富的情绪，培养广泛的兴趣，涉猎多学科领域，游弋于文学艺术的百花园，不断丰富自己的语言及其他表达能力，都有助于激发和培养想象力。下面有几道练习题，读者可每题阅读 2～3min 后，立即把自己头脑里想象的东西记入表 4-1 中。

表 4-1　想象记录表

想象内容	
统计数量	

题目 1：由于大气污染，南极上空的臭氧层已形成空洞，并逐渐增大，将使地球上的生命受到紫外线的伤害，对此你能想象出什么情景？

题目 2：如果我国放松计划生育这一基本国策，到 21 世纪中叶，我国的经济和社会生活将会出现哪些问题？

题目 3：现正研制一种可进入人体施行手术的微型机器人，你能想象它的工作状态吗？

题目 4：如果我国西北地区的沙漠和黄土高原全部被森林覆盖，你能描绘出我国北方生态环境的变化吗？

题目5：听到别人去“新马泰”旅游回来后的介绍，你能想象出哪些热带风光特点？

题目6：计算机能够识别人的语音，根据语音的指挥来运作，但也还有一些没有解决好的问题，你能想象出错的时候会发生什么情况吗？

题目7：驾驶汽车时不系安全带，可能发生伤害，假如你是司机，又没有系安全带，在紧急刹车时或与其他车辆相撞时会发生什么情景？如果系好了安全带呢？

题目8：你能想象原始社会开始时人类“茹毛饮血，钻木取火”的情景吗？

还有创造性想象训练，就是通过对已有记忆表象的加工、改造、重组的思维操作活动，产生出新的形象。核心是必须有新的形象产生，否则就不能称为创造性想象。也就是说，几乎所有的创新活动都离不开创造性想象，所以，创造性想象的训练是十分重要的。

下面有几道练习题，请读者在给出信息的基础上，大胆想象，形成新的形象，并提出解决问题的方法，将想象的结果按表4-1的形式记录下来。

题目1：想象一下可能存在的“外星人”的外表和动作特征。

题目2：常用的洗衣机中，衣物和水同时转动，所以洗涤效果不理想，你能想象出改变这种情况的新的洗涤方式吗？

题目3：开发大西部需要改造沙漠，为了使沙漠绿化，你有什么新的设想？

题目4：塑料制品废弃后，造成了“白色污染”，你设想一下，有哪些好的解决方法？

题目5：北京等城市汽车的数量增长迅速，交通拥挤的现象越来越严重，除了现有的办法外，你有什么新的办法能较好地解决这一问题吗？

题目6：居家防盗是一个人们十分关注的问题，除了安防盗门，你还能想出哪些高招？

题目7：假冒伪劣商品很多，防不胜防，你能提出防止假冒伪劣商品的几条新措施吗？

题目8：和美国、日本等国相比，我国许多独生子女生活和适应环境的能力很差，你就此提出几条有效的建议来吗？

还有幻想性想象训练，创造性想象结果应当是具有新颖性和可行性的。幻想性想象可以看作是创造性想象的一种极端形式，其特点是幻想的结果远远超出了现实的可能性，甚至是很荒谬的，但其中也包含了创新的成分，或者是创新的先导。

从这个意义上说，没有幻想就没有创新。因此，幻想性想象是有益无害的。在进行幻想性训练时，应当大胆地任意想象而不必考虑能否实现。如果想象的结果明显可行，那你的想象很可能就不是幻想。这一点在训练是要特别注意。

以下有几道练习题，请读者在明确问题之后，大胆进行想象，不要顾及能不能实现，也不要管你的答案是否完整，只要想到，就用简单的文字按表4-1的形式记录下来。

题目1：由于雨量不均匀，世界上有的地方发生旱灾，同时有的地方却发生洪涝灾害，你有什么办法解决这个问题？

题目2：机械加工中大量的都是切削，加工过程中损失了相当多的材料，你能否想出不同甚至相反的加工方法，从而大大节约原材料和能源呢？

题目3：海洋占了地球面积的70%以上，在人类居住越来越拥挤的情况下，你对海洋有何新的想法？

题目4：你对开发新的能源，比如太阳能和地热，有何更有新意的想法？你想想你家现在的居住条件和环境，你对于未来的住房在舒适程度、节约能源方面有什么更完美的想法？

题目5：你可否想象一下，如果自己要用少得多的时间读完从小学到大学的课程，或者用相同的时间就达到博士水平，可以采用哪些更好的接受教育和学习知识的方法呢？

题目6：除了现有使用磁卡之类的方法，你有哪些可以减少甚至取消货币流通的办法？

题目7：可预见的是，在未来社会里，机器人的使用将会十分普遍，每个人都可能拥有一个以上的机器人助手，那么，你想要什么样的机器人呢，你又将和你的机器人干什么呢？

4.2.3.5 操作力

A 操作力

操作力就是寻求如何把决策化为结果的方法和途径的能力，是所有工作的归宿。人类社会发展史已经证明，人的智能水平的标志之一，是一个人所具有的操作能力。近代科学的研究和实践也指出，人的双手绝妙无比的动作和敏锐的感觉，会迁移到思维中去。主要是双手凭动作和感觉，给思维以精确和明确，帮助注意和观察，强化记忆，因此，操作力的培养对人的大脑技能和智力发展有着重要的促进作用。苏联教育家苏霍姆林斯说手的动作“是意识的伟大培育者，是智慧的创造者”，又说“能力和才干”可以看成是“来自他们的指尖”。这说明：通过操作可以提高智能，并使操作力在智能中占有一席之地。

人们也一直把属于认识方面的注意、观察、记忆、思维和想象，与属于实践方面的操作，看作是一个整体概念上的智力。常说的“心灵手巧”“眼疾手快”“闻风而动”及“急中生智”而产生的操作和动作，都说明人们习惯上也把操作力看成是聪明和智慧。当然，从创新的角度看，“良好的开端是成功的一半”。创意再好，也只是“良好的开端”。创新的成功，必定要通过操作来最终实现。

案例4–26 “分子一级水平”的操作力——童第周教授从自己长期研究中提出，细胞质中含有的信使核糖核酸对改变生物的遗传能起到主动的、积极的作用。但是，任何一个科学结论，必须拿出实验结果做根据。他和牛满江教授首先选择鱼类中的一对近亲——金鱼和鲫鱼作为研究对象，从鲫鱼卵巢成熟的卵细胞中提取信使核糖核酸，注射到金鱼的受精卵中去，观察这种金鱼的后代将出现什么变化。童第周和牛满江的实验，如果没有童第周那双高超、精细、灵巧、熟练的手所显示出来的超群的操作能力，科学创造只能付之东流。

手术的对象是金鱼的受精卵细胞，小得像小米粒。和在医院里给病人做手术之前一样，先要给他们脱去身上的“衣服”，即去掉包住它们的卵膜，可是这身衣服小得实在不能再小，薄得实在不能再薄了。看，那双手握一对尖利的钢镊，向着一个细胞钳过去，这时，只要轻轻地颤一颤，在显微镜下都会呈大幅度的摆动，在培养液中掀起一阵轩然大波，甚至使那个娇嫩的小生命化为乌有。

童第周的双手以惊人的准确和敏捷，夹住细胞的一端，均匀地向两边一撕，细胞膜就被剥得干干净净。它使人想起巧手姑娘的绣花针，但它比绣花针细得多，他给脱掉“衣服”的小家伙，一个接一个进行注射。用科学家的语言来说，这是“分子一级水平的研究”。仅在短短半小时里，同样的高难手术重复了23次，平均每分钟一个。

全部动作是那么优美、娴熟、富有节奏。面对这双手，人们会发出惊叹，会感到钦佩，会感到由衷的骄傲。因为，这是中国科学家的手，在实行难度很高的精细手术。

当人把目光从这双手，转向实验者的脸孔时，那就不光是发出赞叹，而且简直会感到惊愕了：坐在实验台前的，是一位年逾古稀的老人。

B 动作反应与技能

心理学认为，人的动作方式有反射和意志动作两大类。反射动作是不经大脑调节的非条件反射动作。意志动作是刺激传入大脑，经人脑的调节而产生的动作反应，是一种有意活动。

我们所说的技能就是一种意志动作方式，而且是由练习而获得的“自动化”的活动方式。边听课边记笔记，确有“自动化”的味道，这是长期练习而获得的技能。

C 操作能力的培养

培养操作力可以通过掌握局部动作、初步掌握完整动作和动作协调完善三个阶段来完成。

本章小结

从创新的本质来看，创新不仅仅是知识、经验抑或能力、技法问题，更要求创造者具有强烈的动机、浓厚的兴趣、炽热的情感、坚强的意志和进取的性格。关于这一点，对人格因素正处在培养、锻铸逐渐成形的大学生来说，尤为关键和重要。大量的事实证明，不仅两个能力差不多的人创造力不等，就是能力平平比能力较强的人更具有创造力也屡见不鲜。这就告诉我们，在创造力开发活动中，都要十分重视创新人格因素的培养。

创造力是主体在创造活动中表现出来并发展起来的各种智能的总和，主要是指能产生新设想的创新思维成果的注意力、观察力、记忆力、想象力和操作力。创新思维能力是在智能基础上形成的。所以，创造力和创造力的开发，是丝毫也离不开创新智能的支持的。

延续思考

4-1 你是怎样认识人的智力因素之外的非智力性的人格因素的，它主要包含哪些因素？关于这些人格因素，你对自己有一个什么样的评价？

4-2 给自己制定一个培养创新人格因素、提高创新人格素质的自我修炼计划。

4-3 开发大学生创造力要注意从创新智能的培养这一基础抓起。请你根据创新智能的概念、作用，谈谈认识培养良好的创新智能的重要性。

4-4 经过创新思维训练，你有哪些收获和提高？

5 创新障碍：大学生创新创业的“拦路虎”

扫一扫获取
课件及思维导图

妨碍人们学习的最大障碍，常常不是未知的东西，而是已知的东西。

——贝尔纳

成功可能有很多种原因，但往往失败只有一条，那就是杂念太多。

——钱逸泰（化学家）

“想干与不想干”是有没有责任感问题，是“德”的问题；“会干与不会干”是“才”的问题，但是不会干是被动的，是按照别人的要求去干；“能干与不能干”是创新的问题，即能不能不断排除障碍提高自我的目标。

——张瑞敏

如果你陷入困境，那不是你父母的过错，不要尖声抱怨我们的错误，要从中吸取教训。

——比尔·盖茨

温馨提示

思维创新，是一切创新的基础和前提。任何组织或者个人若是封闭思维，只会让自身深陷囹圄。大学生要想获得创新思维，就必须扫除创新思维的拦路虎——思维障碍。

人的思想常常存在一些盲区，这些盲区通常是由于思维惯性造成的。知道了什么是思维惯性，有哪些思维惯性存在，方可知如何突破这些思维惯性的障碍。

创新活动本身是有个性的创新者的活动，这个活动的过程需要创新者正确的个性倾向、顽强的个性品格、坚韧的个性特征和开拓的个性本色。如果创新者的人格不完善，或受到障碍、或有障碍，那么创新既不可能成不竭的涌泉、不落的风帆，创新者自身也就难以拥有一双不闭的慧眼。因此，心理困惑是阻碍创新者创新的主要因素。

5.1 创新必须突破思维定势障碍

5.1.1 思维定势的基本概念

思维定势是由先前的活动而造成的一种对活动的特殊的心理准备状态，或活动的倾向性。在环境不变的条件下，定势使人能够应用已掌握的方法迅速解决问题。而在情境发生变化时，它则会妨碍人采用新的方法。思维定势是束缚创造性思维的枷锁。

5.1.2 思维定势的表现形式

思维定势的好处在于，用来处理日常事务和一般性问题的时候，能够驾轻就熟、得心应手，使问题得到完满的解决。然而，思维定势最大弊端主要在于以下 3 点：

（1）单向思维，即“脑子不转弯”，不利于在更大领域里的开拓创新。

（2）主观主义，即忽视对新事物的认识，因此对发明有害。

（3）静止看待，即把客观事物看成是静止的、孤立的、一成不变的，因而是一种反科学的、阻碍发明创造的思维方法。

下面，就唯从众思维方法、唯权威思维方法、唯经验思维方法、唯书本思维方法、唯自我思维方法、唯传统思维方法、唯情感思维方法等思维方法定势作相应的分析。

5.1.2.1 唯从众思维方法

案例 5-1 跟风买车——2014 年上半年，有关某市汽车即将限牌的谣言四起，一些不明真相的人以讹传讹，引发他人恐慌。少数汽车销售商也在此次谣言中起着推波助澜的作用，为了鼓动市民购车，增加业绩，他们甚至打出“限牌将到，你还在等什么”的广告。在限牌传言中，许多家庭担心限牌后会影响自己购车、用车，匆忙跟风买车，其中一些家庭花了冤枉钱却没有买到心仪的车。很快，警方就给出了回应：限牌是谣言，广大市民切勿轻信。从众，就是跟从大众、追随大伙、随大流，它是思维方法定势中最常见、最重要的因素之一。思维从众倾向比较强烈的人，在认知事物、判定是非的时候，往往是附和多数、人云亦云，缺乏自己的独立思考和创新观念。

有人说，谣言重复 1000 遍就是真理。为什么呢？因为不断地重复某种谣言，就使得相信这种谣言的人越来越多，成为一个团体当中通行的法则，于是大家都会把这种谣言当成是真实的了。创新的大敌就是“从众思维”。

5.1.2.2 唯权威思维方法

案例 5-2 错误的诺贝尔奖颁发——1949 年，华尔特·赫斯和安东尼奥·莫尼斯因“发现了脑白质切断术对某些精神疾病的治疗价值”而获得了 1949 年的诺贝尔生理学与医学奖。他们提出了用脑前额叶切除术来治疗精神分裂症，由此美国的神经外科医生每年对数以千计的患者实施了脑前额叶切除手术，而其中一些患者产生了可怕的负效应，许多病人失去方向感或行为能力，成为植物人甚至死亡。这种治疗方法已于 1960 年被普遍废弃。

有人群的地方总会有权威，权威是任何时代、任何社会都实际存在的现象。人们对权威普遍怀有尊崇之情，这本来是可以理解的，然而这种尊崇常常演变为神化和迷信。

总体来说，我们应该尊重权威，但是不能迷信权威。为了打破思维定势、保持头脑的灵活和思维的创新，我们必须对进入思考范围内的权威先来一番彻底的审查。

5.1.2.3 唯经验思维方法

案例 5-3 中国的事情要按照中国的情况来办——中国共产党历史上曾召开过多次重要会议，但唯有 1935 年的遵义会议配得上“生死攸关”四个字。1944 年，亲身经历过这场巨大变化的陆定一同志曾说过一段当时没有引起人们足够重视的话：“它在党史上是个很重要的关键，在内战时期党内有两条路线：一条是‘左’倾机会主义的路线，一条是以毛主席为代表的正确的路线。遵义会议是由错误路线转变到正确路线的关头。”

他所说的“两条路线”是两种指导思想：前者就是把马克思主义教条化，把共产国际的指示和决定神圣化，一切听从它的指挥，在十年内战时期表现为“左”的机会主义错误；后者是把马克思主义基本原理同中国革命实际相结合，独立自主，坚持一切从中国实际出发，依靠中国人自己的力量去夺取胜利。这是两种截然不同的指导思想。

遵义会议前，前者在中共中央更占优势，遵义会议后，实事求是、群众路线、独立自主的观念，开始一步一步地深深镌刻在中国共产党人的心中，成为党内公认的正路，形成全党新的传统。

邓小平同志在党的十二大开幕词中说：“中国的事情要按照中国的情况来办，要依靠中国人自己的力量来办”“无论是革命还是建设，都要注意学习和借鉴外国经验。但是，照抄照搬别国经验、别国模式，从来不能得到成功。这方面我们有过不少教训。把马克思主义的普遍真理同我国的具体实际结合起来，走自己的道路，建设有中国特色的社会主义，这就是我们总结长期历史经验得出的基本结论。”这也是对遵义会议前后这段历史的最好结论。

5.1.2.4　唯书本思维方法

案例 5-4　纸上谈兵——战国时期，赵国有位名将叫赵奢，赵奢有个儿子叫赵括。赵括从小熟读兵书，谈起用兵之道，能够滔滔不绝，连他的父亲也对答不上来。后来，秦国进攻赵国，两军在长平对阵数年，秦不能胜。秦国使用反间计，赵王听信流言，撤回赵军主将廉颇，任用赵括为大将。结果，秦军偷袭赵营，截断粮道。赵军 40 万人马被围歼，赵括也遭乱箭射死。

成语“纸上谈兵”说的就是这位赵括。如此看来，白纸黑字的兵书，与刀光剑影的战场并不是一回事。任凭你“读书破万卷”，不见得“做事若有神”。

书本是一种系统化理论化的知识，是千百年人类经验和体悟的结晶。应该说，书本是人类最伟大的发明。有了书本，前代人能够很方便地把自己的观念、知识和价值体系传递给下代人，使得下代人能够从一开始就站在前人的肩膀上，而不必每件事情都从零开始。

凡事有利必有弊。书本知识带给我们无穷多的好处，有时也会给我们带来一些麻烦。其根本原因在于：书本知识与客观现实之间存在着一段距离，二者并不完全吻合。

人们常说“知识就是力量”，实际上，只有用起来的知识才有力量。在知识经济时代，所谓知识，主要不是指知识的储存，而是指知识的运用。那些知识经济时代的英雄，并非他们的知识比别人都多，更重要的是他们能够正确地把自己已有的知识运用到现实生活中来。

比如，创造出“雅虎”的杨致远。他当时还是耶鲁大学的学生，他对于软件编写的知识当然并不是最多的，但是他却能够敏锐地发现因特网上的问题，及时编出一种搜索软件，从而获得了极大的社会效益。单单就编软件的技术来说，杨致远在当时显然不是知识最丰富的，至少，他的老师们要比他的知识丰富得多。但是，杨致远把他的知识运用出来了，在实际生活中产生了巨大的效益，成为一种强大的改造社会的力量。

所以，对待各种知识和事物应该更强调从实用的角度来观察和理解它。这是现代社会中一个突出的特点。

读书而不为书所累，从个人的读书经历来说，大约总要经过几个阶段才能悟出其中的道理。初读书时，常常容易“尽信书”，对书本敬佩得五体投地；后来读得多了，开动脑筋，做些比较，发现书与书之间、书与现实之间存在着不吻合，便会与辛弃疾产生同感："近来始觉古人书，信着全无是处。"最后才有可能达到"读书而不为书所累"的境界，彻底破除书本型思维定势。

5.1.2.5 唯自我思维方法

案例 5-5 通信交流试验——在一个电话实验室，有个科学家进行通信试验，他找来一些人分成三组。每组的人由他指定两个两个地传递信息。每两个人得到一套骨牌，其中A的骨牌很有规律地排列，B的骨牌则是乱的。现在要求A告诉B怎么把他手中的骨牌排成像A手中骨牌的顺序。但每一组都有若干规则和限制条件。

第一组：小组中的A可以对B说话，但B不许回答。实验全结束时，小组中的B无一人把排列顺序搞对。

第二组：B也不能跟A说话，但可以按电铃示意A重复他的指示。实验结束时，有些小组的B把顺序搞对了。

第三组：A、B可以自由交流。实验结束后，每个B都把顺序搞对了。

当两个人试图交流时，一连串事情就会发生。下面是人们说话时可能向对方送出的几个信息：说话人想说什么；说话人实际上说了什么；照对方理解，说话人说的是什么；听话人想听到什么；听话人实际上听到什么。

人们所说的每一个句子或每组句子都会有上述的可能性，因此误解的可能性是很大的，原因就在于人们思考问题时总受到"自我中心定势"的影响。

人类中心主义——在这种思维定势的束缚下，个人的思考以自己为中心，一个团体的思考习惯性地以本团体为中心，一个地区的人在思考时习惯以本地区为中心，一个国家或民族的人则习惯以本国本民族为中心，而整个人类同样也跳不出"人类中心主义"的小圈子。

正因为每一个人都有自己独特之处，所以，要求自己所采用的标准，与要求别人所采用的标准，总不可能完全一样。每一个人，应该用自己感到合适的标准来要求自己，而不应该用这种标准去要求别人。因为这种标准在你看来是合适的，是一种君子式的做法，但是在别人看来却并不一定如此，该更加宽松一些。只有这样，我们才能更好地、更加和谐地、更融洽地与周围的人相处。

如果每个人只站在自己的角度来理解周围的人，那么他将无法与别人进行有效的沟通，因为所谓沟通应该是双向的，而单向的信息传达经常会出现各种各样的误解，那是由"自我中心定势"引起的。

要跳出自我，承认错误。每个人都会犯错误，即使傻瓜也会为自己的错误辩护，但能承认自己错误，却可以化解矛盾，给人以尊贵高尚的感觉。这里就需要在思维上跳出自我，换个角度看问题。

5.1.2.6 唯传统思维方法

案例 5-6 26个英文字母——请把英文26个字母排成上下两列，你会怎么排呢？这个问题有许多种答案，你是否只满足于一种排列方法呢？

比如，你可以按照"字母形状"来排，有曲线的字母在下，无曲线的字母在上；或者字母中间有一横的在上，无者在下；或者字母在下者可以不提笔一气写成，在上者办不到等等。

比如，你可以按照“字母发音”来排，上面的字母发轻声，下面的发浊声；或者上面的字母要加冠词 an，下面的要加 a 等等。

比如，你可以按照别的字母特征来排列，所有字母都放在上面；或者以字母代表乐符来排列；或者上面的字母打字起来较容易；或者上面的字母是西方工业先进国家的缩写等等。

你对这些答案的反应如何，其中有一些有趣的答案吗？想想看，你为什么会有此反应？事实可能是由于你没有想到这些答案。假如你当初很自满，如今你是否不太满意了？

人的意念在一般情形下不会急不可待地去继续寻求更多的答案，而为求迅速解决，就省略了更多的想法。只有打破“唯一标准答案”的思维定势，才能使头脑真正开阔起来。

富有创造力的人必然懂得，要变得更有创造力，一开始就得发现众多可能性，每一种可能性都有成功的希望。有些习惯和行为有助于创造力发挥作用，有些则会严重破坏创造力。寻找唯一的答案就会遇到阻力，而寻找多种可能性则会推动创造力的行动。

赫伯特·西蒙在一部著作里曾说道，一位自满者的特征如下：他在稻草堆里找到一根针，就歇工不找了。另一个尽善者要搜遍草堆，把所有的针都找出来，以便取得针尖最锋锐的一根。当然，在生活中我们没有足够的时间把草堆翻遍。但是“唯一标准答案”的思维习惯常常让我们找不到那根最尖的针。

然而，创新从某种程度上讲，没有固定的套路和过程可循，你越是去组织它、整理它、规定它，你就越可能扼杀它。应该看得出来，这些管理上的做法，主要都是左脑型的行为，是偏好日常思维定势才会有的结果。

5.1.2.7 唯情感思维方式

案例 5-7 谁最美丽——美国某富豪儿子多次偷他父亲的钱，他父亲也知道他的钱多次被偷，可他总怀疑不到自己的孩子身上，最终他的儿子走上了犯罪的道路。类似的事情很多，当你问一个小孩世界上谁最漂亮时，他会说是自己的妈妈；当你问一位母亲她认为谁最聪明时她会说是自己亲爱的儿子。为什么每个人都认为与自己关系最密切的人是最棒的呢？可事实并非如此啊。也许那小孩的母亲是一个非常普通的妇女；也许那母亲的儿子也是一个成绩不太好的学生。

生活中大家可能会注意或体会到这样一种现象：当你喜欢或认同一个人时，也容易理解或共鸣他的想法和观念；当你抵触不喜欢或看不上这个人时，哪怕是他的观点有道理，也会产生一种排斥或抵制的心理情绪，继而影响到自我对他人观念的理解和吸收，这种普遍的现象称之为对人不对事。从心理学角度分析，这是人的正常心理反应，从理性观点来看，我们都懂得对事不对人的道理：不能因噎废食、因人废言。但大多数事到临头，通常会不自觉地掺杂个人情感因素，真正能够做到完全客观理性的人并不多见。

5.1.2.8 唯一元思维方式

案例 5-8 非黑即白——在谈到反恐时，

甲：我支持反恐；

乙：我不支持反恐。

甲：如果你不支持反恐，那你就是支持恐怖分子。

在谈到某国人时，

甲：某国人都是好人；

乙：某国人都是坏人。

一元思维的一个突出特点是非黑即白，非此即彼。在一张白纸上画上一道黑色，在这张白纸上，是非黑即白，一条河的两岸，非此岸即彼岸。

但是，这一认识是被限制在一张画了黑色的白纸上和一条河的两岸的。例如，黑白之间，还有成千上万的色差，两岸中间还有不息的水流，只承认有黑白和两岸，就排除了事物的丰富性。一般来说，非黑即白，容易出现将局部的合理性绝对化的问题，如坐井观天，以为天只有井口大，盲人摸象，以为大象是一堵墙或只是一根柱子之类。

5.1.2.9 唯直线型思维障碍

案例 5-9 谁是傻子谁是聪明人——一个被人当成傻子的人问聪明人："你猜，我的牙齿能咬住我的左眼球吗？"

聪明人看着傻子说："不可能"。

结果，傻子把左眼窝里的假眼取出来放进了嘴里。

傻子又问："你相信我能用牙齿咬住自己的右眼睛吗？"

聪明人想着一个人两只眼睛都是假的根本就看不清东西，答道："不可能"。

于是，傻子把嘴里的假牙拿出来扣在了右眼上。

人们由于在解决简单问题时只需用一就是一、二就是二，或 A=B、B=C、则 A=C 这样的直线型的思维方式就可以奏效，往往在解决复杂问题时也是如此。在学习时，虽然也遇到过稍微复杂的数学问题、物理问题，但多数情况下是把类似的例题拿来照搬；对待需要认真分析，全面考虑的社会问题、历史问题或文学艺术方面的课题，经常是死记硬背现成的答案。这样，就养成了直线思维的习惯。不善于从侧面、反面或迂回地去思考问题。如果没有破除直线型思维的训练和实践，即使是比较有经验的人也免不了陷入思维的误区。

5.1.2.10 唯自卑思维方式

案例 5-10 "求爱"缺乏勇气的维勒——瑞典化学家贝采利乌斯是 19 世纪上半叶最伟大的化学家。他有一个学生名叫维勒，维勒是德国著名化学家，他首先把无机物合成了一种有机物——尿素。可是，就是这样一位年轻有为的维勒，在"仙女"面前，却没有"求爱"的勇气。1830 年，瑞典化学家肖夫斯特姆在研究斯马兰铁矿的铁渣时，得到了二氧化钒，从而发现了新元素——钒。

消息传来，维勒后悔不已，原来他早就断定铅矿中有一种没人发现的新元素。遗憾的是，他没有继续研究下去，从而错失良机。

不久维勒收到老师寄来的一封信，信中说：在遥远的地方，有一位美丽的女神凡娜迪丝。但是谁没见过她，因为有关她的美丽传说让很多年轻男孩都感到自卑，谁也不敢去敲门。有一天，女神正在房里休息，她听见了敲门声，但没去开。女神等待着下一次的敲门声。结果那敲门人敲了一阵后，便垂头丧气，失去了耐心和勇气，悄然离开了。女神很纳闷儿，这样的家伙怎能配做自己的新郎？她跑到窗前一看，哦，原来是维勒。过了一阵子，又有人来敲门了。这次敲门声持续了很久很久，他执着和坚定的精神终于感动了女神，她开门迎纳了这位勇敢与执着化身的肖夫斯特姆。

自卑型思维障碍，就是非常地不自信，由于过去的失败或成绩较差，受到过别人的轻视，产生了自卑心理。在这种心理的支配下，不敢去做没有把握的事情。

5.1.2.11 唯偏执思维方式

案例 5-11 科幻还是科学——发明人容易走入的几个误区，首先就是发明人对自身的认识普遍过高，导致偏执和不善合作。中国发明协会接待过许多发明人，其中有相当多的发明人对自己的发明成果估计过高，认为自己的发明可以颠覆现有技术，甚至可以带来一场产业革命，只要有人提供资金支持，就可以成功转化并改变世界。

还有一些发明人，不考虑市场需求搞发明，而是陷入了闭门造车的境地无法自拔，比如有部分发明人仅仅以自我主观的想象出发，不进行市场调研，误将自己的特殊想象当成事物发展的规律和市场需求，这样的发明创造很难得到支持进行转化；还有部分发明人埋头发明，却不知他所发明的技术是市场上已有的技术，根本不具有转化意义；甚至还有个别发明人把自己的不切实际甚至是违背科学规律的幻想当成了发明创造，到各处寻求支持，得不到支持就怨天尤人、发牢骚……

5.1.2.12 唯封闭思维方式

案例 5-12 霍布森的马洞——300 多年前英国伦敦的郊区，有一个人叫霍布森。他养了很多马，高马、矮马、花马、斑马、肥马、瘦马都有。他就对来的人说，你们挑我的马吧，可以选大的、小的、肥的，可以租马，也可以买马，你们都可以选呢，人家非常高兴去选东西了，但是整个马圈只有一个很小的洞当做门，你选多大的马出不来的，因为门很小。后来一个叫西蒙的诺贝尔奖获得者，就把这种现象叫做霍布森选择。就是说，你的思维你的境界只有这么大，没有打开，没有上层次，思维封闭，结果就是你别无选择。

5.1.3 思维定势的突破方法

如何突破思维定势陷阱，可采取以下方法：

(1) 方法 1——不将思维固定于一个方向。试着换一个出发点或角度来考虑问题，而不要将思维固定于一个方向。在尝试了多种方式后，要发现和总结不同方式间的差异，以取长补短。

(2) 方法 2——避免他人意见成思维定势。在咨询他人前应进行独立的思考，避免他人的意见成为你的思维定势。

(3) 方法 3——培养形成自己开放性思维。征询尽可能多的意见，保持思维的创新力，培养开放性思维。

(4) 方法 4——避免自己意见成思维定势。向他人征询意见时，不要过多地告诉别人你自己的意见，以免造成他人的思维定势，而你也可能会“自食其果”。

(5) 方法 5——避免受对方思维定势影响。在谈判前做好充分的准备也可以避免受到对方思维定势的影响。

5.2 创新必须突破惯性思维障碍

老师给学生上课，讲了一个故事：某五金店有一个哑巴来买钉子，他对着服务员左手做拿钉子状，右手做握锤状，用右手锤左手，然后用右手指左手，于是服务员给了他一枚钉子，他点点头，然后满意地离去。过了一会，该五金店又来了一个盲人，他想买一把剪刀。这个时候，老师向自己的学生提问：这个盲人如何才能最方便地买到剪刀？一个学生说，他只要用手作剪刀状剪东西即可，其他同学也纷纷表示赞同。老师笑了，说你们都错了，盲人只要开口说就可以了，同学们不要用惯性思维来思考问题。

还有个故事发生在美国，美国国家航天局发现航天飞机上的一个零件总是出故障，不是这里坏就是那里坏，花费很多人力物力始终无法解决，最后一个工程师提出，是否可以不要这个零件。果然这个零件确实是多余的。正如人们想打开门上的锁，自然而然地都会想到钥匙，而很少有人会想到一脚把门踹开。

5.2.1 惯性思维的基本概念

5.2.1.1 惯性思维的主要概念

惯性思维指心理上的“定向趋势”，是建立在经验上的思维倾向性。它使人按照积累的经验教训和已有的思维规律，形成稳定的、定型化的思维和固定倾向，影响后来的分析和判断。

案例 5-13 象与虎的故事——在印度和泰国随处可见一头千斤重的大象被一根小小的柱子加上一截细细的链子拴住。这是因为在大象小时候就被一条铁链绑在水泥柱或钢柱上，无论小象怎么挣扎都无法挣脱，于是小象渐渐地认为链子是不可被挣脱的。后来长成大象可以轻而易举地挣脱链子时，也放弃了挣扎。驯虎人让小虎从小吃素，直到小虎长大也不知肉味，自然不会伤人。驯虎人摔倒之后让老虎舔净他流在地上的血，老虎之后兽性大发，将驯虎人吃掉。

小象是被链子绑住，而大象则是被习惯绑住。虎曾经被习惯绑住，而驯虎人则死于习惯。习惯几乎可以绑住一切，只是不能绑住突发情况，比如那只被鲜血激发出兽性的老虎。习惯可以影响你的一生，甚至是你的生命，思维决定你考虑问题的角度，直接影响事情的结果。所以要养成好的习惯、正确的思维方法，更要培养跳出习惯性思维的能力。

5.2.1.2 惯性思维的主要特征

强大的惯性，不仅逐渐成为思维习惯，甚至深入到潜意识，成为不自觉的、类似于本能的反应。其主要有以下 3 个特征：

(1) 代表性。将某种特征与某种事物固定而紧密地联系在一起，如习惯性地认为理科生不懂情趣，女博士不食人间烟火，坏人都是一副尖嘴猴腮的样子。

(2) 可利用性。以我们的回想或经历而不是概率判断事件发生的可能性，如判断感冒是否在流行的时候，依据身边感冒的人数而不是全国此时总感冒人数。根据阅历认为乘飞机出行是很危险的，而实际飞机比所有已知的任何交通工具都要安全得多。

(3) 先入为主性。对自己并不太了解的情况作出一个估计，然后再逐渐调整，即先入为主，又称锚定效应。1974 年，卡纳曼和特沃斯基要求实验者对非洲国家在联合国所占席位的百分比进行估计。首先，实验者被要求在旋转摆放在其前面的罗盘随机地选择一个在 0~100 之间的数字；接着，实验者被暗示他所选择的数字比实际值是大还是小；然后，要求实验者对随机选择的数字向下或向上调整来估计分子值。通过这个实验，卡纳曼和特沃斯基发现，当不同的小组随机确定的数字不同时，这些随机确定的数字对后面的估计有显著的影响。例如，两个分别随机选定 10 和 65 作为开始点的小组，他们对分子值的平均估计分别为 25 和 45。由此可见，尽管实验者对随机确定的数字有所调整，但他们还是将分子值的估计锚定在这一数字的一定范围内。

5.2.1.3 惯性思维与逻辑推理的区别

逻辑思维是人们在认识过程中借助于概念、判断、推理等思维形式能动地反映客观现实的理性认识过程，对所认识的思维及其结构以及起作用的规律的分析而产生和发展起来的。只有经过逻辑思维，人们才能达到对具体对象本质规定的把握，进而认识客观世界，是人的认识的高级阶段，即理性认识阶段。而惯性思维指人习惯性地因循以前的思路思考问题，仿佛物体运动的惯性。惯性思维常会造成思考事情时有些盲点，且缺少创新或改变的可能性。

案例 5-14 经典逻辑思维——一个人他的头倒插在沙子里的姿态死在沙漠中，身体旁边有几个行李箱，右手仅仅拿着半截火柴棒。问这个人是怎样死的。一般来说人死后手里拿着的东西都是非常重要的，半截火柴我们可以联想到是抽签。头倒插在沙子则应是从高空掉下来，用三段推理术来分析，一段死者手中的半截火柴，二段死者从高空坠落，三段结论是由于某种意外，死者被迫从高空坠落，显然不可能是飞机，那在沙漠中最常见的就是热气球，所以死者与同伴一起坐热气球，动力不足就把行李丢下去，可还是不足就必须有一人跳下去，死者抽到了这根火柴才会被逼跳下去。

5.2.2 惯性思维的表现形式

5.2.2.1 否定性思想

否定性思想即否定自己的能力，认为自己不可能、没办法解决问题，放弃思考，放弃为结果找答案。克服否定性思维的方法为，遇见一个难题或者困难，应该坚信“方法总比困难多”。要仔细分析造成困难的前因后果，把困难或问题写在纸上，把造成问题和困难的原因逐一列举出来，针对原因逐一解决或拿出解决方案。

案例 5-15 王均瑶的故事——温州商人王均瑶是中国私人包机第一人。20 世纪 90 年代初，身为某公司办事处主任的王均瑶赶回家过年，因为买不到火车票就与几位同乡租了一辆大巴回家。去温州的山路漫长且颠簸，王均瑶感叹了一句:“汽车真慢!”旁边的一位老乡挖苦说:“飞机快，你包飞机回家好了。”说者无心，听者有意，王均瑶义无反顾地踏上了“包机”的道路。他经过精心筹划、走访、市场调查和与有关部门的沟通。首先说服了湖南省民航局：温州—长沙的航班客源充足。采用了“先付钱、后开飞”的合作模式除去民航局对于经营风险的担心。跑了无数部门、盖了无数章后，1991 年 7 月 28 日，对王均瑶来说是个值得纪念的日子，温州—长沙的包机航线终于开通了，中国民航的历史被一个打工仔改写。

王均瑶的想法当时被看成是白日梦，但是他并没有让自己的理想止于想象，而是积极地去把自己的想法变成实际行动，所以他成功了。人生的转变靠果敢的思想和行为来实现，只有具备敢闯敢干的拼劲，才能有更多的机会去改变人生。

5.2.2.2 推卸责任

是否推卸自己应有的责任正是成功者和失败者的区别。弱者永远在找借口，而强者永远在找方法，对于强者而言，他们永远不需要任何借口，他们总是在踏踏实实地做事，在“找方法”中一步步收获成长。所谓人才就是当遇到问题和困难的时候，总是主动去找方法解决，而不是找借口回避责任，找理由为失败辩解。善于找方法、勇于抛弃借口的人，他们面对困难时往往能够表现出坚韧不拔、锲而不舍的工作态度，他们不会向困难低头，也不会为自己所遇到的问题找尽借口，推卸责任。

5.2.2.3　太看重金钱

金钱锁定一个人的能力，不给钱就不干活，钱给的少就少做，久而久之自己丧失了赚钱的能力。不能太看重金钱。

案例 5-16　为了节约时间而打车——胜间和代是日本前麦肯锡和前 JP 摩根员工，辞职后还从政。打车对她来说很值，她认为要比较干一件事情、买一个东西值不值的一个方法是计算时薪来对比。比如月薪 1 万元，一个月工作 22 天每天 9 小时算下来，时薪是 50 元左右。假设想买个好笔记本要 50 元，但这个本子有特别的模板格式设计，不用每天拿尺子画线，未来至少能节省 2 小时（100 元），就该把本子买下来，而不是买个便宜笔记本，自己天天画线。打车逻辑也是如此，即把时间也算经济账，通过购买别人的服务，节省自己的时间。

具有“富人思维”的人舍得花钱买服务、买时间、买知识、买培训和买信息，舍得花钱培养深度关系，在富人的思维里，钱只是实现目标的资源之一。做成了事情，钱自然地就随之而来。“穷人思维”则太看重金钱，为省钱不在乎自己的时间，还吝啬于在教育培训、知识信息、服务上投资。富人思维为自己买入一个持续的未来，脱离单纯关注钱的“穷人思维”，建立起来钱—时间—知识技能和情感人脉的通路，用投资未来的思路做事情，才能在未来有更多改变。

5.2.2.4　职责局限

职责局限的表现形式为“这个不归我管”“那个不归我管”“不在其位不谋其政”，忘了机会永远留给有准备的人。能否善于抓住机遇，是一个人成功与否的重要条件。一个人要学会创造机遇，用自己的聪明才智勤奋努力，不断进取，踏踏实实地耕耘，才能获得成功。

案例 5-17　亨利福特的故事——15 岁的亨利向哥哥借了 0.25 元美金，在报纸上刊登了一行小字广告：做事认真，勤奋苦干的少年求职。不久就被著名的比达韦尔公司雇用了。他开始当的是服务生，薪金很少，工作繁杂、紧张，但他总是挂着一脸微笑，对别人的工作也尽力帮助。后来，亨利受到董事长垂爱并获得资助，因开办制铁厂成为千万富翁。

钢铁大王卡耐基在自传里称赞亨利，自动地、积极地创造机会，开拓自己的前程。

5.2.2.5　抱怨

比尔·盖茨说：“如果你陷入困境，那不是你父母的过错，不要尖声抱怨我们的错误，要从中吸取教训”。

案例 5-18　表兄弟的故事——一对表兄弟一起结伴来京求职，在一家饭店打工做服务员。领班是个很严谨的人，经常训斥他们，包括诸如包厢的餐具放得不规范、上菜的速度太慢、普通话说得太糟糕等。表兄一生气，就辞职了，表弟则继续留在饭店挨训。但是没过多久，表弟就不挨训了，因为他进步很快，主管批评的每个工作细节，他都能够及时改正。饭店中午 11 点才开始营业，所以他们上午 9 点钟才开始上班。表弟买了个收音机，每天早晨 5 点多钟就起来在附近的一个公园里练习普通话，半年过后表弟的普通话说得非常标准没有一点方言的味道。表弟干每项工作干得都非常出色，领班对这个不断追求进步的员工非常欣赏，两年后，领班提拔表弟当新店的店长。这几年中因为工作繁忙，也因为职场观念存在严重分歧，表弟很少与表哥联系，是表哥来找过表弟几次，每次都是借钱和发牢骚。表弟总是淡淡地借钱给他，然后推脱工作忙请表哥先回。

抱怨不能解决任何事情，与其怨天尤人，不如发奋图强。

5.2.2.6 自以为是

谁的意见都听不进去，总是觉得自己是对的，慢慢地谁都不再给他提意见，再也听不到真话的同时只能自己慢慢成长。“自以为是”与“实事求是”格格不入，人的认知终归是有限的，容易形成草率结论，也容易否定他人的结论。现实生活中往往越无知的人越盲目自信，越盲目自信则越没有创新的动力，则必然会落后。

案例 5-19 龟兔赛跑——有一天，兔子和乌龟跑步，兔子飞快地跑着，乌龟拼命地爬，不一会儿，兔子与乌龟已经离开有很大一段距离了。兔子认为比赛太轻松了，它要先睡一会，并且自以为是地说很快就能追上乌龟。而乌龟呢，它一刻不停地爬行，当兔子醒来的时候乌龟已经到达终点了。

虚心使人进步，骄傲使人落后。要踏踏实实地做事情，不要半途而废，才会取得成功。

5.2.2.7 不自信

你不相信能做到的事就永远不会全力以赴地去争取，一切随缘，顺其自然，结果一事无成。要有自信心，要相信自己具有某种能力或优势，选择一项自己所长，尽可能将它磨炼到庖丁解牛那种程度，对应得的荣誉和褒奖坦然接受，面对要做的事情别怕犯错，把握每一次成功的机会，把心完全放在希望的光明而伟大的事情上去。

案例 5-20 年轻人在创新中膜拜权威不自信怎么办——在《开讲啦》节目中，青年代表提问陈德明：“年轻人在创新中膜拜权威不自信怎么办？”导弹试验专家陈德明说：“每个行业都有很多惯例，打破惯例很难。年轻人可以换一种方式，一点一点去解释，去化解风险。反对你并非因为个人私事，而是对国家负责，当初反对你最厉害的人，或许是最支持你的人。务实探索，相信自己！”

5.2.2.8 怕犯错误

怕犯错误的人不敢去做更多的事，出了错第一时间先给自己找理由找借口，失去了很多次尝试的机会，没有结果意识，经常为了对和错争论的面红耳赤。恋爱很难一次就成功，生意很难一次就赚钱，道理很难听一遍就懂，开车不可能一次就上路，万丈高楼平地起。勇士有时惧怕，智者有时愚拙，专家有时出丑，辩士有时舌结，事情本如此。看见别人犯错，不必苛责别人。发现自己犯错，不必过分自责。赢家把错误看作是最好的老师，从错误中吸取宝贵的教训。只有不尝试才不会犯错，不过也必无所成。

案例 5-21 爱迪生的故事——在发明灯泡的过程中他犯了一千次错误。有个记者问他：“失败一千次的感觉如何？”爱迪生回答：“电灯是第一千零一次的尝试而成功的！”赢家不怕犯错，怕只怕因犯错而不敢尝试。

5.2.2.9 懒惰

不想干，也不愿意去想，安于现状，与世无争，承受不了压力，只想不劳而获，每天做着美梦，温水煮青蛙。懒惰无孔不入，有时那怠倦与无聊怎么也赶不跑，它让你的心惆怅，让你的行动迟缓，让你失去进取心，感到生活暗淡又无力。一个人如果常常为自己的懒惰找借口，就会做什么事都半途而废，如果没有与懒惰做斗争的顽强精神和坚强的意志，就必然会为惰性找到温床，任其滋生。因此，人需要经常与懒惰斗争，如果战胜了懒惰，就会进步，如果败倒于懒惰，就会停步。所以，我们要经常警醒，克服自身的惰性，养成不畏艰险，不向困难低头的坚韧品质。

5.2.3 惯性思维的突破方法

5.2.3.1 从不同的角度考虑问题

从舞剑可以悟到书法之道，从飞鸟可以造出飞机，从蝙蝠可以联想到电波，从苹果落地可悟出万有引力。换个位置，换个角度，换个思路，也许我们面前是一番新的天地。可采取以下方法来减少惯性思维的影响：

（1）从不同的角度考虑问题，试着换一个出发点或角度来考虑问题。

（2）在尝试了多种方式后，要发现和总结不同方式间的差异以取长补短。

（3）在咨询他人前应进行独立思考，避免产生思维惰性并进一步成为惯性思维。

（4）征询尽可能多的意见，保持思维的创新力，培养开放性思维。

（5）向他人征询意见时，不要过多地告诉别人你自己的意见，以免造成他人的惯性思维。在谈判前做好充分的准备也可以避免受到对方惯性思维的影响。

（6）思维定势是固有的，往往在不知不觉中就又循着旧路走去了。时刻提醒自己，走一阶段后，要停下来思考一下是否又跳入固有思路了。

5.2.3.2 逆向思维

逆向思维是指对常规思维的反向行之，对现成的结论进行逆向思考。正向思考之后，再用逆向思考可以碰撞出很多思想的火花，并有了新的思路。如果不能打破单方向的惯性思维、灵活运用所学知识，会影响人的全面思维，产生消极作用。思路决定出路，格局决定结局，创新思维是不受常规思路的约束，寻求对问题全新的、独特性解答和方法的思维过程，是创造力发挥的基本前提，要摒弃从众心理，不钻牛角尖，善于采取多向思维方法，学会创造性、建设性的思考。

案例 5-22　逆向思维治懒惰——比尔·盖茨说："我会选择一个懒惰的人来做一份辛苦的工作。因为一个懒惰的人会找到这样做的一个简单的方法。"确实，懒惰的创新者，一般会找到做一个项目的最好和最简单的路线。结果，他们不只是创造最好的产品，而且往往会创意出最好的过程，这个过程，也会成为企业创新的财富。

从逆向的角度来看，懒惰一定程度上驱动人类提高生产力的创新。一个富有创意的"懒人"总是在想："必须有一个更好的办法。"在人类历史上，一些最伟大的创新，其实许多都是由那些懒得去做一个特定任务的人达成的。在20世纪30年代末发明了世界上第一台电脑的发明人就曾宣称：我太懒了，不喜欢运算，所以就发明了电脑。

很多时候寻找捷径少干活的一种懒惰心态，往往变成寻求创新的巨大动力。回顾人类所做的一切创新，无不是在寻求安逸和简单。当今互联网经济的各种服务和产品，继续诠释着这个道理。电子商务让我们坐在家中动动指头就能享受到各种生活用品和上门服务。在中国，有万能的淘宝和微信，可以通过向餐厅下单点外卖，还可以到众多网站上外包家务，然后腾出时间来读书或者享受生活。语音技术的帮助免除手动输入的烦恼，电子阅读器是为喜欢读书又懒得拿重物上路的人而发明的。

努力地工作和聪明地工作，往往不是一回事。整天忙忙碌碌的员工，很有可能在精神上处于一种怠惰状态。而具有懒惰心态的员工总是在寻找简化做事的过程。正是这种寻找捷径的心态及冲破常规思考的特质，浇灌着孕育创新的土壤。

5.3 创新必须突破心理困惑障碍

5.3.1 心理困惑的基本概念

困惑，心理学名词。困的字面意思是陷在艰难痛苦里面，惑是指不明白对与不对。困惑就是指不明白陷在艰难痛苦里面对与不对的意思。

5.3.2 心理困惑的表现形式

心理困惑的表现形式常常概括为“五求五不求”。

5.3.2.1 “怕冒风险，求稳不求变”

案例 5-23 诺基亚的覆灭——百年老店诺基亚是一个伟大的企业。它曾多次遇险，也屡屡化险为夷；它因勇于创新而崛起，也因瞻前顾后而衰败。这个昔日手机界巨头的辉煌与没落已被写入企业教科书，值得后来者反思。

1998 年，诺基亚联合摩托罗拉、爱立信、三菱等共同成立塞班公司，研发同名操作系统。该系统问世不久，西门子、三星、松下、索尼爱立信等相继成为授权使用者。“塞班”成为当时最受推崇的操作系统，2007 年一度占据智能手机市场 62%的份额。

顺风顺水时，往往暗藏危机。2007 年，苹果公司的 iPhone 问世，基于多点触控技术的全新用户界面，重新定义了智能手机的概念。继苹果 iOS 系统之后，谷歌 2008 年推出了安卓系统。iOS 和安卓的面世，开始侵蚀“塞班”的市场份额。

其实，诺基亚早在 2002 年就研发出触屏技术，2005 年研发出面向互联网的手机操作系统 Maemo，受到业内好评。然而，公司决策层错认为占据市场优势的“塞班”将继续成为主流，轻视了移动互联网浪潮的力量。

自 2009 年年底开始，摩托罗拉、三星电子、LG、索尼爱立信等终端厂商纷纷宣布终止“塞班”平台的研发，转向安卓系统。2011 年，“塞班”的市场份额被安卓超越。

为应对危机，诺基亚联合英特尔，在 Maemo 的基础上推出新的操作系统 Meego，以图抗衡 iOS 和安卓，但仅生产了一款机型就宣布放弃。

诺基亚后与微软结盟，希望凭借 windowsphone 翻盘，但未能如愿。2013 年，诺基亚索性将手机业务以 37.9 亿欧元的低价卖给微软，品牌授权费 16.5 亿欧元。至此，诺基亚手机帝国彻底倾覆。

作为昔日手机界的王者，诺基亚在智能手机时代的节节败退从固守传统思维开始。诺基亚王朝的兴衰历程，对包括中国企业在内的全球商业公司都不乏警示和启迪。企业要想做得长久，就需要有一种能够激发和保持活力的体制。如果整个组织都陷入一种惰性，高层搞政治斗争，员工缺乏拼搏精神，那么企业对外部变化的感知能力肯定会下降。而从高层管理者来讲，则应居安思危。“一个企业如果能够成为行业规则制定者、市场垄断者，日子会比较舒服，但也容易看不清对手。一旦发生革命性变化，则垄断地位尽失。”

5.3.2.2 “学富五车，求多不求新”

案例 5-24 “专利大国”为何成了“创新小国”——据联合国知识产权组织 12 月 9 日发布的世界知识产权报告显示，2012 年中国专利申请数以 65.28 万件连续第二年居全球首位。美国和日本紧随其后，分别为 54.28 万件和 34.28 万件。中国较上年大幅增长 24.0%，美国增长 7.8%，日本仅微增 0.1%。全球申请专利数量约为 235 万件，增幅为 9.2%。这份报告指出，全球申请专利的数量在过去 20 年迅速增加，主要原因是中国申请专利的数量大增。

中国专利申请数连续第二年居全球首位，这固然可以让国人引以为豪，因为专利申请的数量在一定程度上能够代表国家创新科技的发展潜力，也意味着我国能够培育新的经济增长点。可是，现在的问题是，我国这样一个“专利大国”，却不是一个真正的“创新大国”。

5.3.2.3 “从众附和，求同不求异”

案例 5-25 你确定你的答案吗——心理学家做过这样一个实验：被试者 10 人，其中 9 人是心理学家的助手，另外一个是真正的被测试者。心理学家在黑板上先画了 ABC 三条长短不一的线段，然后又画了一条 X 线段。X 线段明显是跟 B 一样长度的。

心理学家问:“请问 X 线段跟 ABC 中哪条一样长?”

其他 9 个人抢着回答:“A。”那个被测试者没说话。

心理学家又问了一遍:“刚刚好像有人没有回答，我再问一遍，X 线段跟 ABC 哪条线段一样长?”

其他 9 个人又异口同声地回答:“A。”

心理学家问被测试者:“我好像没听到你回答。你觉得 X 跟哪条线段一样长呢?”

被测试者目光躲闪着，有些不确定地说:“应该是 A 吧。”

这就是从众心理。X 线段明明跟 B 一样长，是一眼就能看出来的。但是，因为另外 9 个人都觉得是 A，这个被测试者对自己产生了怀疑。从众，让他放弃了自己本是正确的选择。

一个实验，也许并不会产生恶劣的后果；但是，在现实中，从众心理却往往酿成大错。

法国、比利时经常发生的集会游行事件，一开始大家都很理智。谁都知道，游行可以，但打砸烧是违法的，但是，集会的后期，往往开始砸汽车、跟警察对峙。

一个人的时候，他注定不会干这样的事；可若很多人都干了，就容易带动大部分人。这也是因为从众心理：做大部分人做的事，没什么大问题，反正法不责众。

那么你呢？你有没有被从众心理狠狠砸中，扼杀了你的个性，让自己盲目跟风，服从大众，忘记了自己的初衷？大家都选择去做的，并不一定就是最适合你的路。从众，只会让你“泯然众人焉”。

静心思考，不盲目跟风，才能做出正确的判断。

5.3.2.4 “固执迂腐，求经不求真”

案例 5-26 一个创业者真实的自述——自从当教师那会儿开始接触网络，然后每天都会花时间在网上浏览各种资讯。对于初学者来说，一切都是新的，网络上有那么多的知识，什么创业导师的创业秘籍，什么营销技巧，应有尽有。那会的我就像一个乞丐突然走进一个到处是食物的厨房一样，贪婪地学习着各种知识，并沾沾自喜自己的知识越来越丰富，时不时还飙几个专业名词出来，顿时觉得与众不同了许多。但后来我慢慢发现，虽然学了那么多的知识，但是在实际运用中却不知道如何下手。特别是我第一次创业的时候，以前看网上的创业导师说这创业团队一定要组建完整，然后我就组建了整个技术团队以及推广财务这些人。

说实话，大部分人是没多少事情做的，但那时候就是为了达到导师们说的合格的标准以及满足自己的虚荣心，愣是招了七八个人在一个初创公司，仅仅只是为了开发一个网站。

结果可想而知。每个月发几万的工资我不堪重负，而且人浮于事网站开发也没搞好，最后项目彻底流产。如果以我现在的阅历经验来做，开发就直接外包，然后网站搞好了，直接招两个做销售的，以签单为目的，另招一个做推广运营的，运营各种自媒体号和写文章，基本上就可以了。但那时候就偏偏招了那么多人，而且还没发挥作用。

后来我一直在反省：为什么那些创业导师说的那些经验到了我这就没啥用呢？我想应该是自己没有消化好，没有充分认识到具体情况具体分析。拿着生硬教条的东西来指导具体工作，那肯定是要付出一些代价的。

固执迂腐，求经不求真也就是教条主义、经验主义。这个故事是教条主义的典型例子，现实生活中，教条主义的例子也是比比皆是，一些人唯书、唯上，不唯实，不顾客观条件的变化，拿着死书本，死教条生搬硬套，结果给工作造成了极大的损失。

从认识论的角度看，经验主义夸大感性经验，轻视科学理论，把局部经验当成普遍真理，犯了类似于经验论的错误。教条主义夸大了书本知识、理性认识的作用，轻视感性经验，一切从本本出发，犯了类似于唯理论的错误；实质上都是主观主义的具体表现。二者的出发点是相同的，都是从主观出发，行为上都是不问具体情况，不从实际出发，主观认识脱离客观实际，一刀切，瞎指挥，都是主观主义的工作和思想方法。二者的结果相同，都必然会给生活、工作带来损失甚至失败。

5.3.2.5　“妄自菲薄，求名不求已”

许多人一提到创新。就会把它与科学家的科学研究和创造活动相联系。认为创新只存在于高科技等领域，并总将创新代表人物与学界、政界、商界的名人，比如爱因斯坦、爱迪生、牛顿、比尔·盖茨等联系起来，认为自己没有创造力，或是认为自己没受过某种专业训练，这是缺乏对创新的大众化认识的一种表现。

其实，创新应如著名教育家陶行知所说:“处处是创造之地，天天是创造之时，人人是创造之人。”美国心理学家吉尔福特呼吁，人们不要将创造力当做少数人具有的特权，而应该将其视为人类普遍具有的一种特殊品格加以研究。

5.3.3　心理困惑的突破方法

5.3.3.1　学会正确看待挫折，增强自身逆商

前面已提及，认知因素是影响挫折的重要方面。因此，要培养挫折耐受性，不断增强自身逆商。首先要学会正确地看待挫折。要认识到人生的道路并不平坦，挫折是不可避免的，许多著名的科学家、文学家、政治家都是在逆境和坎坷中磨砺出来的。大学生们在生活和学习中应作好充分的心理准备，随时准备迎接各种困难和失败。有了准备，就不会在

挫折面前惊慌失措，就能够冷静地分析挫折原因，总结教训，继续前进。

还有，要正确看待挫折的作用。挫折具有两重性，既有消极的一面，也有积极的一面。挫折可以激发人的进取心，促使人为改变逆境而奋斗，磨炼人的性格和意志，提高创造力。所以不要视挫折如猛兽，变换一下思维的角度和方式，从其他方面来审视和评价所遇到的挫折。并且，这样做还有助于摆脱挫折困境。

此外，在挫折之后要认真地总结教训。有的大学生在失败之后总把原因归于某些外在因素，如考试不及格后强调运气不好，题目太偏，老师的评分不够合理等。有的大学生则往往把成败归因于自身的能力，失败后过多地自责，以至于自卑。这两类同学，不管是归于外因还是归于内因，都是过分强调了内外因中的不可控因素（而不是努力等可控因素），这样就难以战胜挫折。所以，在遇到挫折后，一定要冷静地分析自己的目标、方法、努力程度以及外在的阻力和助力情况，找出挫折的真实原因，对挫折作出切合实际的归因。只有正视挫折、认真吸取教训，才能将“失败”变为“成功之母”，使挫折向积极的方面转化。

5.3.3.2 正确地看待自我，对自己充满信心

大学生应该客观地认识和评价自己，既不抬高自己也不贬低自己，对自己的态度体验也要符合实际，既不自卑也不自傲。自傲会使制定的目标高于自己的实际水平从而导致受挫；自卑会使自己缺乏面对困难的勇气，惧怕困难、逃避困难，或者陷入困境中不可自拔。正确地看待自己，必要时可请好友帮助自己找出优点和缺点，充分地利用自己的长处，对自己充满信心。大学生应学会自信，毛泽东主席诗曰:“自信人生三百年，会当击水三千里。”这种自信的人生态度值得我们学习。日本心理学家高良武久说过：许多事情并不一定等有了自信之后才去做，自信产生于努力之中；有人认为只有有了自信之后才能去工作，这好比人学会了游泳之后再下水游泳一样，是非常荒谬的。

5.3.3.3 自以为是，不以人蔽己

“自以为是”，是敢于肯定自己，把自己从芸芸众生中独立出来，肯定自己的作为、自己的价值，避免从众。“不以人蔽己”是敢于否定他人，从自己的实践出发进行独立思考，避免胆怯。一代伟人毛泽东“人生自信二百年，会当水击三千里”，挽救了中华民族，伽利略创立自由落体定律，哥白尼否定了托勒密的地心说，都是从“自以为是，不以人蔽己”开始的。创新者对他人的学说和理论要在自己的实践中加以证实，更要在发展过程中加以证伪。证实是证明他人的成果的确实性，证伪是说明他人成果的非确实性；证实是对他人认识的充实，对传统学说的兼收并蓄，证伪则是对前人认识的突破，对传统学说的重新改造。无论证实证伪，都体现了创新者积极主动的思考，探索者的主观能动性，这就是陈云同志说过的“不唯上、不唯书、要唯实”辩证唯物主义态度。人类历史表明，人类对客观世界的认识并不完全是若干正确的简单相加，更不是某一正确理论的反复证实，而是在证实—证伪—新的证实—新的证伪的曲折过程中螺旋式前进的。

能否做到证实证伪，首先取决于个体对于真理、对于权威的态度；其次取决于个体追求真理反对权威、反对世俗的果敢和勇气。追求真理远比占有真理艰巨得多，犹如走路，在前人已经开辟的道路上，你可以大步流星，驱车直进，而要去开拓前人未走过的新路，则要经历许多坎坷曲折。达尔文提出生物进化论，反被权威们骂了祖宗；米丘林进行植物杂交实验，神父们狂叫:“你竟敢把上帝的果园变成妓院……”所以说，创新的天空下，搭

建的不都是摘冠者的颁奖台，也有前驱的绞刑架。风和日丽从来就不是创新者的希冀，风雨兼程倒往往是跋涉者的本色，但恰恰是这样一种面对真理的执著，面对权威的坦荡，面对事实的果敢，创新者才最终功成名就，彪炳青史。

5.3.3.4 不要畏惧创新，人人皆可创新

案例 5-27 职工小创新换来的大效益——岱庄煤矿营销中心车间工会主席马天雷在盘点 2016 年工作时，为该中心职工小创新换来的大效益感到惊叹。“最初，我们都认为创新很难，现在大家意识改变了，只要比原来的做法更好就是创新。”在该矿煤场内，正拿着自制工具清理路面积水的职工刘俊彦说，为确保煤场地面干净整洁，他们每次冲刷地面后，都要用扫帚清理积水，一个月 15 个扫帚根本不够用。

“一个扫帚虽然不值多少钱，但日积月累也是一笔不小的支出。”该矿营销中心副主任吴常胜说，为了降低扫帚的用量，去年 12 月，该中心职工许世国利用旧皮带制作了清理积水的小工具。该工具一经诞生并投入使用后，当月下来，职工没有领用一把扫帚，按这个比例计算，一年至少能节省 150 多把扫帚。像这样的小创新，去年该中心累计完成了 60 多项。

“创新并不难，难的是让职工有这种创新意识。”该煤炭营销中心主任宋涛说。为此，他们在强化思想教育的同时，建立了创新奖励机制，依靠经济杠杆撬动职工的创新能动性。同时，制定了以案说理机制，在对创新人员进行奖励的基础上，让这些创新者当“老师”，给职工讲解创新点的构思和创新的经历。

伴随一系列举措的实施，该中心职工的创新能动性得到了最大限度地调动，仅提案改善项目就由过去单月两三个，增加到了十多个。其中，创效最大的首数装运班创出的“二八”装车法。该工作法的实施，使得装一列火车的时间同比节省了近一半，仅电费就同比节约 150 多元。

据该矿煤炭营销中心装运班班长石汝科介绍，最初装运班定编是 20 人，但是受自然减员影响，现仅剩 16 人。又由于环保治理力度的加大，在人员减少的情况下，他们的工作量不仅没有减少，反而有所增加。为此，他们喊出了“依靠创新控员提效”的口号。

正是在这种理念的引领下，装运班围绕煤炭发运、煤场管理、铲车管理等多个环节进行梳理，先后完成了车辆引导牌、禁行护栏改进等 10 多个小创新项目。“减人不减薪，加人不加资”，是该中心内部市场运作模式下的工资分配原则。因此，装车班职工与其他班组职工相比，人均工资增加了 300 多元。

“创新没有大小区分，也不受年龄限制，只要敢想就一定能行。”石汝科说，许元辉是该装运班的一名老职工，还有 5 个月就将退休。由于体弱多病，该中心就让他负责煤场的卫生清理，以及替班放仓和日常巡检等工作。就在这些平凡的工作中，他却围绕提高功效、降低劳动强度，提出了制作晾篷布降低劳动强度，调整控制盘放置位置提高工作效率等多个创新项目。

“创新不是技术人员的特权，只要想创新，人人都可以。”许元辉说，他积极创新的初衷，只是为了在最大限度降低劳动强度的同时，能够提高效率，减少不必要的支出。

没有创新的社会犹如生锈的车轮，无法转动，创新给了社会的生机与活力。创新无处不在，创新的力量无可限量，犹如一把利剑，划破长空，突破禁锢，为社会提供不竭的动力源泉。对个人来说，创新更是一种吸引力，吸引着寻梦人去追寻。

然而，还有不少人对创新活动有心理包袱，认为在创新上有所作为是很难的事情，觉得创新是科学家和天才的专利，自己和他们有天壤之别，不能创新。

其实不然。创新不只是远在天边的科技革命，无论是个人还是组织，要想更好地发展，就必须同时思考两个问题：怎样做得跟别人不一样？怎样才能做得更好？而这，就是创新。

创新其实可以很简单，找出某些事物的一些缺点或工作中存在的一些问题，然后去改进它、去完善它，这便是一个小小的创新。创新就在普通大众的身边，只要做生活和工作的有心人，有一双善于发现问题的眼睛，一颗勤于思考的大脑，人人都可以创新，因为这并不是某些人的专利，创新不分老少、不管行业、不管学识，只要有梦、有想法、有实践，就能获得创新的成果。创新，每个人都会！

创新源于生活和工作，生活和工作需要创新。没有创新的生活和工作，就像是一潭死水，是枯燥的、无味的、无趣的。一些创新虽然感觉科技含量不怎么高，但是在生活和工作中却被广泛应用，从而为生活和工作注入了活力——正是有了这些创新，才使我们的生活和工作生机勃勃，更加便捷、美好！

工作同样如此。只要你能细心观察、仔细思考，不断探索，付诸实践，谁能说下一个发明家不是你呢？展开创新的翅膀，就能翱翔于生活和工作的蓝天。学历、年龄都不是阻碍创新的绊脚石，只要敢于想别人所不能想、做别人不敢做之事，也许某一天就会迸发灵感。

创新更重要的是一种态度。这种态度让人充满自信，敢于梦想！因为创新，我们会不断挑战自我、敢于尝试。一个具有创新精神的人，一个把创新融入生活和工作的人，将会成为一个快乐的人。

本章小结

惯性思维是一种心理和思维状态，利用历史的经验机械性的解决遇到的新问题，有其积极的一面，但无益于创新。惯性思维的形成包括不自信、推卸责任、不愿担当、抱怨等心理障碍，除了自信，勇于面对挫折，承担和担当，创新者也可运用逆向思维通过从多个角度看问题，来克服惯性思维。打破惯性思维是一种美。而习惯于定势思维堵塞了自己洞悉的目光和创新的思路。提高对现有布点结论的甄别能力，有利于开阔视野、活跃思路、丰富眼界，从而使我们在平台上能更进一步。

延续思考

5-1 创新怎样突破思维定势障碍？

5-2 惯性思维的形式有哪些，你会运用突破惯性思维的方法吗？

5-3 你遇到过哪些心理困惑的障碍，你是怎样突破的？

6 创新思维：大学生创新创业的“金钥匙”

扫一扫获取
课件及思维导图

灵感——这是一个不喜欢拜访懒汉的客人。

——车尔尼雪夫斯基

每当理智缺乏可靠论证的思路时，类比这个方法往往能指引我们前进。

——康德

一个伟大的自然科学家根本不可能没有想象力这种高尚资禀。我指的不是脱离客观存在而想入非非的那种想象力，而是站在地球的现实土壤上，根据真实的已知事物的尺度，来衡量未知的设想的事物的那种想象力。

——歌德

创意是历史进化中永远有效的契机。

——罗曼·罗兰

温馨提示

创新思维是创造力的灵魂和核心。创新思维是在探索未知时促使思维转化寻获新成果的思维。创新思维的精髓是非逻辑创新思维，包括联想、想象、类比、灵感等。创新思维中的两面神思维也很受重视，它开启了一条新的思维路径。发散思维与收敛思维、纵向思维与横向思维代表了创新思维的主要方向。学习本章是要了解创新思维的基本原理和主要方法，并尝试用创新思维方法去解决创新性问题。同时了解创意的基本知识。

6.1 思维

6.1.1 思维的基本含义

我们每个人都有一个能想会算的大脑，通俗地说，“想”和“算”就是思维。用现代信息社会的语言讲，人类将作用于我们的感觉器官的信息内容进行处理的过程，就叫思维。

思维分广义的和狭义的，广义的思维是指人脑对客观事物的概括、间接的反映，它反映的是事物的本质和事物间内在的联系即规律性，包括逻辑思维和形象思维。而狭义的思维通常是心理学意义上的思维，即专指逻辑思维，即在感性认识的基础上进行分析、综合、判断、推理等理性认识活动以获得对客观现实的本质属性和规律性认识的过程。

创新思维是思维的重要表现，创意思维也包含在创新思维之中。

6.1.2 思维的重要特征

6.1.2.1 概括性

思维的前提是人们使用已经形成或掌握的概念。掌握概念，就是对一类事物加以分析、综合、比较，从中抽象出共同的、本质的属性或特征加以归纳。概括是思维活动的速度、灵活迁移程度、广度和深度、创新程序等智力品质的基础。概括性越高，知识的系统性越强，迁移越灵活，一个人的智力和思维能力创造能力就越发展。

6.1.2.2 间接性

间接性是思维凭借知识、经验对客观事物进行的间接反映。

6.1.2.3 逻辑性

逻辑性这一特征反映出思维是一种抽象的理论认识，表明思维过程有一定的形式、方法，并按照一定的规律进行。

6.1.2.4 深刻性

思维的深刻性指人脑在感性材料的基础上，经过思维过程，去粗取精，去伪存真，由此及彼，由表及里，于是在大脑里生成了一个认识过程的突变，产生了概括。由于概括，人们抓住了事物的本质、事物的全体、事物的内在联系，认识了事物的规律性。个人在这个过程中，表现出深刻性的差异，思维的深刻性集中地表现在善于深入地思考问题，抓住事物的规律和本质，预见事物的发展进程。

6.1.2.5 灵活性

思维的灵活性是指思维活动的智力灵活程度。包括：一是思维起点灵活，即从不同角度、方向、方面，能用多种方法来解决问题；二是思维过程灵活，从分析到综合，从综合到分析，全面而灵活地作“综合地分析”；三是概括—迁移能力强，运用规律的自觉性高；四是善于组合分析，伸缩性大；五是思维的结果往往是多种合理而灵活的结论，这种结果不仅仅有量的区别，而且有质的区别。

6.1.2.6 独创性

思维的独创性强调思维个体差异的智力品质，指独立思考创造出有社会（或个人）价值的具有新颖性成分的智力品质。主体对信息高度概括后进行集中而系统的迁移，进行新颖的组合分析，找出新异的层次和交结点。概括性越高，知识系统性越强，减缩性越大，迁移性越灵活，注意力越集中，则独创性就越突出。

6.1.2.7 批判性

思维的批判性指思维活动中善于严格地估计信息和精细地检查思维过程的智力品质。

6.1.2.8 敏捷性

思维的敏捷性指思维过程的速度或快慢程度。有了思维敏捷性，在处理问题和解决问题的过程中，能够适应迫切的情况来积极地思维、周密地考虑、正确地判断和迅速地作出结论。

6.1.3 思维的主要类型

6.1.3.1 形象思维

形象思维是用直观形象和表象解决问题的思维，也称为逻辑思维。严格讲，所谓的形象思维，主要是指人们在认识世界的过程中，对事物表象进行取舍时形成的，是只要用直观形象的表象，解决问题的思维方法。形象思维是对形象信息传递的客观形象体系进行感受、储存的基础上，结合主观的认识和情感进行识别（包括审美判断和科学判断等），并用一定的形式、手段和工具（包括文学语言、绘画线条色彩、音响节奏旋律及操作工具等）创造和描述形象（包括艺术形象和科学形象）的一种基本的思维形式。

6.1.3.2 抽象思维

抽象思维是凭借科学的抽象概念对事物的本质和客观世界发展的深远过程进行反映，使人们通过认识活动获得远远超出靠感觉器官直接感知的知识的思维。其哲学定义为：抽象思维是以追求世界的本源、本质、共性，以确立哲学世界观和方法论的思维形式。

6.1.3.3 创新思维

创新思维是指以新颖独创的方法解决问题的思维及其过程。通过创新思维能突破常规思维的界限，以超常规甚至反常规的方法、视角去思考问题，提出与众不同的解决方案，从而产生新颖的、独到的、有社会意义的思维成果。

6.1.3.4 创意思维

创意思维是人脑对客观事物本质属性和内在联系的概括和间接反映，以新颖独特的思维活动揭示客观事物本质及内在联系并指引人去获得对问题的新的解释，从而产生前所未有的比较具体的新想法、新主意、新点子等。

6.1.3.5 创业思维

创业思维是能够帮助人们增强创新精神和创业意识，发掘自身创新创业兴趣与潜能，激发敢于创业并追求创业成功的欲望的一种创新思维。

6.1.3.6 创新创业思维

创新创业思维是严格按照“创新和创业相连一体、共生共存”的创新创业教育理念，在创新基础上进行创业的创新思维。

6.1.4 思维能力的概念

“教育就是叫人去思维”，双创教育就是帮助受教育者通过接受教育而增强其创新精神、创业意识和创新创业能力，并尝试去进行双创实践的教育。

6.1.4.1 思维能力的基本含义

思维能力是人们在进行思维活动时表现出来的个性心理特征，是创新能力的核心部分，通常是指人们采用一定的思维方式对思维材料进行分析、整理、鉴别、消化、整合等加工改造，能动地透过各种现象把握事物内在实质联系，形成新的思想，获得新的发现，制定新的决策的能力。

6.1.4.2 思维能力的重要地位

思维能力是思维主体具备的完成思维活动所必需的，并直接影响思维活动效率的能力。思维能力的重要地位主要体现于思维活动过程的各个方面、各个环节：

（1）一个人如果有深入的思维能力，他就能由表及里地看到事物的本质、规律和发展趋势，不至于被片面、表面、虚假的现象所蒙蔽。

（2）一个人如果有广阔的思维能力，他就能由此及彼地发散和联想，做到综合性地研究问题，善于在比较中作出选择。

（3）一个人如果有统摄的思维能力，他就能在复杂、动态中，从战略的高度驾驭全局，统揽全局。

（4）一个人如果有应变的思维能力，他就能在突如其来的事变中，沉着应付，敏捷应对，使主体快速适应客体。

（5）一个人如果有创新的思维能力，他就能运用新的思维视角和新的思维方法把握客体，打破常规，制订出新的实践方案。

总之，思维能力是高素质人才的高强思维品格的表现。而思维水平则是思维能力的体现，也是人才要素的重要体现。思维水平的核心又是思维创新。

6.1.4.3 思维能力的特殊作用

思维是智力的核心，是考察一个人智力高低的主要标志。恩格斯把思维誉为“地球上最美丽的花朵”。人类的进步从根本上来说，就是人的思维的进步。

思维能力对创新型人才的特殊作用主要通过以下几个方面体现出来：

（1）通过思维活动，可以指导创造过程。思维能力因素包含两个方面的内容，一个是能力，一个是品质。能力又包含思维的分析能力、思维的综合能力、思维的比较能力、思维的抽象能力和思维的概括能力；品质又包含思维广度、思维深度、思维灵活性和思维独立性。思维的这些能力因素和品质因素对创新活动具有极大的指导作用。

（2）通过思维活动，可以抓住事物本质。世界上的许多客观事物，其表现形式错综复杂；其内部联系盘根错节，要对它们进行分析和研究，必须借助于思维活动，才能透过现象看到本质，了解事物存在的真实原因、把握事物联系的实际情况，从而获得创新成果。积极的思维活动有助于人们抓住事物的本质，促进创新成果的产生。

（3）通过思维活动，可以认识客观规律。在认识自然和改造自然的过程中，有些问题是人们可以通过感觉、知觉和记忆表象直接认识的，但有些问题则必须通过认真的思维活动才能间接地认识事物的发展规律。比如，在化学反应中已知反应物质的质量，怎样了解生成物的质量呢？这是仅靠感觉、知觉和记忆表象的认识功能所无法解决的问题。这就需要借助于已经掌握的知识（如质量守恒定律、化学方程式知识以及代数方程式知识），通过思维活动才能把生成物的质量算出来。所以，在利用现有知识与经验的基础之上，进行深入的思维活动，可以帮助人们了解未经直接感知或不能直接感知的事物，抓住其发展规律，预见或推测事物的发展过程和结果。

6.1.4.4 思维能力的主要特点

思维能力作为创新型人才必须具备的能力之一，具有以下一些与众不同的特点：

（1）独立性。思维上的独立性表现为善于独立地思考问题、独立地发现问题、独立地解决问题，这是创新型人才尤为宝贵的特点之一。

（2）广阔性。思维上的广阔性表现为善于全面地、深入地思考问题、理解问题。思路开阔、方法全面是创新型人才成熟的标志之一。

（3）深刻性。思维上的深刻性表现为善于透过现象看本质，抓住事物的关键所在，提出解决问题的根本性方法。

（4）逻辑性。思维上的逻辑性表现为善于遵循逻辑规律处理事情。条理清楚、层次分明、概念准确、判断有据、论证有理是创新型人才应该具备的素质条件之一。

（5）敏捷性。思维上的敏捷性表现为善于迅速进行思维活动，及时做出正确的判断并找出解决问题的合理方法。

（6）灵活性。思维上的灵活性表现为善于根据事物的发展情况而作相应的变化，能够依据不同的条件，提出符合实际的新设想、新方案、新建议。

（7）批判性。思维上的批判性表现为善于坚持正确观点、放弃错误主张，敢于对已知事物进行质疑、批判，在不断否定自我的过程中发展成长。创新型人才不能自以为是、主观固执；也不能人云亦云、随波逐流，保持思维上的高度批判性有助于思维能力的提高。

6.1.5 思维品格的概念

6.1.5.1 思维品格的基本含义

思维品格是指一个人思维的品位和格调，集中反映出一个人与众不同的思维风格。实践已经证明，对思维品格挖掘和升华，思维创新便会脱颖而出。

6.1.5.2 思维品格的具体表现

人的思维品格具体表现在以下 10 个方面：

（1）思维的锐性。即发现和捕捉材料、对象的能力与认识事物本质的能力。把思维的敏锐性挖掘出来，就能撇开现象、表象以及表面的相似性，直接抓住事物的本质。这是思维的基本功。

（2）思维的弹性。即调整和变换思维过程、形式、方法的能力。一切按时间、地点、条件为转移，体现了一个人思维的弹性。思维的形式和方法是多种多样的。

（3）思维的活性。即思维活动和流动的能力。具有思维活性的人，思维始终处在一种高速流动和异常活跃的状态之中，头脑里随时都有一种想创新、想发现、想发明的念头。思维的活性能使思维有点子、有生气、有新意、有创造，说到底就是创新的活力和创造的活力。

（4）思维的韧性。即对对象进行思维加工的能力。当思维的锐性将事物的本质揭示出来后，思维的韧性就可以把思维中的一个一个点连接成串和网。具有这种持之以恒、一丝不苟地、穷追不舍的韧性，才能使思维达到一个创新的境界。

（5）思维的广度。即思维所涉及的范围、数量、领域及视野，是一个人在思考某个事物或观念中的跨度和视角。当人们思考一个问题时，他能够联系到与此相关的别的事物、别的观念时，他的思维就会变得宽起来、广起来。

（6）思维的深度。即思维的深刻性、深透性和精深性。思维的深度代表着触及事物本质的程度。它指的是一个人认识事物发展规律性的能力和预见事物发展的能力。可以说，思维越是有深度就越具有创造性。

（7）思维的长度。即思维在发展时间上的关联性、伸展性。考虑问题不仅能持之以恒，对所思考的问题找不出答案决不罢休，而且能向两头延伸，向前延伸——作出前瞻性思考，对事物的发展作预见；向后延伸——作出后馈性思考，总结发展过程中的经验教训。这样的思维品格对于创新和创造都是有益的。

(8) 思维的高度。即对事物本质、规律的抽象概括程度。高度的概括能力来自对事物的深入了解，来自对细小差异的深入观察、来自对发展规律的深入研究。同时，思维的高度还表现为，思考问题高瞻远瞩，高人一筹，这是建立在对事物本质规律的高度抽象概括之上。

(9) 思维的密度。即思维的严谨性和细密性。思维的密度是思维把握事物发展的框架、层次、骨肉的程度。思维既要重视骨架，又要重视血肉，把握住两者之间的交融；既能抓住要点，又能注意相关因素的交融；既能把握主要层次，又能对次要层次进行思考，在对各方的综合把握中创新之点就不断出现了。

(10) 思维的速度。即一个人思考问题的效率。表现为思维过程进行的节奏和频率，它通过某一思维过程所耗费的思维劳动的多少来反映。具有创新思维的人特别在过程、形式和方法等方面都有一定的灵活性，思维的速度相对快一些，思维的速度会提升事物的价值，并且具有决定性的意义，例如抢救重危病人，速度决定生命。

6.1.5.3 思维品格的良好培养

(1) 意志坚定。这是一个创新者意志品质的重要特征，因此，坚毅乃是思维品格的一个首要内容。世界上许多创造出惊人业绩的人，并不完全由于他们智力不凡，更多的是在于他们比一般人更持之以恒。

(2) 力排众议。一个新设想或新发现，从被研究者认识并理解，到为人们所普遍接受要冲破来自外界种种非难。阻力主要来自两个方面：一是旧习俗的嘲笑、冷遇和怀疑；二是冒犯了当时的权威，因而遭到大师们的反对和诋毁。所以一个新发现或一种新的设想，常常需要在它诞生以后再经过漫长的接受过程。

(3) 敢于献身。没有敢于献身的精神，难以创新成功。

(4) 独立思考。不迷信权威，不会受现在行规则的约束及自己习惯心理的束缚。

(5) 不怕失败。只有坚持，不怕失败，才能创新有望。

6.2 创新思维

6.2.1 创新思维的基本含义

创新思维是指在探索未知时积极地以独特新颖的方式和多向的角度，促使思维转化去寻获新成果的一种思维。

创新思维还强调思维状态的积极性，这就要求人们发挥最大的主观能动性，千方百计地、殚思极虑地想，不达目的不罢休，这样一种思维状态才能算创新思维。

6.2.2 创新思维的重要特征

6.2.2.1 思维的非逻辑和非常规性

创新思维常常以非逻辑思维的形式和违反常规的形式出现。

6.2.2.2 获得突破时的突然性

创新思维常常以突然降临的形式，在人们的脑中闪现，似有“踏破铁鞋无觅处，得来全不费工夫”之神奇。其实不然，突然性绝不等于“天上掉下来”的，恰恰相反，没有大脑高度集中的紧张思考，创新思维成果的突然闪现是根本不可能的。诸葛亮“眉头一皱，计上心来”的突然性，是基于平时的深思熟虑、饱读兵书和耿耿忠心。

6.2.2.3 与众不同和与前不同的独立性

创新思维成果总是由某个人首先独立获得，独立性就成为其特征，甚至此人在思考中或提出人创新思维成果时，是孤立的。“真理有时在少数人手里”恐怕就是这一现象。魏格纳大胆提出大陆漂移的假说时，全世界一片哗然，怀疑、讽刺、斥责使他处于孤立无援的困境。直到魏格纳去世后几十年，“大陆漂移说”才逐渐被人们接受。

6.2.2.4 主动性和进取性

创新思维的主动性和进取性，表现为主体的心理状态处于主动、进取之中。历经千难万苦不以为苦，屡遭挫折失败欲罢不能，就是这种心理状态的生动写照。

6.2.3 创新思维的主要形态

6.2.3.1 积极的求异性

创新思维是一种求异思维，着力于发掘客观事物之间的差异；现象与本质的不一致性；已有知识、理论和认识的局限性；对习以为常的现象敢于怀疑；对人们异口同声称赞的人和事勇于“挑刺”、找毛病；对已有的权威持分析、批判的态度。没有积极的求异性这一构成要素，很难称得上是创造性思维。

6.2.3.2 敏锐的洞察力

洞察力主要表现在观察之中，而观察是知觉与思维相互渗透的认识活动。不断地将观察到的事物与已知的事物联系起来，联系其相似性、特异性，发现其内在联系和本质现象，这就是洞察力。

6.2.3.3 创造性想象

创新思维一时一刻也离不开想象。创造主体有超人的科学预见、丰富的想象、大胆的科学假说，其中想象起着不可替代的重要作用。它是发明、发现及各种创新活动的泉源。

6.2.3.4 活跃的灵感

凭直觉获取灵感的能力，是创新思维能力的一个既神奇又重要的构成。灵感是指寻求解决疑难问题时，经长时间苦思，突然豁然开朗，顿然醒悟，获得了解决问题的新思路、新方法的思维过程。

6.2.3.5 合理而有特色的知识结构

创新思维需要合理而有特色的知识结构作为思维原料。合理常指知识的广度、深度适合创造的需要。特色则指与个人创造课题的范围、领域相联系的知识结构。思维原料不足或不合理，创新思维难以活跃。

6.2.3.6 新颖的表达

创新思维还离不开新颖的表达。新颖的、不落俗套的表达方式，不仅可决定创造性思维成果能否被人接受，也是创新思维本身的构成成分。表达的新颖性，一是要提出一套新的概念、原理、范畴；二是要形成表现新的思维形式的结构体系；三是要运用准确、鲜明、生动、形象和不不拘一格的语言、文字、动作、图形、形体，赋予表达以创新的形式。

6.2.4 创新思维的重要作用和现实意义

不同环境与不同行业，创新思维有其多样的表现形式。但本质上，是人的一种思维能力的体现。创新思维在日常生活中有着异乎寻常的作用。

6.2.4.1 创新思维能够促使知识优化组合

知识是多种多样的，而一个人掌握知识的范围是有限的，只要运用创新思维就能促使人们了解“上至天文，下至地理”多个领域，使知识的门类涉猎更广、体系化更强，同时在不断地思考中，达到知识的知识优化组合、融会贯通。

6.2.4.2 创新思维能够促使企业自主创新

企业的发展没有创新就难以维持，企业的产品没有创新就没有市场。要创立中国自己的民族品牌，就必须依靠自主创新。因此，创新思维对于企业而言，尤其重要。2008 年世界 500 强的前 50 强中，没有一家中国企业。究其原因，就是没有自主研发和创新的能力，亦步亦趋只能甘为人后。

中国的强大，离不开民族企业的发展。民族性国际品牌的多寡，是一个国家综合国力、经济实力的体现。因此，民族品牌的塑立，企业文化创新、研发创新、管理模式创新等，都离不开创新思维的支持。

6.2.4.3 创新思维能够解放人们的想象力

创新人才的培养需要教育的创新。当前中国基础教育进行“新课改”，提倡素质教育。素质教育的核心是创新素质。基础教育“新课改”的实行，促使学生的自主能动性得以发挥，提升学生多方面能力的水平，想象力得到激发和保护。想象力的延伸和发展，就是创新思维的源泉。因此，创新思维促进了教育体制的完善发展，对社会的明天、民族的未来至关重要。

6.3 创新思维方法

6.3.1 转换视角的创新思维方法

创新思维的形式主要有非逻辑创新思维、逻辑创新思维和两面神思维三种形式。而非逻辑创新思维是创新思维的精髓，其形式主要有联想、想象、类比、灵感、直觉、顿悟等。本案例就是属于这个范围的转换视角的创新思维。爱因斯坦发现狭义相对论就是典型的通过灵感和顿悟等非逻辑创新思维实现的。主要包括发散与收敛等六组创新思维方法。

6.3.1.1 发散与收敛思维方法

（1）发散思维方法。发散思维也称扩散思维、辐射思维、放射思维。它是指以一个问题作为思维的出发点或中心，围绕某一问题沿着不同方向、不同角度、向上下左右多方位的思考方式，从多方面寻找问题的多个答案的思维方法。发散思维是一个流动、开放、不断发展的过程。它要探索不同的、独特的答案。

根据发散思维的主要特征，其方法还可细分为具有流畅性、具有变通性和具有独创性的三种发散思维方法。

（2）收敛思维方法。收敛思维又称收缩思维、集中思维、辐合思维。收敛思维方法就是以某种研究对象为中心，把发散开来的不同部分、不同方向、不同来源、不向角度的众多思路和信息汇集于一点，通过比较、筛选、组合、论证再创造性地组合为一个整体，从而得出在现有条件下解决问题的最佳方案的一种创新思维方法。创造性的组合过程同样要求多方位、多角度、多结构、多线索与多关系。收敛思维，其思维特点是，以截然不同的事物的特性为基点，从事物的边界出发，向中心移动。收敛思维以问题为中心，围绕中心组织信息。从不同方向向中心收敛，以达到解决问题的目的。收敛思维有点像足球比赛，以把足球有效地射入对方的球门为目的和焦点。收敛思维是一种目标明确、有规律可循的思维。收敛思维是寻找正确答案，有时甚至是寻求唯一正确答案的思维。

根据收敛思维的主要特征，其方法还可细分为具有聚焦性、具有整体性和具有可行性的三种收敛思维方法。

案例 6-1 日本人中标大庆油田设备项目的奇迹背后——我国 20 世纪 60 年代勘探、开发大庆油田，由于对外保密，连中国人都不知道大庆油田在哪儿，而日本人为经济上的需要，借助收敛思维了解了大庆油田。

日本人首先从中国画报刊登的铁人王进喜的照片上推断出大庆油田在东北，因为照片上的王进喜身穿厚棉袄，头戴大皮帽，背景遍地积雪。接着，他们又从另一幅肩扛人推的照片，推断出油田离铁路沿线不远。之后，他们又从《人民日报》的一篇报道中看到这么一段话：王进喜到了马家窖，说了一声：“好大的油海啊，我们要把中国石油落后的帽子扔到太平洋里去。”据此，日本人判断，大庆油田的中心就在马家窖。

那么，大庆油田什么时候产油了呢？日本人判断是 1964 年。因为王进喜在这一年参加了第三届全国人民代表大会，而如果不出油，王进喜不会当选为人大代表的。

日本人还大体推算出大庆油田油井的直径和大庆油田的产量，依据是《人民日报》一幅钻塔的照片和《人民日报》刊登的国务院政府工作报告：把当时公布的全国石油产量减去原来的石油产量，便推算出大庆的石油年产量为 3000 万吨，这与大庆油田的实际年产量几乎一致。

有了如此多的准确情报，日本人迅速设计出适合大庆油田开采用的石油设备。当我国政府向世界各国征求开采大庆油田的设计方案时，日本人便一举中标。

6.3.1.2 联想与想象思维方法

（1）联想思维方法。联想是从甲想到乙、由此想到彼、从一事物联系到其他事物、从现时联系到将来、从此地联系到彼地的思想扩散。联想思维方法则是通过由此及彼、触类旁通、举一反三等思维活动，推出新事物、新特征的一种创新思维方法。联想思维方法在创新中的作用，一是确定和促进大脑中存储内容之间的新的联系；二是决定这些内容联结是通过什么路径来实现的。

根据联想思维的关联关系，其方法还可细分为相似联想、对比联想、因果联想和接近联想四种联想思维方法。

（2）想象思维方法。没有想象力的翅膀，创新就无法飞翔。想象是创新的翅膀，这是因为创新活动是从生活中尚未存在的事物进行想象开始的。想象是人脑在过去感知的基础上对所感知过的形象进行加工、改造，构想出新形象的心理过程。想象思维方法就是通过对所感知过的形象进行加工、改造等思维活动，构想新形象、推出新事物的一种创新思维方法。爱因斯坦对想象力推崇备至:“想象力比知识更重要，因为知识是有限的，而想象力概括着世界上的一切，推动着进步，并且是知识的源泉。严格地说，想象力是科学的实在因素。” 哲学家康德说得更加明确:“想象力作为一种创造性的认识能力，是一种强大的创造力量，它从实际自然所提供的材料中，创造出第二自然。”

根据想象思维的整合情况，其方法还可细分为预示想象、组合想象、填充想象和纯化想象四种想象思维方法。

案例 6-2 通过“想象的眼睛”发现真理的科学家们——法拉第把孤立的电现象和磁现象联系起来想象，发现了电磁感应现象；又根据电磁感应现象构建出发电机模型并发明了世界上第一台发电机。“现代火箭之父”齐奥尔科夫斯基从奔驰的火车想象出实现航天飞行的“火箭列车”，设计出串接式多级火箭。富尔顿首先通过“想象的眼睛”看见在大洋里航行的不用帆的船，并制造出汽船模型，发明了汽船。莱特兄弟也是用“想象的眼睛”看见了空中飞翔的鸟儿，构建出飞机的结构和布局，从而发明了飞机。马可尼用“想象的眼睛”看见了千万里通信的情景，构想出无线电模型，发明了无线电。爱因斯坦用“想象的眼睛”看见了一个人“追光”的情景，构想出“追光”思想实验，创立了狭义相对论，等等。

6.3.1.3 灵感与直觉思维方法

(1) 灵感思维方法。灵感思维是指人在长时间思考某个问题得不到解答，而中断对它的思考后，却又会在某个场合突然对问题的解答有所领悟的一种创新思维方法。

根据灵感思维的主要特征，其方法还可细分为具有独创性、具有偶然性、具有机遇性和具有模糊性的四种灵感思维方法。

(2) 直觉思维方法。直觉思维是运用有限的经验知识直接得到问题结论的思维方法。直觉思维常常表现为瞬间的领悟，是思维过程的高度简化，越过了许多中间环节一下子将答案呈现在眼前。在创新中，直觉思维能够实现帮助选择创新目标和帮助提出创新假设两方面应用。

根据直觉思维的基本特征，其方法还可细分为具有直接性、具有顿悟性、具有猜测性和具有瞬时性的四种直觉思维方法。

案例 6-3 优异弹性橡胶的发明——化学家固特异在实验室中做实验，一不小心将实验用的橡胶掉到桌下的硫磺上。他遗憾地叹道；“花了好大的劲，全费了。”于是一边说，一边尽力清除粘在橡胶上的硫磺。但硫磺已渗入橡胶内部，很难除掉。“干脆扔掉算了”，但又觉得好不容易做出来的弃之可惜，就随手放到桌边，碰巧桌旁的炉火烧得正旺，给粘上硫磺的橡胶继续加温。“今天算白干了。”沮丧的他准备回家。然而，他无意中摸了一下放在桌边的橡胶，这一摸非同小可，橡胶居然有了前所未有的优异弹性。他的直觉告诉他，这件事具有重大意义。于是他冷静了一下，用两手把橡胶拉长，橡胶的异常特性使他更为吃惊，即使用两手拉也拉不断，相形之下，以前的橡胶一用力拉就断裂。结果，一种前所未有的具有优异弹性的橡胶发明出来了。

6.3.1.4 横向与纵向思维方法

(1) 横向思维方法。横向思维也称水平思维，是一种“一”字形的、并将思维轨迹横向延伸的创新思维方法。按照其主要特征，其方法还可细分为具有变通性和具有迁移性的两种横向思维方法。

(2) 纵向思维方法。纵向思维方法也称垂直思维方法，就是一种“1”字形的、能将思维轨迹纵向延伸，从而找到解决问题最佳方案的纵向创新思维方法。即可像层层剥笋，向纵深发展，从哲学角度看这种纵深发展是无穷无尽的。

案例 6-4 “理解万岁”主题的演讲会——解放军某团举行“理解万岁”主题的演讲会，有的人从正面举例，说明军人得到人民的理解，更多的人是列举反面的例子，希望得到人民的理解。这样讲，有观点，有事例，是可以的。但失之肤浅、平淡。有个人是这样讲的，他说：军人，大多面临第二次就业的选择，是的，有这种说法：“军人在战争年代是最可爱的人，在抢险救灾中是最需要的人，在复员转业时是最可怜的人。”此种说法，不无道理，但我绝不敢苟同。他说：军人要想得到人民的理解，得看自身的实力，并举例说：我认识一位叫段启辉的战士，他退伍时，听说一家报社招聘记者，前去应聘，但主聘人听说小段是农村入伍的大兵，怀疑地问：“你靠什么来应聘呀？”小段没有正面回答，而是将自己入伍以来发表的一百多篇新闻报道、诗歌、散文剪贴本交给主聘人，主聘人对他刮目相看，派他到深圳采访，仅仅一周，小段发回4篇稿子，全被报社采用。从此，小段跨进了报社的大门，跻身于记者行列。由这件事，演讲者推出结论，军人要赢得人们的理解，得靠自强的素质，自身的实力。这样讲，比只举事例，不对事例进行分析的演讲来说要深刻得多了。但演讲者又作进一步的开掘，一个农民出身的大兵靠自强赢得了人民的理解，跻身于记者行列，那么，一个军队，一个国家，靠什么赢得人民的理解？靠什么跻身于世界强军之林、世界强国之林？也唯有靠自强、靠自己的实力！演讲者由一个大兵推及一个军队、一个国家，主题可谓深刻。

6.3.1.5 求同、求异与求同求异思维方法

(1) 求同思维方法。求同思维方法是在两个或两个以上的不同事物之间，找到它们的相同、相似之处，即寻求问题的共同点的创新思维方法。

(2) 求异思维方法。求异思维方法是在相同或相似的两个或两个以上的事物中，寻找它们的相异之处，即分析问题的差异所在的创新思维方法。

(3) 求同求异思维方法。求同求异思维方法是根据客观世界本身就呈现相似性与差异性的统一和同中有异与异中有同的特征来将求同思维与求异思维相结合的创新思维方法。

案例 6-5 生意兴隆的洗车场——伦敦郊外曾有一家洗车场，生意兴隆。它招揽顾客的方法很简单：在洗车场外并排停放两辆同一型号的汽车，右边那辆蒙着厚厚的尘土，车前的牌子上写着“洗车之前”；右边的一辆金光瓦亮，车前的牌子上写着“洗车之后”。这里便采用了求同、求异两种视角的结合：两辆车同一型号，是求同；洗车前后面貌差异便是求异。

6.3.1.6 换元与还原思维方法

(1) 换元思维方法。换元思维方法是通过等价转换元素、发现可以相互代替的事物及其等价关系并寻求解决问题的创新思维方法。

(2) 还原思维方法。还原思维方法是根据客观事物本身具有多重层次结构的特征，找到事物最基础层面或最初始层面，并在那个事物的本质和本源层面上认识和把握事物规律的创新思维方法。

案例 6-6 知识的价值——有位农场主的拖拉机出了毛病，他费尽力气也没修好，只

好请一位专家来。那位专家仔细地检查了拖拉机，最后，他拿起一把锤子，照着马达某一部位敲了一下。马达立刻转了起来，就像从没出过毛病一样。可是当农场主接过修理费账单时，马上生气地大声叫道："什么？就你那么一锤子，就想要50块钱吗？""亲爱的朋友，"专家回答道，"敲这么一锤子，我只要1块钱；可往哪儿敲这一锤子，我这点儿知识得要49块钱。"

敲这么一锤子，只需要一秒钟。可是往哪儿敲，需要长时间知识和经验的积累，把现象还原为本质，正确判断出问题的本质并对症下药解决问题。

6.3.2 适应变通的创新思维方法

变通是创新思维的重要实现途径，适应变通的创新思维，实际上就是应变思维的现象和规律。因此，从某种意义上说，变通是思维的突破，是创新潜能的激发。创新的过程其实就是变通的过程，它反映了创新思维过程中的及时转换和灵活应变的特征。

6.3.2.1 应势与择势变通思维方法

（1）应势变通思维方法。应势变通思维是时刻分析形势走势、顺应形势变化的变通的创新思维。就是要告诉人们要顺应世界潮流，顺应时代变化，在分析环境变化的前提下，发现自身的优势和劣势，牢牢把握发展的大方向，应势而变，使自己立于不败之地。

根据应势变通思维的不同维度，还可细分为实施冷静、实施随机、实施从变、实施万变、实施不变、实施先变、实施处变和实施虚实的八种变通思维方法。

（2）择势变通思维方法。择势变通思维是一种采取不同气势、巧妙应对变化的创新思维方法。"广大配天地，变通配四时"，就是告诉人们，变通要依势而定、合乎时宜。古语也云："兵无常势，水无常形。"也告诉人们，变通要随机应变，因势利导。

根据择势变通思维的不同气势，还可细分为洞察大势、深思熟虑、隔岸观火、明辨大局、临机应变、知变善变和深谋远虑的七种变通思维方法。

案例6-7 兼弱攻昧赢天下——刘备三顾茅庐，向诸葛亮请教如何在乱世称雄、崛起一方的计策。诸葛亮仔细地分析了历史的发展走向，根据当时的形势，诸葛亮为刘备量身定作了兼弱攻昧的谋略。首先对天下形势进行全面而准确的观察分析，对各种政治势力的现状及其组合分化的趋势作出正确的估计，制定出积极稳妥的战略方针和具体的行动方案，然后根据情况的发展变化与政治上的需要，相机削弱、兼并或攻取弱小的、腐败没落的势力，从而实现自己的战略目的，变不利为有利，从弱小者变为强大者。

后来三国的历史发展证明，诸葛亮为刘备设计的争夺天下的总策略，即联孙抗曹，夺取荆州、益州作为基地，以等待局势的变化，出兵夺取中原，完全合乎客观形势的演变，非常正确。由于这条战略得以实施，终于使刘备三分天下有其一，形成了三国鼎立的局面。

6.3.2.2 顺势与逆势变通思维方法

（1）顺势变通思维方法。顺势变通思维是顺着事物发展的方向，直接去实现目标，或者善于抓住机会，顺势而变而获得意外成功的创新思维方法。

根据顺势变通思维的发散情况，可细分为删繁就简、添羽成翼、整合配置、歪打正着、弄拙成巧和见微知著的六种变通思维方法。

（2）逆势变通思维方法。逆势变通思维是当你按照常规思路解决不了问题时，颠倒一下进行相反方向思考，从而取得更好效果的创新思维方法。

根据逆势变通思维的走势不同，可细分为颠三倒四、正文反作、背水一战、大智若愚和以毒攻毒的五种逆势变通思维方法。

案例 6-8 楚庄王一鸣惊人——楚庄王即位之初，有三年的时间将国家大事抛在一旁置之不理，成天纵情享乐。一开始，大臣们觉得他刚登基，便没有说什么。但时间一长，大家开始对楚庄王担忧起来。尽管楚庄王张贴过“谏者处以酷刑”的告示，仍有些忠心耿耿的大臣敢于冒死求见楚庄王，直言进谏，却没有好结果。

有一天，大臣伍举求见楚庄王，对楚庄王说：“大王，臣想请您猜一个谜。”“哦，爱卿好兴致呀，快说来与寡人听。”楚庄王表现得很有兴趣。伍举道：“山岗上有一只鸟，但三年时间它既不叫也不飞，请问大王，这还能算是鸟吗？”楚庄王一听，心中已有数，表面却不动声色。沉吟了一会儿，他才说道：“三年不飞，一飞冲天；三年不鸣，一鸣惊人。寡人明白你的意思，你先回去吧。”几个月过去了，楚庄王依然如旧，不仅没有收敛，反而变本加厉。奸臣们暗自窃喜，忠臣则深感忧愁。

被楚庄王宠幸的那些奸臣们暗自窃喜：没准这次把那些老头子们一块处决了呢，谁叫他们爱多管闲事。然而，他们的如意算盘打错了。楚庄王此后不再纵情享乐，而是开始致力于政治革新。他首先把那些鼓动他吃喝玩乐的谄媚之人严加处分，接着又重用曾经冒死进谏的伍举、苏从等人，励精图治，使整个国家面貌焕然一新。

楚庄王以纵情享乐掩盖其明察暗访，以分辨出哪些是可用之才、忠君之臣，哪些是无用之才、谄媚之人。一旦分清认明，便着手政治革新，一举刷新人事，调整国家统治机构。

6.3.2.3 借势与造势变通思维方法

（1）借势变通思维方法。借势变通思维是借用身外条件帮助自己成功的创新思维方法。

根据借势变通思维的不同借法，还可细分为假借迁移、借换功能、借风行船、借题发挥和借实明理的五种借势变通思维方法。

（2）造势变通思维方法。造势变通思维是在面对问题的思维过程中，明白造势在顺势、趁势、借势和造势变通思维方法中的最高层次地位，在“有条件要上，没有条件创造条件也要上”的思想指导下，通过主观能动作用，调动已有的全部信息，设置环环紧扣的各种铺垫，创造有利于解决问题的必要条件，从而迅速改变逆境，将原有的弱势转为强势，将不可能的事情变为可能的变通创新思维方法。

根据造势变通思维的基本形态，其思维方法还可细分为还原造势、换元造势、多元造势、超元造势、心理造势和灵动造势的六种变通思维方法。

案例 6-9 毕加索因先声夺人而一夜成名——伟大的印象派画家毕加索，少年闯荡巴黎的时候，默默无闻，非常贫穷。他的画一张也卖不出去，因为画店老板主要是经营一些名家的画，可是，当时毕加索的名字没有任何的光彩。

当毕加索的口袋里只剩下了15个银币时，他决定孤注一掷。他雇用了几个大学生，让他们每天都在画店里转悠，每个人在临走的时候都要询问店老板：“请问，你们这里有毕加索的画吗？”“请问，在哪里能买到毕加索的画？”“请问，毕加索到巴黎来了吗？”

不到一个月，巴黎大大小小的画店老板的耳朵里都灌满了“毕加索”的名字，他们多么渴望能够见到这个先声夺人的毕加索！直到这时，毕加索才露面，他带着自己的画出现在如饥似渴的画店老板面前，成功地拍卖了自己的作品，一夜成名。

6.3.2.4 逆向与迂回变通思维方法

（1）逆向变通思维方法。逆向变通思维也称反向变通思维、倒转变通思维、反面突破变通思维。其方法是指以反常规性的、反方向性的或者反程序性的思考方式去解决问题的思维方法。逆向思维作为一种方法论，具有明显的现实意义。可以从中国古代哲学家老子的“有无相生、难易相成、长短相较、高下相顷、音声相和”之哲学思辨中，焕发出很多很具操作性的创新思维方法来。其实生活或工作中处处都潜藏着看似不可能的机变，只要我们学会、习惯和应用逆向变通思维方法，稍微超越哪怕是小小的一步，就会发生变不可能为可能的奇效。

根据逆向变通思维的维度情况，可细分为功能逆向变通、因果逆向变通、结构逆向变通、作用逆向变通、方式逆向变通、位置逆向变通、条件逆向变通、方位逆向变通、属性逆向变通和心理逆向变通等十种逆向变通思维方法。

（2）迂回变通思维方法。迂回变通思维是采取迂回曲折的方法，利用、改变或创造外部条件，间接作用于对手的迂回变通创新思维。

根据迂回变通思维的程度不同，其思维方法还可细分为曲折回旋、以退为进、间接中转、绕道迂回、虚实相间、连环叠加、挟山超海、以舍为取、以迂为直和独辟蹊径的十种迂回变通思维方法。

案例 6-10 四渡赤水出奇兵——毛泽东四渡赤水，可谓空间调度、用兵如神的典范。遵义会议以后，确定了毛泽东的领导地位，并且由他亲自指挥红军的作战行动。当时，蒋介石纠集了各路军阀，拼凑了 150 多个兵团，从四面八方包抄过来。为了摆脱这个局面，毛泽东指挥红军于 1935 年 1 月 19 日离开遵义，向川南进军，准备在宜宾、泸州之间北渡长江，开创川西或者是川西北新的革命根据地。

1 月 29 日，红军与川军激战了一昼夜，顺利地渡过了赤水河，到达了川南。2 月 18~20 日，红军二渡赤水河，把四川的敌人甩开了，使蒋介石的企图落空。3 月 16 日，红军三渡赤水，再入川南，佯做北渡长江的态势。蒋介石只好再次调兵遣将，去江边设防。正当敌军集结之际，毛泽东突然指挥红军东进，折回贵州，并于 3 月 22 日四渡赤水河。

3 月 31 日，红军主力部队胜利地突破了乌江天险，把敌人全部都甩在了乌江以北。红军南渡乌江，开辟了进军云南，或者由长江上游金沙江北渡入川的前景。5 月，红军终于趁金沙江的敌军防守空虚之际，用绞车胜利地渡过了金沙江，完全跳出了几十万敌军的围追堵截，取得了战略转移的决定性胜利。

6.3.3 拓展空间的创新思维方法

空间思维是指人利用空间概念对思维对象作判断、推理、想象、分析、比较和综合，从而获得对创造性活动起着关键作用的深层次认识的创新思维活动。

6.3.3.1 立体与全维思维方法

（1）立体思维方法。立体思维是在对事物进行纵向和横向分析的基础上，把所获得的各层次、各方面认识，整合成一个具有立体特征的整体，形成新的认识，完整揭示事物的立体联系的创新思维方法。

（2）全维思维方法。全维思维是超越了一切物质的、精神的或是技术的一切边界，呈现出全向度、全层次、全领域、全环节观察、认识、组合看似不相干的事物，并体现出“一即全、全即一”智慧和“一体全维、全维一体”核心并实现超越现实性边界和预测事物新可能性的创新思维方法。

根据全维思维的两个维度，其思维方法还可细分为全向度观察、全层次观察、全领域观察和环节观察的四种一体全维思维方法及全向度组合、全层次组合、全领域组合和全环节组合的四种全维一体思维方法。

案例 6-11 泛珠三角构想——泛珠三角构想，跳出广东来定位广东，为广东的可持续发展组合了更多的战略资源，开拓了更广的腹地。通常说的珠江三角洲，是指北至清远，西至高要，东至惠州，以广州为中心的 18 市 12 县的经济开发区。大珠江三角洲经济区，是在以上基础上加进香港、澳门。泛珠江三角洲经济区，是指大珠江三角洲及其辐射较强并相互联系比较紧密的经济地区，根据现行区划，它涉及 9+2，即粤、桂、闽、赣、湘、滇、贵、川、琼及香港、澳门的一部分或全部地区。

泛珠三角经济协作区的构想，是我国新形势下区域竞争加剧的产物，必然会对区域经济竞争的展开乃至全国经济格局产生深刻的影响，是一个“动态发展的经济空间”，对建立中国—东盟自由贸易区将有积极的意义。

6.3.3.2 柔性与协同思维方法

（1）柔性思维方法。柔性思维是相对刚性思维而言，能以事物发展的动态性为基础，以处理问题的准确率为追求目标，最终更能收到后发先至、少取多得、执一驭万效果的创新思维方法。

（2）协同思维方法。协同思维是指人们在进行处理问题思维时，利用系统的整体协调去把握客体，从有序到无序，或由低级有序经由无序到高级有序，从而达到有效处理问题目的创新思维方法。

案例 6-12 共振使桥坍塌——18 世纪中叶，法国昂热市附近有一座巨大的兵营。这座兵营的指挥官对士兵的队列训练很严格，以步伐整齐闻名于军内外。不久，昂热市准备举行盛大的庆祝活动，上级指示这座兵营的士兵在市内广场上进行队列表演，接受将领和官员检阅。

检阅那天，指挥官发出了“正步走”的口令。一时，带铁钉的皮鞋敲击路面的“咯咯”声，形成了整齐的节奏。迈着整齐步伐的队伍跨上了附近的 102m 长的大桥。这座桥是石块混凝土结构，上面行驶过重炮，跑过拉重物的卡车，是昂热市一座最长最牢固的大桥。整齐有力的脚步声响彻桥面上空。当走在前面的指挥官快要到达彼岸时，忽然听到“轰隆”一声巨响和一片惊叫声，回头一看，几乎整座桥都倒塌了，226 名士兵掉落河里。

桥的塌陷在于队伍步伐协调一致引起共振的缘故。步伐的频率接近或相等于桥的振动频率，桥产生共振现象。共振是协同作用的结果。可见事物间的协同有着不可估量的作用。

6.3.3.3 信息与模糊思维方法

（1）信息思维方法。信息思维是指人们对信息进行收集、识别、筛选和加工处理等思考过程的创新思维方法。

（2）模糊思维方法。模糊思维是建立在模糊逻辑的基础上，使用模糊概念、模糊判断和模糊推理进行工作并对事物“质”的充分认识的创新思维方法。

案例 6-13 停车问题的解决——要将一辆车停在拥挤的停车场上两辆车之间的一个预留空隙中，这个问题要用控制理论方法来解决是非常困难的，即使用计算机也难以胜任，它没有精确的解法。但对于一个熟练的司机来说，这只不过是最起码的本领。他只要大致观察估计一下位置和距离，执行一些看似不很精确的操作就能把车准确的停在预定位置上。这里，精确控制不但不可行，而且也无多大必要。相反，人可以根据观察，利用一些带有模糊性质的概念，如“向右偏一点”“再往后倒一点”等，而达到准确停车的目的。

6.3.3.4 谋略与组合思维方法

(1) 谋略思维方法。谋略思维是人们充分调动自己的优点和一切有利于自己的因素，充分利用各种谋略技术，从而形成一种使自己能够达到某种目的创新思维方法。

根据谋略思维的基本特征，其思维方法还可细分为具有多样性、具有开放性和具有动态性的三种谋略思维方法。

(2) 组合思维方法。组合思维是在处理问题的思维过程中，通过对若干要素的重新组合，进而产生新的事物或创意并达到预期效果的创新思维方法。

根据组合思维的形式不同，其思维方法还可细分为添加组合、同物组合、异物组合、分解组合、共享与补代组合、概念组合、综合平衡组合、主体附加组合、二元坐标组合、焦点组合、形态分析组合和信息交合组合等 12 种组合思维方法。

案例 6-14 田忌赛马——齐王与大臣田忌赛马，各出上中下三匹马，田忌总是不敌齐王。这时，田忌的手下孙膑教给他一招取胜的策略，那就是用上等马对齐王的中等马，用中等马对齐王的下等马，用下等马对齐王的上等马，这样就可以以 2 比 1 战胜齐王了。我们看到，田忌用的还是先前的三匹马，只不过是改变了出场的组合，其结果便发生了质变。

6.3.4 借助外力的创新思维方法

“他山之石，可以攻玉。”一个人要想取得更大的成功，就应当懂得借力打力、借力发展的原理，就应当学会“借他人之力，解自己之难”，就应当学会站在巨人的肩膀上往前走。

6.3.4.1 明借与暗借思维方法

(1) 明借思维方法。明借思维是完全公开地去借，不仅借用人知道，而且出借人也知道，甚至其他人也知道的创新思维方法。

根据其程度不同，其思维方法还可细分为正大光明和光明磊落的两种明借思维方法。

(2) 暗借思维方法。暗借思维是不被出借人知晓地去借，借用人就是在出借人没有觉察的情况下向他们借力的创新思维方法。

根据其形式不同，其思维方法还可细分为将计就计和暗度陈仓的两种暗借思维方法。

案例 6-15 哈默暗度陈仓投标独占两块租地——众所周知，在石油大王哈默的经营史中最成功的一次是在利比亚。当时，来自 9 个国家的 40 多家公司参加利比亚政府准备进行第二轮出让租借地的投标，竞争异常激烈。为了得租借地开采石油，哈默暗中向利比亚政府申请：如果他的西方石油公司能得到租借地，他将给予政府诸多好处，也请利比亚政府给予西方石油公司比其他竞争对手更优惠的条件。

哈默在随后的投标上，来了个“明修栈道”——采取了与众不同的方式：他的投标书采用羊皮证件的形式，卷成一卷后用代表利比亚国旗颜色的红、绿、黑五色缎带扎束。在投标书的正文中，哈默加上一条，西方石油公司愿从尚未扣除税款的毛利中取出5%供利比亚发展农业之用。此外，投标书还允诺在库夫拉图附近的沙漠绿洲中寻找水源，而库夫拉图恰巧就是国王和王后的诞生地，国王父亲的陵墓也坐落在那里。挂在招标委员会鼻子前面的还有一根“胡萝卜”，西方石油公司将进行一项可行性研究，一旦在利比亚开采出石油，该公司将同利比亚政府联合兴建一座制氨厂。

1966 年 3 月，哈默的暗度陈仓果然成功，同时得到两块租借地，其中一块的四周都是产油的油井，并有 17 家实力雄厚的知名公司投标竞争这块土地，可结果个个名落孙山，唯有西方石油公司独占鳌头；另一块地也有 7 家公司投标，但最终还是归在了西方石油公司名下。夺得这两块租借地后，西方石油公司凭着独特有效的经营管理，使之成为其财富的源泉。1967 年 4 月，西方石油公司的黑色金子流到了海边，那个令人难忘、规模庞大的纪念庆典就用去整整 100 万美元之巨。

6.3.4.2 强借与弱借思维方法

（1）强借思维方法。强借思维是一种不顾出借人感受、事先未让出借人知道、只考虑借用人利益的创新思维。

根据强借思维方式的不同，其思维方法还可细分为趾高气扬、以强凌弱、先发制人和狐假虎威的四种强借思维方法。

（2）弱借思维方法。弱借思维是以示弱的方式去借的创新思维方法。这种弱，有可能是事物本身的弱势，也有可能确实是自己弱小，还有可能是一种策略上的弱。这种弱，可能是经济低迷、国力衰弱、军事弱小，可能是人微言轻的、地位低下的、规模较小，也可能是故意装出来的。

根据弱借思维的程度不同，其思维方法还可细分为谨小慎微、虚心求教和甘拜下风的三种弱借思维方法。

案例 6-16 李嘉诚登门求教——李嘉诚刚参加工作时，在一家公司做业务员，每天带着公司的产品到各地去销售。一天，李嘉诚来到一个酒楼推销铁桶，他找到该公司的老总，产品还没介绍完，就被公司的老总赶了出来。李嘉诚想，一定是自己哪里做得不够好，客户不满意。到底是哪些地方做得不够好呢？只有那个老总最清楚。李嘉诚决定去找那位老总帮助自己。第二天，李嘉诚一身西装革履，梳洗整齐地来到该公司找到那位老总。老总见到李嘉诚的第一句话就是：“我们不买你们公司的产品。”李嘉诚回答说：“我今天不是来推销产品的，而是来向您请教的。”老总吃惊地问：“向我请教？”李嘉诚诚恳地回答说：“是的，我这一次不是来推销铁桶，我只是想请教您，在我进贵店推销时，我的动作、言辞、态度等行为有什么不妥的地方，请您指点迷津。我是一个新手，您比我有更丰富的经验，在商界您已经是个成功人士了，我恳求您的指点，以作为晚辈改进的借鉴。”老总听到李嘉诚的诚恳回答，心里非常高兴，对眼前的年轻人刮目相看，立刻改变了把他赶走的想法，请到办公室和李嘉诚交谈，向李嘉诚提出了宝贵的忠言和批评建议，感动之余又帮李嘉诚做成了生意。李嘉诚因为这一次的交谈获益匪浅，每当谈到自己成功的时候，总会提到这次求教。

6.3.4.3 直借与曲借思维方法

(1) 直借思维方法。直借思维是不经过中间环节去借的创新思维方法。这个中间环节，可能是第三人，也可能是其他事物。“直”主要包含借用行为主体是借用人本人、借用过程是直线和借用对象是所要借的对象等三层含义。

根据直借思维的方式不同，其思维方法还可细分为亲力亲为、开门见山、直言不讳和单刀直入的四种直借思维方法。

(2) 曲借思维方法。曲借思维是经过中间环节去借的创新思维方法。“曲”是拐弯的意思，主要有三层含义：

1) 借用行为的主体不是借用人本人，如叫亲戚朋友去借。

2) 借用的过程是曲线的，可能是平滑型的曲线，也可能是折叠式的曲线，折叠式的点，也可能是三点、四点、五点、六点，甚至更多的点，这要看借力的难度，如托朋友帮忙到银行贷款，朋友又托朋友，朋友再托朋友。

3) 借用的对象不是所要借的对象，但可以用它借到所要借的对象，如诸葛亮要向曹操借十万支箭，在这之前他向鲁肃借来几十条船和稻草人，诸葛亮利用这些借来的船和稻草人借到了箭。

根据曲借思维的方式不同，其思维方法还可细分为请人代劳、拐弯抹角、互换条件和转移视线的四种曲借思维方法。

案例 6-17 张博士暗借薛博士完成科研任务——张博士主持一项重要的科研项目，前期工作进行得相当顺利，在进行数量分析时，一道需要用高等数学解析的问题难倒了张博士，而同单位的薛博士刚好是学数学的，张博士想请求他帮忙解决，但由于两人性格不合，已很长时间没有说话。张博士的好友汪博士知道了这个情况后，自告奋勇地说，他去找薛博士帮忙。薛博士答应汪博士的请求，很快就计算出来了。张博士拿着汪博士送来的答案，很快就完成了科研项目。

6.3.4.4 正借与反借思维方法

(1) 正借思维方法。正借思维方法是从借用对象的作用力去借，换句话说，就是从正面或者是正向去借用他人和事物的应有之力的创新思维方法。

(2) 反借思维方法。反借思维方法是从借用对象的反作用力去借，换句话说，就是从反面或者反向去借用他人和事物的应有之力的创新思维方法。

6.3.5 提升速度的创新思维方法

超前思维是人类特有的，以生命现象中普遍存在的“超前反映”为基础的一种前瞻性、创造性思维方法。

6.3.5.1 超前预测思维方法

超前预测思维是通过对已有的历史与现实资料的分析，从中找出事物发展的规律性，然后对未来的发展趋势、发展前景提出合乎逻辑的推断的方法。

根据超前预测思维的类型不同，可细分为以下四种方法：

(1) 惯性分析法。所谓惯性，就是事物发展的延续性。未来事物总是过去与今天的延续和发展，总有某种惯性联系。

(2) 类推分析法。许多事物相互之间在发展变化上有许多类似之处，利用事物之间在发展变化的时间上有前后不同，但在表现形式上有相似之处的特点，就有可能把先发展事物的表现过程与特性类推到后发展事物上去，从而对后发展事物的未来前景做出超前预测。

（3）因果分析法。因果关系是事物之间相互联系、相互作用的一种重要形式。它的特点是原因在前，结果在后，原因与结果之间常常具有类似函数关系的密切联系。这就可以通过研究事物的形成原因来预测事物未来发展变化的必然结果。

（4）概率分析法。预测的未来事物总是充满着各种可能性与不确定性。要提高预测的可靠性，就要使用概率分析法，推断预测结果能以多大的概率出现，从而为决策提供客观依据。

6.3.5.2 超前应用思维方法

超前应用思维是适度超前的创新思维方法。根据其应用领域，可细分为以下十种方法：

（1）科学发现中的超前思维方法。超前思维在科学研究中是以科学假说的形式出现的。当科学假说预见的事实为实验所证明时，科学假设就变成了科学真理。近代科学是以哥白尼革命为开端的，面对封建教会的迫害，要推翻流行几千年的“地心说”，提出符合天体运行规律的“日心说”，需要足够的胆识勇气。从哥白尼、布鲁诺、伽利略等人的曲折经历中，可以看到，坚持科学的超前思维，变科学假设为科学真理，即要付出很多的心血，又要承受黑暗势力的无情打击，然而真理的燧石也正是在打击中放出了照亮世界的火焰。

（2）文艺创作中的超前思维方法。一首歌诞生后不胫而走，传遍世界，历经百年越唱越响，真可谓艺术史上罕见的奇迹。这个奇迹不是全知全能的上帝创造的，而是出于一位在战斗中掌握了马克思主义的普通工人之手。这就再一次证明了科学的理论指导对于升华艺术超前思维的极端重要性。

（3）政治较量中的超前思维方法。朱元璋在参加起义，逐渐拥有了一定的政治、军事实力后，保持清醒的头脑，征得夺取天下的韬光养晦之策，并付诸实施。他不急于称王，而是缩小目标，富国强民，巩固根据地，为后来统一全国、建立明朝打下了坚实的基础。这些都说明了朱元璋是个具有超前政治远见的帝王。

（4）军事抗争中的超前思维方法。毛泽东将战略决战首先指向东北战场，在辽沈战役中首攻锦州，这是从局部的优势开始，进而争取全局更大的优势，这也是运用超前思维，争取全局主动权的一招妙棋。东北战场的全胜，既可以粉碎国民党军队的战略收缩企图，又可以使百万大军的东北野战军出手来转入关内作战，还可以利用东北的工业支援全国解放战争。这正是超前运筹，一举数得，环环紧扣，大大加速了全国胜利的早日到来。

（5）刑侦司法中的超前思维方法。用超前思维可以识别案情，进行侦破。

（6）经济管理中的超前思维方法。当代国际经济的竞争，说到底是科技的竞争，是人才的竞争。李秉哲的可贵之处，是将超前思维用在了员工的培训工作之中。在抓产品与抓人才上，他首先抓人才，在人才的培养与使用上，他首先抓培养。正是超前一步的员工素质培养，使三星集团拥有一流人才，并由一流人才带来一流的产品开发与营销。

（7）商贸竞争中的适度超前思维方法。中田以比别人快半拍的独创构想，研究社会结构的变化和人民生活水准的变化所带来的购买需要的变化，做别人不做的事和人家不能做的事，才获得了发展的成功。

（8）广告促销中的适度超前思维方法。法国白兰地公司一举打入美国市场的成功案例，体现了该公司决策层高超的决策艺术。法国白兰地公司让两桶白兰地成功地扮演了友好使者的角色，这既有益于提高白兰地酒的身价，又不动声色地让总统客串了一次高级传播媒介的角色，消除了心理与关税壁垒。

（9）世风演变中的适度超前思维方法。温州人高唱《国际歌》，“不靠神仙皇帝，全靠我们自己”。以自主的精神、超前的意识，在市场经济中奋力拼搏，温州人富就富在思维方式超前。如果满脑袋计划经济的思维观念，跟不上社会发展的客观形势，怎么能在市场经济中如鱼得水呢？解放思想、更新观念，是超前思维的重要条件，温州的今天就是多数中国人的明天。

（10）未来预测中的适度超前思维方法。米都斯的报告之所以能振聋发聩，从思维的角度来看，他开创了一种全新的超前思维方法。

案例 6-18　当今社会的“盛世危言”：米都斯等与《增长的极限》——创造巨大的物质财富，始终是人类千百年来追寻的梦想。20 世纪中叶以来，高新技术的突飞猛进，使得以欧美为代表的西方发达国家经历了从 50 年代到 70 年代长达 20 年之久的经济高速增长期。社会普遍繁荣，生活丰裕，这一时期被人们称为“黄金般的梦幻”时期。然而，在这举世陶醉之际，罗马俱乐部在 1972 年却振臂高呼：“狼来了！”发出了盛世危言。《增长的极限》，向人类发出警告：我们再也不能这样增长下去了，有限的地球资源支持不了这样无限的增长。

这本很薄的报告立即在全球引起了爆炸性反响，从政府首脑到公司白领，从大学、会议、研究班到电视、广播到处都在议论《增长的极限》，都在关注人类何去何从。这本报告，在十多年里 20 多次再版，被翻译成 30 多种文字，发行数百万册，被世界上 1000 多个大学采用为教材，并被列为第 31 届联合国大会文件散发。

《增长的极限》是罗马俱乐部研究全球问题、探讨人类困境及其出路的系列研究报告之一，是由以米都斯为首的美国麻省理工学院研究计划小组完成的。该报告针对西方发达国家广泛流行的增长财富的价值癖好，用大量的数据分析阐发了地球资源的有限性。指出不惜一切代价，用过度的发展速度取得经济增长，必然得不偿失，它注定要使人类从自然界和人类两个方面都选到极限，从而引起灾难性的后果。

不久，《增长的极限》发出的警世之言得到了验证：1973 年西方爆发了石油危机，1979 年、1980 年原油再次飞涨；从 1980 年到 1983 年，西方资本主义国家经历了战后最深刻的一次经济危机，西方资本主义国家的经济增长率在 1980 年和 1987 年只有 1%，1982 年下降到 0.75%。

6.4 创意

罗曼·罗兰曾指出：“创意是历史进化中永远有效的契机。”

第 71 届联合国大会 2017 年 4 月 27 日协商一致通过关于纪念“世界创意和创新日”的第 284 号决议，确认创新对于每个国家发挥经济潜力至关重要，呼吁各国支持大众创业、万众创新，认为这将为各国实现经济增长、创造就业凝聚新动力，为包括妇女和青年在内的所有人创造新机遇。

创新的基础是创意，那什么是创意呢？

6.4.1 创意的基本含义

（1）名词：有创造性和新颖性的想法或构思。创意作为名词，是指通过创新思维挖掘和激活资源组合方式提升资源价值的方法，形成的有创造性的想法或构思，如颇具创意。所以作为名词使用的“创意”则是指创造性的意念，新奇的构思本身。

（2）动词：提出有创造性的想法或构思。创意作为动词，是指提出有创造性想法或构思的过程。

（3）概括：“把任何想法转化成效益”就叫创意。这是从商业角度提出的创意的内涵，即创意通过有效的商业模式形成效益，实现“创意”到“实践”的跨越。

6.4.2 创意的内在本质

美国广告大师李奥·贝纳指出，创意的本质是运用有关的、可信的、品调高的方式，与以前无关的事物之间建立一种新的有意义的关系的艺术。以发明气垫船的创意为例加以说明。车辆的运动是靠车轮的支托和滚动，建立了车与地面之间的关系。流动的气体有推力，其反作用力会作用于发出流动气体的物体，这时一个创意闪了出来：假如用向下喷吹的强大而稳定的气流代替车轮，使向前气流与地面对于车的运动来说明没有的关系，现在就建立起新的关系，一种全新概念的运输工具气垫船就诞生了。气流就是“有关的、可信的、品调高的方式”与“以前无关的事物之间建立一种新的有意义的关系”，创意则是建立新关系的“艺术”。另外，创意并不等于创新，它是创新的设想，创意能否成为有社会价值的创新，还有一个艰苦的充满失败可能的创造过程。

6.4.3 创意的主要功能

创意的主要功能有：

（1）创意的始动功能。由创意起始进入创新过程。创意产生新构思和设想，创造将创意转化为创新产物，创业则利用创新的产物创立新的企业，创效最终通过事业成功创出新的绩效。创新，始于创意，终于创效。假如没有创意，创新也就不存在了。

（2）创意的启动功能。一个创意可以对自己、对他人证明每一个人都具有创造力，并向人们启示创意的价值，我们可以有更多的创意，以此破除创意的神秘感。

（3）创意的延伸功能。一个好的创意具有向创造、创业、创效延伸的功能，形成一条创意—创造—创业—创效的创新链。

6.4.4 创意的理论来源

创意理论来源于“迁移理论”和“组合理论”。

6.4.4.1 迁移理论的运用

创意产生的“迁移理论”认为，创意在某种程度上就是一种迁移。迁移，其本意是在空间上从原来的位置移动至新的地点。“迁移理论”中的“迁移”，则将其原意中的“空间”转换成了“视野”或“视角”，创意，根据迁移理论，就是用看待原有事物的视角去观察其他的事物，或者是借用观察其他事物的视野来看待现有事物。

6.4.4.2 组合理论的运用

创意产生的“组合理论”认为，创意可以通过不同因素之间的组合而产生，创意产生于现有因素的不同组合，是“组合理论”的核心与关键。因素的组合不是简单的叠加或拼凑，而应基于创造性构思；构思的目的，是形成独具特色的新事物。

6.4.5 创意的主要特点

6.4.5.1 创意的形象性

爱因斯坦在回答调查科学家的思维方式的信中说:“在我的思维机制中，作为书面语言的那种语句似乎不起任何作用。好像足以作为思维元素的心理存在，乃是一些符号和具有或多或少明晰程度的表象，而这些表象则是能够自由地再生和组合的。”“在我的情况中，上述心理元素是视觉型的，有的是动觉型的。”这就是说，爱因斯坦在产生创意时，主要的思维活动是形象思维。

6.4.5.2 创意的自由性

创意思维的目标是明确的，但思维方向是多路的、灵活的、发散的、全方位的，具有充分的自由性。在创意的选择上，也是自由开放的，甚至是由着自己的性子去思考自己最愿意做的事，有的甚至是隔行的“业余爱好者”，表现出思维开阔、自由奔放、不受拘束的特点，常能获得好的创意。

6.4.5.3 创意的突发性

创意的突发性不仅指创意不能确切预期、突如其来地降临，还指它的突变性，即创意是一种突变式的思维飞跃，灵感迅速升华为理性认识，也就是想法、意念，故而创意还有突破性。

6.4.5.4 创意的不成熟性

爱因斯坦所说的创意是“具有或多或少明晰程度的表象，而这些表象则是能够自由地再生和组合的”。说明创意的相对模糊性和不成熟性，如果经过明晰化和再生、组合之后，就能成为创新的设计和方案。

创意的特征指明了创意是灵感的创新设计方案之间具有中介性质的思维存在，是创新“永远有效的契机”。

6.4.6 创意的形成阶段

根据对创意定义的分析，分为创意思维、创意活动、创意成果产出这三个阶段。

6.4.6.1 创意思维阶段

创意思维又包括四个步骤，即准备、沉思、灵感闪现、验证或者是修改。在准备阶段，人们有意识地研究某些任务，可能会设法采用常规方法按部就班地着手解决。在沉思阶段，也是较为“神秘”的阶段，人的意识和潜意识以某种不可知的方式对问题进行思索。灵感闪现阶段，即人们找到了一个新的综合推理的过程。验证或是修改阶段就是对之前的工作，在进行综合的判断之后，对所有的不合理之处进行修正，剔除错误，补充不足。

6.4.6.2 创意活动阶段

创意活动，即指创意不仅仅只是一个有用的点子，也需要在创意的欲望被激发以及进行了一系列的创意思维之后，寻求让这些想法成为现实的途径。在这个过程中，创意可能不只是一个人单打独斗，而是要团队的协同运作，所以就需要将这些产生在个人脑海中的好想法、好点子清晰地向团队成员阐述出来，在大家经过思想交流、思想碰撞并达成共识之后，共同找到实践方案，分工执行。

6.4.6.3 创意成果阶段

创意成果就是要“把任何想法转化成效益”，创意要有价值。创意成果是对各种数据、观点和材料进行过滤，产生新的有价值的组合，比如生产一个适用的设备、提出一个可用于解决某个问题的理论或者观点，或者创作出一件令人驻足欣赏的艺术品。总而言之，即便是想法再新颖、执行能力再强，最后无法产生符合需求的创意成果，整个创意过程就不能算是成功的。

本章小结

创新思维既出乎意料又合乎情理。世界文明的多样性和人脑进化的高度发达，决定了人的创新思维具有途径的多样性和无限的发散性，孕育于人脑中的创新不是单一的、一维的，而是多维的、发散的。蕴藏在大脑金矿中的第一创新思维是灵感思维，是最具创新活力，最富创新潜力的智慧资源。没有创意就没有创新，没有创新就没有历史的进化和人类的进步。

延续思考

6-1 什么是创新思维，你怎样理解创新思维所强调的核心是“思维转化”？

6-2 你是怎样理解发散思维和它的层次性特征的？

6-3 两面神思维对你有何启发？

6-4 什么是创意，什么是创意思维的本质，为什么说没有创意就没有创新？

7　创新技法：大学生创新创业的“银手杖”

扫一扫获取
课件及思维导图

良好的方法能使我们更好地发挥运用天赋的才能，而拙劣的方法则可能阻拦对能力的发挥。因此，科学中难能可贵的创造性才华，由于方法拙劣可能被削弱，甚至被扼杀；而良好的方法则会增长、促进这种才华。

——贝尔纳

最有价值的知识是方法的知识。

——巴尔扎克

所谓创造就是把以前独立的发明组合起来。

——肖克莱

一个新设想可能由两三个人集中他们的知识或设想而产生。……我相信，讨论最宝贵作用在于帮助人们摆脱那种已经形成了的、事实证明是无成效的思想习惯，也即是说，摆脱受条件限制的思考。

——贝弗里奇

温馨提示

创新技法是创新的工具，是打开创新大厅的金钥匙，还是创新创业教育中最实用的内容。首先要了解创新的原理、原则和过程，它们是学习创新技法的基础。其次，了解创造方法是创新活动的总结和归纳。群体激智创造方法和聚合交叉创造方法是两种主要的又常用的方法。奥斯本检核法以提问的方式使问题具体化以缩小需要探索和创新范围，从不同的角度寻找创新途径。逆向反求法以悖逆常规的方式，按照逆向思维创新。列举分解法通过列举和分解事物进行分析而获得其各方面特征，从而有助于选择创新题目和确定创新思路。联想类比法主要是移植、仿生、原型启发、现象探索。应学习掌握这些创新方法的基本原理和使用方法。尤其应注意学习掌握群体激智法的核心和精髓：自由畅想和推迟评价及聚合交叉法的具体操作方法，并一边学习一边试着使用这些创新技法解决相应创新问题。

7.1　创新技法

创新方法与技巧是科技能力建设的重要组成部分，是为了给创新铺路、打基础的基本功，是学习思维、科学方法和科学工具的有机结合。如同打开创新之门的钥匙，逻辑、手段本身就是智慧的结晶，还是收集了多少经验之后总结出的基本规律，它是一种硬实力，又是一种软实力。

俗话说“工欲善其事，必先利其器”，还有一句俗语“磨刀不误砍柴工”，这两句话虽表达不同，但意思相近，并且都说明了方法的重要性。创新方法，就是一种“利器”和“磨刀”的工作，是锻炼基本功的事情。正因为创新技法如此重要，因此它受到世界各国的重视，它在美国被称为创造力工程，在日本被称为发明技法，在俄罗斯被称为创造力技术或专家技术。创新方法既包括实现技术创新的方法，也包括实现管理创新的方法。

7.1.1　创新技法的基本含义

创新技法亦称创造发明原理，即对有创新作为的人在创新活动中所采取的策略、途径的归纳总结。创新技法是指创造学家收集大量成功的创造和创新的实例后，研究其获得成功的思路和过程，经过归纳、分析、总结，找出规律和方法以供人们学习、借鉴和仿效。简言之，创新技法就是创造学家根据创新思维的发展规律而总结出来的创新的技巧和方法。

7.1.2　创新技法的主要原则

7.1.2.1　科学性原则

科学是反映客观事实和规律的知识体系。科学性原则是指在创造活动中，要遵守科学思想和科学方法。

7.1.2.2　需要性原则

需要性原则是指创造课题选择和构思要从社会需要出发，体现创造的社会价值和社会意义的要求。

7.1.2.3　创新性原则

发明创造成果，必须是新颖的、独特的、前所未有的，而不能是一种模仿和抄袭。技术发明较旧事物应有实质性特点和进步。同时，发明创造设想或成果的技术先进性更有利于推动社会进步。所谓实质性特点，是指发明创造的技术特征同已有技术相比，有本质的差异。这种差异并非技术领域的普通技术人员所能想到的，即具有非显而易见性。所谓进步，是指在技术原理、技术结构、技术效果、使用价值、产品用途等方面的进步。

7.1.2.4　实用性原则

实用性原则是指创造成果能够在产业上制造、使用，也能在生活中应用，并能产生积极效果，即具有实用性。当然，在技术发明的选题和构思中，既要考虑创造成果的实用性，又要具有远大的目光，能看到创造成果的潜在价值。

7.1.2.5　经济性原则

经济性的要求一方面是指采用较低成本来达到创造课题的要求，另一方面是指创作成果本身能产生较好的经济效益。

7.1.3　创新技法的主要应用

信息技术的发展推动了知识社会的形成，科技界日益认识到创新应用在技术创新中扮演的重要作用。从复杂性科学的视角，技术创新活动绝非简单的线性递进关系，也不是一个简单的创新链条，而是一个复杂、全面的系统工程。技术创新是技术进步与应用创新"双螺旋结构"共同作用催生的产物。在多主体参与、多要素互动的过程中，作为推动力的技术进步与作为拉动力的应用创新之间的互动推动了科技创新。技术进步和应用创新两个方向可以被看作既分立又统一、共同演进的一对"创新双螺旋"结构，或者说是并行齐驱的双轮——技术进步为应用创新创造了新的技术，而应用创新往往很快就会触到技术的极限，进而鞭策技术的进一步演进。只有当技术和应用的激烈碰撞达到一定的融合程度时，才会诞生出引人入胜的模式创新和行业发展的新热点。技术创新正是技术进步与应用创新这个"创新双螺旋"共同演进催生的产物。正是这"创新双螺旋"的互补与互动，带动创新多主体、多要素交互作用，形成了有利于创新涌现的创新生态。在知识社会的条件下，随着草根创新、创新民主化逐步成为常态，如何通过创新2.0模式的探索，通过应用创新方面的以用户为中心的开放创新、共同创新平台搭建，以技术进步与应用创新制度设计的高度互补与互动，形成有利于创新涌现的创新生态，对于健全和完善科技创新体系具有重大意义。以应用创新为拉动，实现技术进步与应用创新的良性互动，进而全面推动科技创新是知识社会条件下面向未来、以人为本创新2.0模式的重要内容。

7.1.3.1 信息化创新

信息化创新主要结合实际情况，将人力、物力、财力等资源以及信息化创新通过信息系统运行，使信息化得以推进，促进信息化的创新。同时信息化需结合当地具有优势的信息资源，保证其建设能够融入社会环境中，得到政府及社会的认可与支持。另外，也可充分利用现代化手段如网络、电子商务等，建立平台，做好传播工作，带动全民文化素质的提高。

7.1.3.2 合作创新

合作创新主要指将合作作为基本手段，以创新为整体目标、资源互补为主要内容的一种方式。当前，国内的创新资源主要集中在科研机构、高等院校中，创新的无效劳动以及无效投入现象极为严重。因此需采用合作创新的策略，使创新资源得到优化配置。合作创新的优势在于能够将经济与科技实现有效结合，充分发挥科技咨询的优势，而且集合基于市场机制下的创新方法，使创新成本降低，创新周期缩短，进而促进发展。另外，合作方式需将人才、技术以及资源等优势充分发挥出来，并形成创新小组，通过合同的方式将各方权利与义务做出明确规定。若合作方式以区域为基础，社会企业、地方政府以及科研机构等部门应以互惠互利为原则自愿参加，这样才能完善对应工作，进而推动经济的发展与科技的进步。

7.1.3.3 自主创新

自主创新主要指知识在不断积累后会有所突破。如将创新技法运用于科技咨询中，则科技咨询工作应及时对先进技术、成果进行引进，使自身原有技术得到进一步的突破。只有这样才能不断提升科技咨询的技术能力，为未来科技咨询中的创新方法提供借鉴。但科技咨询下的自主创新既需要有大量资金作为保证，也需具备具有开拓精神以及创新意识的人才，而且应配备具有高风险意识的管理团队。另外，科技咨询下的自主创新要求不断改变创新模式、升级创新方法、加大研发力度、完善创新体系、加强管理能力，为科技咨询的发展提供各方面的保障。

7.1.3.4 人才策略

同样以科技咨询工作为例，科技咨询工作应实现对人才的培养与引进，形成一个聚才、育才、引才的环境，保证科技咨询人才在创新能力方面得到全面提高。培育人才过程中需围绕主导产业进行科技咨询的创新，打造一批高素质的创新团队。同时，在人才策略方面可实行分配与激励机制，对高新技术骨干、管理骨干以及科技人才采取期权等激励政策，在科研机构或高等院校中设置相应的科技咨询创新研究岗位，并适时聘请专业人士担任兼职教授等。另外，在科技人员兼职方面应制定相关规范，为科技咨询工作吸引更多优秀人才。但值得注意的是，无论人才策略发生哪种变化，都应注意必须保证科技创新中的新课题、新项目、新成果能够适应现代社会产业与行业的发展需求，将创新理念引入实践中，并从实践过程中进行检验，使科技咨询工作的创新方法应用获得实际的成效。科技咨询工作中引用创新方法能够促进社会整体的进步与发展。这就要求在观念上不断更新，而且采用信息化创新、合作创新、自主创新以及人才培养方面的策略，促进科技咨询行业健康持续的发展，也为社会发展提供更多的科技动力。

7.1.4 创新技法的应用意义

7.1.4.1 从经济发展角度分析

当前，社会经济局势在发生不断的变化，而且国家也采取了一系列的宏观调控政策，这就要求科技咨询工作人员应立足于实际，坚持以经济建设作为指导思想，为社会发展提供服务。科学技术是第一生产力，然而促进科技进步的关键在于不断进行创新，应促使其转化为生产力，带动国家整体经济的发展。因此，科技咨询工作引入创新方法具有十分重要的意义。

7.1.4.2 从当前现状分析

以科技咨询工作为例，现阶段，很多从事经济建设的行业在生产过程中，往往忽视科技咨询工作，即使在发展中遇到困境、出现亏损等问题，也没有发挥科技咨询的作用。也正因如此，科技咨询服务经费经常出现不足的情况，在人员配置及服务范围方面都有一定的局限性，导致科技咨询服务工作难以顺利展开。因此，为改变当前这种现状，从事科技咨询服务的人员或机构，以及相关的行业必须从思想观念上进行转变，采用科学创新的方法解决工作中遇到的难题。

7.1.4.3 从科学思维角度分析

科学思维指以感性认识上升到理性认识，再转变为科学方法。在当前社会改革创新的大潮中，要求以科学思维方式面对各种机遇与挑战。只有科学方法才能成为认识自然规律，解决社会技术领域难题的手段。因此，科技工作中不断探求创新方法具有很重要的现实意义。

7.1.5 创新技法的基本类型

案例 7-1 充气雨衣——北京一位小学生林恒韬在雨天穿了塑料雨衣去上学还是常常浸湿裤管。原因是只要稍有风吹，雨衣便顺风贴在身上，雨水沿着下摆直浸裤腿，即使没有风，下垂的雨衣下摆也常弄湿裤腿。有何妙计呢？没有现成的答案，于是借助于联想和类比，从生活中找老师，变陌生为熟悉。在一次联欢晚会上，看到跳舞的小朋友急速转圈使裙子张开呈喇叭形，便马上想到要是让雨衣下摆张开就可避免雨水浸湿了。然而用根铅丝来撑开雨衣就不便收藏。到了夏天，又在充气游泳圈的启示下，以充气塑料管作为雨衣下摆的支撑环，如此，终于发明成功了充气雨衣。

创新技法是创新的技巧和方法，概括起来，一是发现问题的方法。发现问题是创新的起点，对培养创新思维是至关重要的。有了发现问题的能力，才能有创新成果。二是形成新概念的方法。如果说历史上的创新有许多是靠经验积累和机遇的话，近现代的创新则依赖于新的概念的诞生，在新概念的理论指引下，创新得以成功，特别是那些较为复杂的创新。三是提出新设想的方法，发现问题是创新的起点，提出新设想则是解决问题的关键。创新是有规律可循、有法可用的，这就是创造方法。

在100多种的创造方法中，精选出实用价值较大、使用较多的，并带有方法论意义的创造方法，按它们所具有的特征，归纳为6个类型，即群体激智类创新技法、聚合交叉类创新技法、设问检核类创新技法、逆向反求类创新技法、列举分解类创新技法和联想类比类创新技法进行简要介绍。

7.1.5.1 群体激智类创新技法

群体激智类创新技法主要包括智力激励法、默写传阅法（635法）和综摄法。

A 智力激励法

智力激励法又名头脑风暴法、脑轰法、畅谈会法、群议法等。此法是1939年由奥斯本所发明，最初用在广告的创新上，1953年总结成书。这是世界上最早付诸实用的创造方法，它适用范围广，易于普及。

案例7-2 坐飞机扫雪——在美国北方，冬季严寒。有一年大雪纷飞，大地上积满了冰雪，大跨度的电线常被积雪压断，影响正常供电。许多人试图解决这一问题，但都找不到可行的办法。后来电讯公司经理尝试采用智力激励法，问题终于得到解决。

这种办法通过会议形式来实施。会上，经理发动大家畅所欲言，结果各种设想被提出来：

设计一种专用的电线清雪机；

用电热来化解冰雪；

用震荡技术来清除积雪；

乘直升飞机去扫电线积雪。

对于有人提出“坐飞机扫雪”的设想，大家心里尽管觉得滑稽好笑，但会上无人提出批评，因为这种会议要贯彻“延迟评价原则”。不过，有一工程师却从中得到启示，一种简单可行且高效率的清雪方法冒出脑海。

他想每当大雪过后，可出动直升飞机沿积雪严重的电线飞行，依靠高速旋转的螺旋桨即可把积雪迅速扇落。他提出这一设想后，大家又七嘴八舌的讨论开来，有关用飞机扫雪的主意一下子被提出好几条。不到一小时，与会的十名技术人员提出90多条新设想。

会后，公司经理组织专家对这些设想进行分类论证。专家们认为设计专用清雪机，采用电热或电磁振荡等方法清除电线上的积雪，在技术上是可行的，但研制费用大，周期长，“远水不解近渴”。那种“坐飞机扫雪”激发出来的几种设想，倒是一种大胆的创新方案，如果可行，将是一种既简单又快捷的好方法。经过现场试验，发现直升机扇雪真奏效，一个难题迎刃而解。

智力激励法主要是以一定的会议形式给与会者创造一种能积极思考、启发联想、大胆创新的良好环境，充分激发各人的才智，为解决问题提供大量的新颖设想。掌握本法所规定的原则与实施程序是获得成功的保证。

目前在世界范围内，智力激励法是应用最广泛、最普及的创造方法。这一方法能够在社会、经济、管理、教育、新闻、科技、军事、生活等很多方面提供有效服务。诚如奥斯本所说:“只要遵循智力激励的规则，此法几乎可以解决各方面的问题。”另外经常参加智力激励的人，对自身的创造能力培养也有好处，使之想象力丰富，思维敏捷，善于创新。

B 默写传阅法（635法）

智力激励法始于美国，其特点也适合美国人开放、个性外向、思维灵活的民族习惯。当这个方式传入联邦德国后，有人根据日耳曼民族善于思考的性格特点，通过改造，产生了适合本国国情的一种派生方式，创造了用书面阐述来激励智力的创造方法——默写式智力激励法，又叫“635”法。

每次会议由6人参加，每人用书面提出3个设想，要在5min内完成，这就是“635”法的来由。

开“635”法会议时，主持人宣布议题，解释参加人提出的疑问后，发给每人几张空白卡片（最好稍大一点），每张卡片标上相隔距离较大的1、2、3号码，在第1个5min内，每人按议题在3个号码后面分别填上3个设想，然后把卡片传给右邻。在下一个5min里，每人从传递到自己手中的别人所填的3个设想中受到启发，再继续填写3个设想，或者补充、完善、丰富、发展别人的设想，反正不能让卡片从自己手中空轮过去。这样多次传递，半小时传了6次，每人的原始卡片轮递一周后，共可产生108个设想。卡片填满则用手中的备用卡片续之。“635”法可以避免许多人争相发言而使设想遗漏的弊病，对于有些不善言谈，怯于争言的与会者来说，默写也不失一种好办法。再者，由于有卡片上的设想，不需设记录员，也省去整理记录、归纳分类之举，因为卡片上的设想已是分好类的书面材料了。

C 综摄法

美国麻省理工学院的威廉·戈顿教授在长期研究和实验的基础上，于1952年提出了一种独特的创造方法——综摄法，或称提喻法、分合法、集思法。

（1）原理与特点。综摄法这个词来自希腊文。原意是指把表面上互不相关的各种不同事物结合在一起。综摄法通过已知的东西为媒介，将毫无关联、不同的知识要素结合起来，以打开“未知世界的门扉”，激起人们的创造欲，使潜在的创造力发挥出来，产生众多的创造性设想。

（2）基本原则。戈顿教授认为，联想与类比是实现从已知到未知的有效办法。因此，前面已介绍过的拟人类比、直接类比、象征类比及幻想类比等方法是实施综摄法时不可或缺的。他主张，为了摆脱旧框框的束缚，开阔思想，在探索新的设想时，必须要有一段时间暂时抛开原来想要解决的问题，通过类比探索得到启发，因为，这是“变陌生为熟悉”和“变熟悉为陌生”所必需的。

综摄法有两个基本原则：

1）异质同化。所谓新发明新创造应该是现在所没有的事物，人们对它是不了解的，然而，人们熟悉现有的各种事物。为此，在创造发明新事物时，可以借助现有的知识来进行分析研究，启发出新的设想来，此乃“变陌生为熟悉”。

2）同质异化。对现有的各种事物，运用新的知识或从新的角度来观察、分析和处理，启迪出新的创造性设想来。此乃“变熟悉为陌生”的方法，它要求人们突破现有框框的约束，以挑剔的目光去寻找可以改进创造的地方。

在实际的创新活动中，常常将同质异化与异质同化两原则交替使用，而且并非限于新产品的研制开发，也可应用于管理。

案例 7-3 世界难题——数学家业已证明了用圆规直尺不能三等分已知角，可这一世界难题却被广东韶关市北江中学的一位女中学生刘鸿燕所突破。当刘鸿燕在几何作图时觉得等分任意角方法很繁复时，便产生要找一简便方法的念头。可是不管她怎样苦思冥想，始终无计可施。一天，她从夏天用的折扇得到启示，打开的折扇就像许多等分角，扇子的轴就是这些等分角的公共点。然而扇子的角及等分数是固定的，怎样才能适宜于不同大小的角作任意等分呢？经反复研究实践，她沿着等腰三角形底边上的高开了一条导向槽，用一枚大头针配合，使各个等腰三角形公共点可沿此槽上下移动，这样，便可任意等分角了。1986 年 6 月，刘鸿燕发明的精致实用的任意角等分仪参加了全国第三届青少年创造发明比赛，并荣获联合国国际知识产权组织所赠的唯一金奖——“青年发明奖章”。

7.1.5.2 聚合交叉类创新技法

聚合交叉是宇宙间十分普遍的现象。从浩瀚无垠到分子、原子，从简单的数字排列到人体结构，从庞大的国家机器到家庭等，到处都存在聚合交叉的现象。主要包括主体附加法、二元坐标法和形态分析法三种方法。

案例 7-4 功能聚合交叉——这是将某一物品适当组合，使之集多种功能于一身。例如，有人将一金属片作适当加工后，可以代替八种不同的工具，如图 7-1 所示。

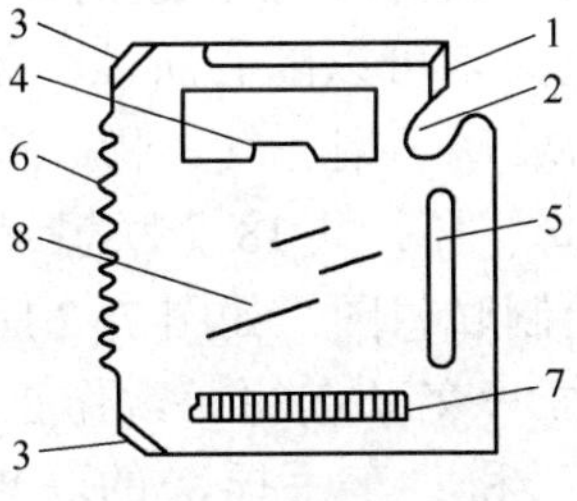

图 7-1 多用工具

1—小刀；2—开罐头刀；3—螺丝刀；4—开瓶器；
5—扭转蝶形螺帽工具；6—锯；7—指甲锉；8—镜子

A 主体附加法

（1）基本原理。主体附加（添加）法是指以某一特定的对象为主体，通过置换或插入其他技术或增加新附件创新的方法。此法常适于对产品作不断完善、改进时使用。

（2）实施步骤：

1）有目的地选定一个主体。

2）运用缺点列举法，全面分析主体的缺点。

3）运用希望点列举法，对主体提出种种希望。

4）考虑能否在不变或略变主体的前提下，通过增加附属物以克服或弥补主体的缺陷。

5）考虑能否通过增加附属物，实现对主体寄托的希望。

6）考虑能否利用或借助主体的某种功能，附加一种别的东西使其发挥作用。

（3）注意事项。运用主体附加法往往可使主体获得多种附加功能而成为多功能用品，然而作为多功能物品的设计应该全面考虑、权衡利弊，否则会事与愿违、费力不讨好。

案例 7-5 切勿哗众取宠、华而不实——合肥三联家用电器器具厂研制成功了全塑蒸气熨斗，为使其功能齐全，厂家特意为它加了自动调温装置。可是，产品推向市场后，就因这个调温装置不可靠而销路不佳，产品大量积压。不得已，第二代蒸气熨斗取消了自动调温装置，生产成本一下减到 8 元多，价廉物美，在北京百货大楼一个月就卖出上万只。

有人在学生的文具盒上不断地进行“功能附加”，结果使普通的学习用品成了布满按键机关，还有好些“小房间”的“玩具”，既价格昂贵，又容易分散学生注意力，以致有不少小学老师明令禁止学生携带这种功能过多的文具盒进教室。

B 二元坐标法

（1）基本原理。平面直角坐标系由两条数轴正交组成，横轴和纵轴的任一对实数都可以确定平面上的一个点。如果在坐标轴上标上不同的事物，那么由横轴与纵轴交叉确定的点就是两个事物的组合点，这样即可借助坐标系把所列的客观事物相互联系起来了。然后对每组联系作创造性想象，从中产生前所未有的新形象、新设想。最后经可行性分析，确定成熟的技术创造课题。

作为二元坐标法的坐标元素所造的事物，可以是具体的人造产品，如衣服、床、灯具、机枪、蛋糕、汽车之类；也可以是非人造物品，如风、雨、云、泉水、老虎、太空等；还可以是一些概念术语，如锥形、旋转、变色、中心、闪光、卧式等。对此，通过“拉郎配”式的组合联想，可以突破习惯观念，克服惰性意识，促使标新立异。

（2）实施步骤。利用二元坐标法选择创新课题的程序如下：

1）列出联想元素。列举联想元素可以随心所欲，无任何限制条件，但联想元素最好取名词、形容词、动词等。例如玻璃、扇、气、梯、滑行、日历、清凉、照明、瓶、手摇、管、车、纸、座、三角、笔筒、杯，共 18 个联想元素。

2）用联想线沟通各个元素绘制联想图，如图 7-2 所示。

3）进行联想和判断。对于每一交叉点的元素作正反两个方面的联想与判断。例如“车”和“手摇”构成“手摇车”和“车手摇”的联想，“车手摇”是无意义的联想，“手摇车”是已有的发明。“梯”和“座”也是如此，“梯座”是有疑问的联想，“座梯”是有创造意义的联想。鉴于每个人职业、经验和知识的差别，尤其是创新意识强弱和预见能力的高低，对同一个联想点会做出迥异的分析和判断，这是创造性活动中的正常现象，并不奇怪。

4）从联想图中摘出有意义的联想。本例中有照明日历（带日历的台灯或夜光日历）、日历扇、清凉扇透明玻璃（能自行发光或受激发光的玻璃）、纸笔筒（纸质彩印笔筒）、三角笔筒、管扇、日历管、照明车、梯车、玻璃座、座梯、清凉纸、照明纸（能发光的纸）、纸瓶（纸质瓶）、照明笔筒（带笔筒的台灯）、三角日历、玻璃笔筒、手摇车等。

5）对有意义的联想进行可行性分析。

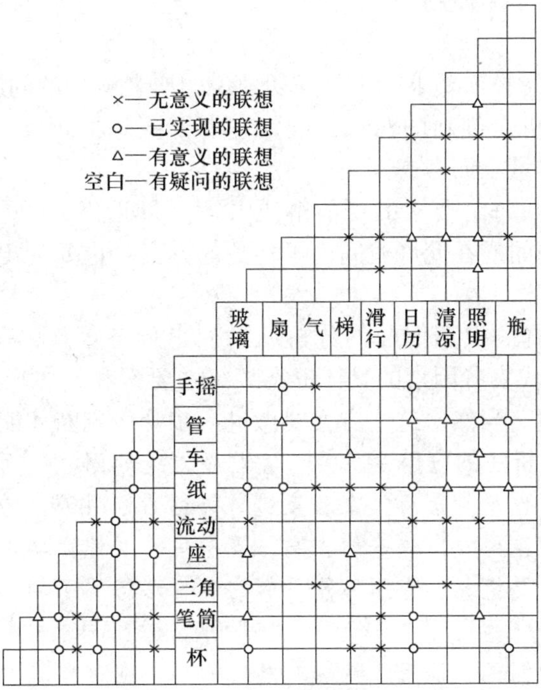

图 7-2 二元坐标联想图

(3) 集体创新时的二元坐标法的实施步骤：

1) 参加人员以 10 人左右为宜，大家围坐成一圈，桌上备好统一的纸张。活动过程由指定的主持人负责。

2) 各自列举联想元素，编制联想图，分析判断和摘取有意义的联想点。

3) 依次互换联想图，用自己的认识和观点分析别人的联想图。将别人认为无意义或有疑问，而自己认为有意义的联想点直接摘取出来，但不要在别人的联想图上标记号。之后，依次轮换，直到循环一圈。

4) 各自独立对有意义的联想点进行可行性分析，列出可行的联想点。此时环境应安静，不要喧哗。

5) 主持人收集所有的可行联想方案。

6) 由主持人逐项公布可行性联想，请原分析者（不一定是联想图编制者）向大家说明分析理由，集体展评议。

C 形态分析法

(1) 基本原理。把几个独立存在的东西加以组合，往往可以产生新的设想或发明。那么，怎样才能找到更多的组合要素，形成大量的设想或发明呢？美国加州理工学院兹维基教授创造的形态分析法，为此提供了形式化的科学手段。形态分析法是一种利用系统观念来网罗组合设想的创造发明方法。其思路是先把技术课题分解成为相互独立的基本要素，找出每个要素的可能方案（形态），然后加以组合得到各种解决技术课题的总构想方案。总构想方案的数量就是各要素方案的组合数。

形态分析法可广泛应用于新技术和新产品的开发以及技术预测等许多领域，实施时既可以小组运用，也适于个人使用。

（2）实施步骤：

1）明确问题。首先必须要求能十分确切地说明所要解决的问题或所要实现的功能。

2）要素分析。分析需创新的对象，确定它有哪些基本要素（或基本参数），要求各基本要素相对独立并尽量全面考虑。

3）形态分析。寻找每个要素的可能解决方案（即形态）。要求尽量全面，既要列出当时技术条件下可达到的或在允许时间内可达到的方案，也要列出有潜在可能性的各种手段和方法。

4）方案综合和选择。根据上面的分析结果列出形态矩阵，一般为二维结构。“列”代表独立要素，“行”代表各因素的具体形态。每一要素和具体形态用符号 P_{ij} 表示，组合后便得出各种方案设想。当然，这些方案要做进一步分析判断才能取舍。

案例 7-6 形态分析法的应用——第二次世界大战期间，法西斯德国集中了一批科学家全力研制火箭，美国也不甘落后，奋起直追。1943 年，由瑞士来的天文学家兹维基在参加美国火箭研制过程中，为找出众多的方案，灵机一动，把数学中常用的排列组合原理搬来了。他按照火箭各主要组成部件所可能具有的各种形态的不同组合，在当时可能的技术水平上，利用他自己创立的所谓“形态学方阵”的方法，居然在一周之内交出了 576 种火箭设计方案，其中不乏创见的设想。特别有意思的是，在这些方案中，竟还包括了当时法西斯德国正在研制并严加保密的带脉冲发动机的 F-1 型巡航导弹和 F-2 型火箭。如此重要的核心机密仅仅通过兹维基的“纸上谈兵”便掌握了。战后，苏联有人对兹维基的方案做了研究，认为只要补充一些被忽略的因素，便可获得 1 万~2 万种火箭结构方案。

7.1.5.3 设问检核类创新技法

经验证明，能发现问题与提出问题就等于取得了成功的一半。巧妙的设问可以启发想象，开阔思路，导引创新。

设问检查法是对拟创新的事物进行分析、展开，以明确问题的性质、程度、范围、目的、理由、场所、责任等项，从而使问题具体化以缩小需要探索和创新的范围。它有以下两大特点：

（1）以提问的方式寻找发明的途径。设问检查的首要特点是抓住事物带普遍意义的方面进行提问，所以它的应用范围很广，不仅可以用于技术上的产品开发，还可以用于改善管理等范畴。因而有普遍的适用性。

（2）从不同的角度，多个方面来进行设问检查，思维变换灵活，利于突破框框，以得到各种不同类型的答案。

例 7-7 奇特的火箭案——火箭拔地而起直冲云霄，历来是向空中发射的。倒过来用怎么样呢？火箭头部装上很坚硬的尖头，向地下发射，就成为探地火箭，这是一种颠倒使用。火箭发动机喷口仍向下，但当发动机喷出火舌后，火箭却不升空，反而一点点向地面“坐”下去了，而一口井也就形成了。这是火箭钻井，特别适用于钻头很难对付的坚硬岩层。火箭钻井是利用高温高压的火箭发动机燃气，烧、吹岩层，使之破碎的原理，这也是一种火箭的倒用。再一种是火箭既不升天也不钻地，火箭喷口向下沿石料水平移动，用高压高温燃气开采石料，速度快，石料切面整齐，又免得用锤、凿开采石料造成资源浪费。

自从检核表法诞生以来，在实际应用中深受欢迎，并相继创造了不同的设问检查创造方法。下面分别介绍奥斯本检核法、5W1H 法、聪明办法 12 条——青少年创造力开发检核表。

A 奥斯本检核法

检核表法，又称为稽核表法、对照表法、分项检查法等。奥斯本创造的检核表原有 75 个问题，可归纳为 6 类问题的 9 组提问。

（1）奥斯本的 6 类问题：

1）由现状到目的——转用。}
2）由目的到现状——代替。} 发明本身无变化

3）质量的变化——改变。

4）组合排列——变位。

5）量的变化——扩增。

6）借助其他模型——启发。

（2）奥斯本的 9 组提问：

1）现有发明的扩展。现有的发明（包括材料、方法、原理等）还有没有其他的用途，或者稍加改造就可以扩大它们的用途。

2）现有发明的借鉴。现有的发明能否借鉴、移植、模仿，怎么模仿。

3）现有发明的变换。现有的发明能否作适当的变化，如改变颜色、味道、声响、形状、型号等。

4）现有发明的强化。现有的发明能否扩大，增加一些东西，比如延长时间、长度，增加次数、价值、强度、速度、数量等。

5）现有发明的压缩。现有发明能否缩小，取消某些东西，使之变小，变薄、减轻、压缩、分开等，这是与上一条相反的创新途径。

6）现有发明的替代。现有的发明有代用品，以别的原理、能源、材料、元件、工艺、动力、方法、符号、声等来代替。

7）现有发明的重新安排。现有的发明通过改变布局、顺序、速度、日程、型号、掉换元件、部件互换、因果等，进行重新安排往往会形成许多创造性设想。

8）现有发明的颠倒应用。二次大战期间，美国的军舰生产任务十分繁重。过去都是从下向上建造舰船的各层甲板，焊接工人需仰头工作，建造速度慢。有人运用“颠倒”设想，从顺序上倒过来，自上而下加工甲板，一改仰头焊接生产效率低的现象，使军舰生产速度显著提高了。

9）现有发明的组合。现有的几种发明是否可以组合在一起，如材料组合、元部件组合、形状组合、功能组合、方法组合、方案组合、目的组合等。

案例 7-8 飞机螺旋桨的多次重新安排——美国莱特兄弟发明的世界上第一架飞机，发动机在飞机中部，螺旋桨在飞机后部，以推力使飞机飞行。现代的喷气发动机又把螺旋桨放在翼后产生推进力。而将螺旋桨置于飞行器的上方则成直升飞机；搬到飞行器底下便成为气垫船；又有人把螺旋桨做成可转向的，飞机起飞时螺旋桨转至上方，飞机达到空中后螺旋桨又转至前方，由此发明了垂直起落的飞机。据专家分析，苏联米格 25 飞机所用的零件与技术基本上是米格 23 的，只是作了不同的安排和组合便使性能大为改观。

B　5W1H 法

此法由美国陆军首创，通过连续提 6 个问题，构成设想方案的制约条件，设法满足这些条件，便可获得创造方案。目前，5W1H 法已广泛应用于改进工作、改善管理、技术开发、价值分析等方面。

（1）实施程序：

1）对某种现行的方法或现有的产品，从 6 个角度作检查提问，即为什么（Why）、做什么（What）、何人（Who）、何时（When）、何地（Where）、如何（How）。

2）将发现的疑点、难点列出。

3）讨论分析，寻找改进措施。如果现行的方法或产品经此检查基本满意，则认为该方法或产品可取；若其中某些点的答复有问题，则就在这些方面加以改进；要是某方面有独到的优点，则应借此扩大产品的效用。

（2）5W1H 法视问题的性质不同，设问检查的内容也不同。例如：

1）为什么（Why）。为什么发光、为什么要做成这个形状、为什么不用机械代替人力、为什么产品制造的环节这么多、为什么要这么做？

2）做什么（What）。条件是什么、目的是什么、重点是什么、功能是什么、规范是什么、要素是什么？

3）谁（Who）。谁来办合适、谁能做、谁不宜加入、谁是顾客、谁支持、谁来决策、忽略了谁？

4）何时（When）。何时完成、何时安装、何时销售、何时产量最高、何时最合时宜、需要几天为合适？

5）何地（Where）。何地最适宜种植、何处做才最经济、从何处去买、卖到什么地方、安装在哪里最恰当、何地有资源？

6）怎样（How）。怎样做最省力、怎样做最快、怎样效率最高、怎样改进、怎样避免失败、怎样求发展、怎样扩大销路、怎样改善外观、怎样方便使用？

对于最后一问 How，有时可扩展为两个问题，即怎样（How to）与多少（How much），此即 5W2H 法。多少（How much）为功能如何、效果如何、利弊如何、安全性如何、销售额如何、成本多少？

案例 7-9　小卖部生意从清淡到兴隆——某航空公司在机场候机室二楼设小卖部，生意相当清淡。公司经理用 5W1H 法检查问题何在，结果发现在 Who、Where 及 When 三方面。

（1）谁是顾客？机场小卖部应当把入境的旅客当主顾才对，而这些客人不需要上二楼。在二楼逗留的大部分是送客或接客的人，他们完全可以在市内大市场里挑肥拣瘦，不必到机场来买东西。

（2）小卖部设置在何处？原来旅客出入境的路线，都是经海关检查后，直接从一楼左侧走了，根本不需要走二楼。小卖部的位置没有设在旅客的必经之路。

（3）何时购物？出境旅客只有当行李到海关检查交付航空公司后，才有闲情光顾小卖部。而原来机场安排旅客上机前才能将行李交运，这样就从时间限制了旅客。

由此可见，小卖部生意不佳的原因是：未把旅客当主顾；小卖部的位置偏离了旅客的必经之路；旅客没有购物时间。

针对这三点，研究改进措施，以顾客为主顾，调整海关检查路线和行李交付时间。此后，小卖部生意兴隆。

C 聪明办法12条——青少年创造力开发检核表

我国创造学者结合青少年的特点，并在上海和田路小学试验后提出了“聪明办法12条”。

(1) 加一加。可在这件东西上添加什么吗？需要加上更多的时间或次数吗？把它加高一些、加厚一些，行不行？把它与其他东西组合在一起，会有什么结果？

(2) 减一减。可在这件东西上减去些什么吗？可以减少时间或次数吗？把它降低一些、减轻一些，行不行？可省略、取消些什么吗？

(3) 扩一扩。使这件东西放大、扩展，会怎么样？

(4) 缩一缩。使这件东西压缩、缩小，会怎么样？

(5) 变一变。改变一下形状、颜色、音响、气味、味道，会怎么样？改变一下次序又会怎样？

(6) 改一改。这件东西还存在什么缺点？还有什么不足之处需要改进？它在使用时是否给人带来不便和麻烦？有解决这些问题的办法吗？

(7) 联一联。某个事物（某件东西或事情）的结果，与其他的起因有什么联系？能从中找到解决问题的办法吗？把某些东西或事情联系起来，能帮助我们达到什么目的吗？

(8) 学一学。有什么事情可以让自己模仿、学习一下吗？模仿它的形状、结构，会有什么结果？学习它的原理、技术，又会有什么结果？

(9) 代一代。有什么东西能代替另一样东西？如用别的材料、零件、方法等，代替另一种材料、零件、方法等，行不行？

(10) 搬一搬。把这件东西搬到别的地方，还能有别的用处吗？这个想法、道理、技术，搬到别的地方，也能用得上吗？

(11) 反一反。如果把一件东西、一个事物的正反、上下、左右、前后、横竖、里外，颠倒一下，会有什么结果？

(12) 定一定。为了解决某个问题或改进某件东西，为了提高学习、工作效率和防止可能发生的事故或疏漏，需要规定些什么吗？

7.1.5.4 逆向反求类创新技法

逆向反求创新主要是按照逆向思维的方式来进行创新的方法，它又称乘负法、反面求索法。通俗地讲就是“反过来想一想”的意思。这是指为了达到某一目标，人们将通常考虑问题的思路反转过来，以悖逆常规、常理、常识的方式，出奇制胜地找到解决问题的良策。

案例7-10 反画面电视机——某日，日本索尼公司名誉董事长井深大去理发。一边理，一边从镜子中看电视，但电视的图像是反的，看起来很别扭。突然，冒出了个新设想：如果制造一种反画面的电视机，那么就能在镜子里正常收看了。于是，一回到公司便马上召集技术人员研制这种新颖电视。反画面电视不仅可供理发消遣用，还可用在乒乓球、羽毛球等的训练中，也给卧床看电视带来方便。有人为避免有害射线影响，还特地要用反画面的电视从镜子中收看呢！

逆向创新的几种途径，包含对功能、结构、因果作逆向反转、心理逆反、常规悖逆、重点转移、还原分析、缺点逆用诸法。下面分别介绍逆向反转法、悖逆常规法、逆反心理法、重点转移法和缺点逆用法5种方法。

A　逆向反转法

（1）功能性反转。这是指从已有事物的相反功能去设想新的技术发明或寻求解决问题的新途径，它既可以是功能的直接反转，也可以是功能提供方式的反转。

（2）结构性反转。这是指从已有事物的相反结构形式去设想新的技术发明和解决问题的思路。

（3）因果关系反转。这是指通过改变已有事物的因果关系来引发创意和解决问题的新思路。

案例 7-11　木工刨床和电烤箱——传统的木工刨床是刨刀在固定的位置旋转着，待加工的木料则要用手将其推向刨刀，稍有不慎，便会将手弄伤。国内外一些木工机械专家为防止工伤，提出了包括借助光电技术在内的各种防护措施，然而都不能根本解决。只读了一年半小学的农村木工李林森，运用逆向思维方法，改变刨床结构，让木料固定不动，刨刀来回滚动，这样就毋须用手持木料，工伤也随之杜绝。此发明获专利后转让给昆明拖拉机厂，第一年就创产值 1200 万元，获利 480 万元，求购信函厚达 1.5m。

开始设计的电烤箱受常规做饭炒菜的方式影响，热源在下，被烤食品在上，当鱼、肉加热后析出的油脂就会下滴，掉到电热丝上便产生大量烟雾，且影响寿命，夏普公司的一位技术人员在多种设想措施无效的情况下，突然想到将加热器与食品位置颠倒一下，无烟电烤箱就此诞生了。

B　悖逆常规法

知识的学习与经验的积累常常在人们头脑中形成各种常识、常规、常理，这对于认识世界、指导实践无疑是必需并有益的，但对于创新思维来讲，却可能是一种枷锁或障碍。实质上，创新就是在对习以为常的质疑、对循规蹈矩的突破、对天经地义的反叛等过程中产生的。

我国青年速算家史丰收创造的速算法也是悖逆常规的创造。传统的算术都是从低位算向高位，他却反其道而行之，从高位算到低位，一次获得答案，运算速度甚至可以超过计算器。

戒烟的方法“快速吸烟法”，不是让戒烟者不吸烟，而是让他多吸快吸，一秒钟吸一口的快速吸烟，连吸多支烟，使之产生令人厌恶的身体反应，从而达到戒烟的目的。

案例 7-12　逆反健身——逆反健身法是指一种反人体正常状态的锻炼方法，如倒立、倒吊、倒走、爬行等。人们日常大都处于直立状态，此时头脑供血受阻，其氧气养分便供应不足，以致神经系统容易疲劳。同时，长时间直立走、坐、跑、跳，血液流集下肢，则又容易造成下肢静脉曲张及疝气、痔疮等疾病。于是，有人开始练习倒立倒吊，居然效果显著。倒立使头脑供血增多，新陈代谢加大，疲劳也随之消除，而下肢肌肉则可放松休息。同时，此举还可强化胸腹腔内脏周围的支撑组织功能，防止胃下垂、肾下垂、下肢静脉曲张、疝气、痔疮等因重力影响形成的疾病。现在，逆反健身法在欧美颇为流行。世界著名小提琴家，梅纽因就练过倒立术，曾在公众场合作倒立演奏。世界富豪 H. L. 亨特，在一次车祸中背部受伤后，开始以爬行为治疗方法，每天爬行数次，每次两三分钟，效果很好。英国伦敦头发护理诊所的史滨沙说：“每日倒立 5 分钟，是防止秃头的最佳方法。”

C　逆反心理法

诸葛亮的空城计是大家熟知的历史故事。诸葛亮机敏过人，知己知彼，在完全洞悉司马懿的心理前提下，一反谨慎处事常态，空城洞开，悠闲抚琴，以此退敌。这就是逆反心理的利用，以悖逆常规的心理状态来决策处事，在管理及军事上都有特殊意义。

在“香港回归”的日子里，醒目的告示用的是倒数计时；一些科技新闻片中，卫星发射、氢弹引爆等的指挥中心，用的也都是倒数计时。倒数计时清晰、直截了当，它无形中给人以紧迫感，催人奋进，于是，勤奋代替了懒散，务实代替了空谈，高效率代替了扯皮。

类似地，故意把商店广告写得文句不通、白字不少，就使顾客误以为老板绝非精明狡诈之徒而乐意光顾，明明写着是白马商店的牌子却画了匹黑马就能勾起行人好奇而驻足，大好的商品却偏偏冠以“傻子瓜子”“狗不理包子”“傻瓜电脑”等，结果居然招人注目而“丑名远扬”。

案例 7-13　士兵看守土豆——土豆原生长于美洲，在法国被宗教迷信者称之为“鬼苹果”，医生们认为它对健康不利，连农学家也断言“土豆会使土壤变得贫瘠不堪”。有位名叫安瑞·帕尔曼的人很想在故乡培植，但费尽口舌仍不能解除大家的疑虑，久久无人敢于引种。帕尔曼心生一计，他在一块有名的低产地里种下土豆，并专门雇了一支穿仪仗队服装、全副武装的卫队看守。只是，卫队只在白天严加看守，夜晚便故露破绽，留出空子。这时好奇的人们便趁隙去偷挖“禁果”，并移植到自家园地。就此，土豆才得以推广种植到自家园地。

D　重点转移法

在创新活动中，常常会有这样的情况，当某一课题或目标从一个主攻方向久攻不克时，人们可试图改变方向，把问题的重点从一个方面转换到另一个方面，这样便有可能开辟新的思路，使问题迎刃而解，其原理犹如草地寻针的窍门：有人并不直接着眼于去找针，而是先放把火把草烧掉，让针自行暴露出来。

案例 7-14　宇航妙招——宇航员穿上了盔甲似的宇航服，其头部活动不便，以至于无法观看自己胸前之物。如何克服这一障碍，现代技术诸如摄影系统等是可以解决的，然而，对宇宙飞船重量的斤斤计较的严格限制，不允许采用复杂的附加设备。专家们致力于改进宇航服的努力毫无希望，有人便抛开现代技术，仅在宇航员手腕上戴块小镜，依靠镜子的反射使之视野开阔，一览无余。

E　缺点逆用法

世界上的事物无不具有两重性。“以毒攻毒”就是我国中医宝库中出奇制胜的方略。技术史上一些别具一格的创新，也不乏采用这种“以毒攻毒”思路者。例如，金属的腐蚀本来是件坏事，但有人却利用腐蚀的原理发明了蚀刻和电化学加工工艺。机械的不平衡转动，会产生剧烈的振动，利用它，有人发明了夯实地基的蛤蟆夯等。

在创新中，利用事物的缺点化弊为利的方法，就称为缺点逆用法。巧妙地利用事物的缺点，化腐朽为神奇，寻找新的技术创新。可见，事物的缺点本身具有双重功用：一方面，可以引导研究者通过克服缺点作出发明或革新；另一方面，可以引导研究者去寻找化弊为利的途径，产生新的技术创新。

缺点逆用法实施步骤可分三步走（其中第二步最为关键）：

第一步，探寻事物可以利用的缺点此乃缺点逆用法的前提。

第二步，透过现象，认清缺点的本质，抽象出这种被视为缺点的现象背后所隐藏的可以利用的基本原理或表现为缺点的现象本身的特性、行为、作用过程等。

第三步，根据所揭示的现象背后的基本原理或对现象本身特性等的认识，研究利用或驾驭缺点的方法。

案例 7-15　泰坦尼克号与低温切削新工艺——英国的泰坦尼克号轮船在首航途中，就遇险沉没了，此事使许多人深感震惊。肇事的祸根是从北冰洋漂过来的冰块使船底的局部出现低温，船底的焊接部分产生低温脆性而造成。资料表明，含碳高的软钢在-100℃左右时，其耐冲击强度接近零，此时钢的韧度几乎完全丧失。低温脆性致使这号称不沉之轮惨遭灭顶之灾。但是，这一祸根在今天得到了利用，开创了低温切削新工艺：当软钢在-150～-100℃时失去韧性，此时作切削加工，比常温下要容易得多。

7.1.5.5　列举分解类创新技法

列举法通过对事物的分析而列出其各方面特性，从而有助于创新题目的选择和确定，是一种常用的创新方法。主要包括特性列举法、缺点列举法、希望点列举法和专利信息利用法。

列举是人们思维活动的表现形式之一。通过列举事物各方面的属性，可掌握一定数量的信息，便有助于产生新的概念，有助于克服心理障碍，改善思维方式，在创新活动中具有四方面实际作用：

（1）有助于克服感知觉不敏锐的障碍，把思维从僵化、麻木的状态下解放出来。

（2）促使人们全面感知事物，防止遗漏。

（3）有利于克服感情障碍。

（4）是改进老产品开发新产品非常实用的方法。

案例 7-16　希望之枪——以新型突击步枪为例，军人都希望在战场上有一支得心应手的武器。对于步兵用的单兵武器来说，为了提高杀伤力，希望枪能连发而且射速高，弹头侵彻力大，就发明了使用步枪子弹的自动突击步枪，它区别于冲锋枪之点就在于后者使用的是手枪子弹，且枪管较短、命中精度较差；希望一次装弹能发射更多的子弹，希望枪身在连续射击时的抖动和跳动再小一点，许多国家研制 5.56mm 口径的小口径突击步枪，子弹小了，弹匣内可容纳更多的子弹，而且减小了后坐力，使枪在射击时更平稳，由于提高了子弹的初速，威力并不降低，战士希望枪身短小便于携带，发明了折叠的金属枪托；希望枪在必要时能当炮用，希望发射能爆炸的小炸弹以消灭集群目标、工事、坦克，发明了榴弹发射器，能将墨水瓶大小的榴弹发射到近千公尺远，而且安装在枪身下部，使用相当方便，实现了一枪多用；希望枪有一柄肉搏格斗时用的刺刀，于是能白刃格斗，能折叠后用来剪铁丝网的剪刀，刀背有锯齿能锯物，折转方向能当枪支架的多用途刺刀装在突击步枪上；希望枪的主体能换装不同的枪管、供弹装置、枪托、枪身和支架，组合成多种枪。于是创造出“枪族”这个概念和实施方法，一种枪机能构成轻重两用机枪、轻机枪、突击步枪、微型枪。还有人根据希望枪身更短，射击时更稳定，创造了新的总体布局，将弹夹置于扳机下方或后方，使传统的结构布局更趋合理和集中。国外开始采用的无壳子弹，是在希望多带弹药、减少士兵负荷、节省金属材料的情况下研制出来的。

A　特性列举法

（1）基本原理。特性列举法是美国布拉斯大学教授 R. 克劳福特发明的一种创造方法。克劳福特认为每个事物都是从另外的事物中产生发展而来的。一般的创造都是旧物改造的结果，所改造的主要方面是事物的特性。此法就是通过对需革新改进的对象作观察分析，尽可能列举该事物的各种不同的特征或属性，然后确定应加以改善的方向及如何实施。

一般说来，要解决的问题越小、越简单，特征列举法就容易获得成功。例如，要革新一辆汽车，若从整体着手，往往一时难以得出新的设想，因为它涉及面广，很难一下子把握住。为此可对组成汽车的主要系统进行分解，然后针对各个局部加以改进，如图 7-3 所示。

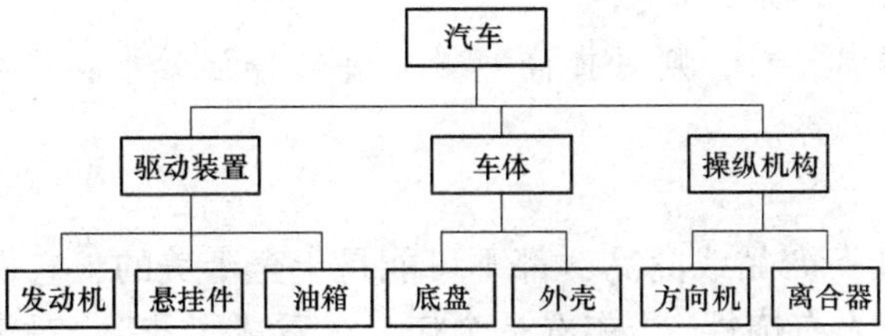

图 7-3 汽车分解图

特性列举法适用于革新或发明具体事物，特别适合于轻工业产品的改革。此法也可适用于行政管理、机构体制及工作方法的改进。特性列举法既可个人使用，亦可集体使用。

(2) 实施步骤：

1) 将对象的特性或属性全部写出来，犹如把一架机器分解成一个个零件，每个零件功能如何、特性怎样，与整体的关系如何都列举出来，列成表。如对象繁杂，则应先将对象分解后选一个目标较为明确的发明或改进课题，课题宜小不宜大。

2) 从 3 个方面进行特性列举：

①名词特性，如整体、部分、材料、制造方法。

②形容词特性，如颜色、形状、感觉、性质、状态。

③动词特性，如功能、作用。

3) 在各项目下试用可替代的各种属性加以置换，引出具有独创性的方案。进行这一步的关键是要尽量详尽地分析每一特性，提出问题，找出缺陷，再试从材料、结构、功能等方面加以改进。

4) 提出方案并对方案进行评价讨论，使产品能符合人们的需要和目的。

案例 7-17 新颖水壶的构思——烧水的水壶，似乎已经定型习惯了，不易想到可以改进之处。现用特性列举法分析之，便能打开思路。

(1) 名词特性。

整体：水壶。

部分：壶嘴、壶把手、壶盖、壶体、壶底、蒸气孔。

材料：铝、铁皮、搪瓷、钢材等。

制作方法：冲压、焊接、浇铸。

根据所列特性，可做如下提问：如壶嘴长度是否合适？壶把手可否改成塑料以免烫手？壶体可否一次成型？冒出的蒸气是否烫手，改个位置行否？制作材料有无更适用的等。

(2) 形容词特性。

性质：轻、重。

状态：美观、清洁、高低、大小等。

颜色：黄色、白色、各种图案。

形状：圆形、椭圆形等。

由此，也可找到许多可供改进的地方。如怎么便于工作于清洁，颜色图案作何变化，底部用什么形状才更利于吸热传热等等。

(3) 动词特性。

功能：烧水、装水、倒水、保温等。

能否在壶体外加保温材料，则可提高热效率并有保温性能；再如在壶嘴上加一汽笛，使水开时就可鸣笛发信号等。

B 缺点列举法

(1) 基本原理。任一产品或商品，都不可能是十全十美的，它们或多或少有这样或那样的缺点。然而，由于人有惰性，“初看是个疤，久看成了花”，对于习惯了的事物，人们往往不容易、甚至不愿意去发现它的缺点。相反，如果对产品“吹毛求疵”，有意去找毛病，然后用新的技术加以改革，就会创造出许多新的产品来。

缺点列举法是抓住事物的缺点进行分解，以确定创新目的的创新方法。此法与特性列举法相比，有其独到之处。特性列举法列出的特性很多，逐个分析需要花很多时间。缺点列举法的特点是直接从社会需要的功能、审美、经济等角度出发，研究对象的缺陷，提出改进方案，简便易行。此法主要是围绕着原事物的缺陷加以改进，一般不改变原事物的本质与总体，属于被动型的方法。它一方面可用于老产品的改造，也可用在对不成熟的新设想、新产品作完善工作，另外还可用于企业管理方面等。

(2) 实施步骤。使用缺点列举法，并无十分严格的步骤，一般可按如下程序进行：

1) 尽量列举一事物的缺点，需要时可事先广泛调查研究征集意见。

2) 将缺点加以归类整理。

3) 针对所列缺点逐条分析，研究其改进方案或能否缺点逆用、化弊为利；如对现有的雨衣作缺点列举：

①胶布雨衣夏天闷热不透风；

②塑料雨衣冬季变硬变脆容易坏；

③穿雨衣骑自行车上下车不方便；

④风雨大时，脸部淋雨使人睁不开眼，影响安全；

⑤雨衣下摆贴身，雨水易弄湿裤腿与鞋；

⑥胶布色彩太单调，无装饰感等。

针对这些缺点可提出许多改进方案。如采用新材料使塑料雨衣不脆不硬；在雨帽上加一副防雨眼镜或眼罩；增加色彩，分别设计男、女、老、少不同式样的雨衣；以防弄湿裤腿及穿着方便的雨衣等。

(3) 实施方式：

1) 会议法。召开一次缺点列举会，会议由5~10人参加，会前由主管部门针对某项事物，选择一个需要改革的主题，让与会者围绕此主题尽量列举各种缺点，越多越好。另请一人将提出的缺点记录在一卡片上编号，之后从中挑选出主要缺点，并针对这些缺点制定出切实可行的革新方案。一次会议的时间约 1~2h，会议的主题宜小不宜大。

2）用户调查法。企业中改进新产品时使用缺点列举法可以与征求用户意见结合起来，通过销售、售后服务、意见卡等渠道广泛征集意见。用户提出的意见有时是产品设计人员所不易想到的。

3）对照比较法。将同类新产品集中在一起，从比较中找缺点，甚至对名牌新产品吹毛求疵，找到可以改进之处。用这种方法开发新产品起点高、步子大。

案例 7-18 雨伞的改进——运用缺点列举法，对平时用的普通雨伞作改进创新。先列举其缺点有：伞尖容易刺伤人；拿伞的手不便再拿其他东西；乘公共汽车时雨伞上的水会弄湿别人的衣服；开收不方便；伞骨容易折断；伞布透水；模样单调、不美观、不易区别；晴雨两用时，式样不能兼顾；收藏携带不方便等。为此，便研制出了种类繁多的新品种：可折叠伸缩的雨伞；伞布经防雨处理的雨伞；各种花型色彩的伞；伞顶加装集水器、上车收伞时雨水便不会滴在车内；伞骨不用铁制，避免生锈；能开收自如的自动伞；甚至还有俩人共用的椭圆形情侣伞；可兼作手杖的手杖伞；有照明功能的夜行伞；伞面用透明材料挡不住视线；伞布做成可卸式易于洗涤等。其中，日本理想公司抓住雨伞太长不便携带的缺点，制成了三摺伞，并加装一道弹簧使伞能自动张合。这一小小改进，给该公司增加年利 50 万美元。

最近，在欧美流行着一种新型雨伞，伞面是十分轻巧的镀铬条。这种伞除了可挡雨外，还是一种新式的太阳灶，只要在阳光下把伞倒放，让伞柄对准太阳，伞面的聚焦点可产生 500℃的高温，足以供人烧水、做菜、煮饭。

C 希望点列举法

(1) 基本原理。希望点列举法是通过提出的种种希望，经过归纳，确定发明目标的创造方法。希望点列举法是从发明者的意愿提出各种新设想，它可以不受原有物品的束缚，所以是一种积极主动的创造方法。

例如，有人提出，希望发明一种“定时安眠药”，在疲劳时可以让你安稳地休息片刻，然后定时醒来，继续工作，而且经常服用无副作用。这种设想是现有产品所不具备的，所以它常用于新产品的开发上。

(2) 实施方法。与缺点列举法类似，希望点列举法的实施形式灵活多样，常用的有：

1）书面搜集法。按事先拟定的目标，设计一种卡片，发动用户和本单位的职工，请他们提供各种想法。

2）会议法。召开 5~10 人的小型会议约 1~2h，由主持人就革新项目或产品开发征集意见，激励与会者开动脑筋，互相启发，畅所欲言。

3）访问谈话法。派人直接走访用户或商店等，倾听各类希望性的建议与设想。

由以上方法收集到的各种意见和希望，再进行分析研究，制订可行方案。具体程序为：

1）对现有的某个事物提出希望。希望一般来自两个方面：或是事物本身存在不足，希望改进；或是人们的需求变更，有新的要求。

2）评价所产生的希望，找出可行的设想。

3）对可行性希望作具体研究，以制订方案、实施创造出来。

案例 7-19 理想服装——什么样的服装才更受顾客欢迎？用希望点列举法可提出如

下新样式：如希望有一种使用尼龙反搭扣的服装，穿着时不用扣、解纽扣，方便至极；有人希望有一种不论胖瘦都能穿的衣服，于是生产出了膨体衫；有人希望有一种花色会变的服装，闪光衣服便有此效果，从不同角度看去，会呈现不同的色泽。

在意大利召开过一个未来衣着的研讨会，许多专家预测，到 21 世纪，纺织行业将有许多令人惊叹的突破，多功能的服装将会成为人们的日常用品。如：

（1）真正的“的确凉”。这种衣服穿在身上，夏季会特别清凉爽快。它利用水和乙二醇的混合物制成的冷却剂在服装衬里循环，使人体降温。

（2）太阳能御寒衣。此衣有特殊的电热丝、蓄电池，在太阳照射时，不断蓄电，直流电通过电热丝使人体得到温暖，穿衣者即便在寒冬腊月也暖和如阳春。

（3）服装“医生”。这种电疗服装是特殊的氯纶化学纤维，当它紧靠人体时，能产生微弱的静电场，促进血液循环，有对人体的按摩作用，对疏导气血、活络关节和防治风湿性关节炎均有明显的治疗效果。

D 专利信息利用法

专利文献记录了大量科技发明的成果，相当于列举了大量创新信息，善于有效地利用科技专利文献，是新的创造发明诞生的重要源泉。

由于专利制度在世界范围内已被 160 多个国家和地区所采用，具有新颖性、创造性和实用性的发明，实用新型的外观设计都通过专利文献向全世界各地传播。专利文献以其国际化、情报化的特点，反映了创造发明的发展水平，也反映了现代化科学技术的发展面貌。因此，专利文献是创造发明的一个宝库。

a 利用专利文献的作用

（1）构思新产品。许多人想创新，但往往感到无从下手，一方面他们觉得周围熟悉的东西已经比较完善了，无法进行创新；另一方面觉得周围事物缺乏创新的价值，无需创新。这是由于他们还缺乏积极的创新意识和创新手段的缘故，而阅读专利文献，往往是启迪我们创新构思的一种有效的办法。

专利文献是人类的知识宝库，现在人们的发明创造有 90%以上申请专利，可以说专利是满足人们各种需要的技术的集成。但很明显，专利并不是各种需要的全部技术或最好的方案，也有可能这一技术没有全部揭示出其能够满足的全部需要。基于这种情况，通过阅读专利文献，一方面根据专利所满足的需要启发创新思路，寻找更好的方法；另一方面，根据专利未曾涉及的需要和权利要求，可拓展专利的新用途。

（2）端正思考方向。当确定了创新课题时，去检索一下专利文献是完全有必要的，因为所从事的创造工作，或许早已由其他发明者解决了，在不知情的情况下盲目地投入人力、物力、财力，到头来依然结不出丰收之果，白忙了一阵，不是很可惜吗?

当通过检索，未发现自己的课题有任何专利文献资料记载，这说明该课题可能是一个未开发的领域，从而可以增强从事创新的信心。同时在检索过程中，由于已有了既定的目标，因而很容易从其他发明中找到与自己课题相关联的技术和发明，由此触发灵感，引起想象，更进一步深化自己的课题。

（3）引申已有专利，导致新的发明。专利都是为了满足某种需要的新的独创技术，既然是独创和首创，因此往往缺乏多人的审查以及长期实际的考验，这样就使专利技术一般都具有不完备性，所以都可以进一步引申，使其臻于完善，创新者可以以此为思路较容易地取得创新成果。

(4) 了解技术动态，增进创造才能。检索专利文献，使自己能迅速了解目前先进技术的发展现状，能引导自己将所学知识有意识地朝这些领域发展。在阅读专利文献的过程中，一方面可以了解技术结构知识，另一方面还能从别人的发明中发现思维的方式和发明的诀窍，增强自己的创造才能。

b 注意事项

(1) 应尊重别人的知识产权。运用专利信息利用创造方法，应尊重别人的知识产权，切忌照抄照搬或变相剽窃，为此，应仔细阅读他人的专利文件，特别是其中的独立权利要求和从属权利要求，以免发生侵权行为。通常，一项专利的原理往往是公知的，而其产品的构造、技术方案或制造方法却是一种专有的、排它的权利。从中只能受其启发，走自己的创新道路，而不能照猫画虎，侵犯他人权利。是否侵权，其中一个重要的判定标准是看现有发明较原专利是否有创造性，如果有，则是一种新创造。

(2) 吸取别人的失败教训。有许多专利文献未涉及的领域，既可能是待开垦的新领域，也可能是前人失败的雷区，对此应注意认真分析，并根据自己的实际情况量力而行。对于一些违反科学原理的误区，如隐身衣、水变油、电脑算命、长生药、聪明药等，则坚决避开。

(3) 注意阅读的方式。阅读专利文献，并不需整天埋头阅读详细的专利说明书，那是专利审查员的工作。较好的方法是阅读专利公报或专利摘抄文献，这样往往能给自己的创新思路起到很好的启发作用，使得思路开阔，联想丰富，而详细阅读专利说明书，则会不自觉地受现有技术的束缚。

案例 7-20 复印技术的发明——历来的印刷术都是“湿”印技术，不论墨印、水印、油墨、油彩印，都是“湿”的，办公中印制少量文件、资料需要花费大量劳动，而且时间长、速度低，很不适应现代化办公、商业、科技发展的需要。卡尔森确定初始课题——复印方法的研究后，经过多次试验均遭失败。卡尔森认识到，必须对存在的问题，别人研究的情况，各国发展的水平做深入调查，在三四年时间内，他几乎用掉了所有业余时间，去纽约国立图书馆查阅专刊文献，对别人的发明加以分析、评价和研究后，终于发现了别人发明中的知识空隙——仅限于采用化学效应，均未想到利用光电效应。他根据所发现的知识空隙，提出用光导电性与静电原理结合的新系统。于是，新型干式复印技术发明了。

美国哈依德公司在购买卡尔森“静电复印技术”专利的基础上，又进行了二次开发，转化为具有商用价值的静电复印机。哈依德公司也从一个无名小公司而一跃成为生产复印设备的龙头老大。

7.1.5.6 联想类比类创新技法

案例 7-21 听诊器的发明——200 多年前，医生们在诊断心肺病时，由于没有听诊器而只能用双手摇动病人的身体，将耳朵贴在病人胸口倾听。此法虽对诊断有益，但如若病人有心脏病，经此折腾就可以危及生命。法国青年医生雷奈·利奈克斯为此伤透脑筋。有一天，他带着女儿去公园玩，看到一群孩子在做游戏，一个孩子在跷跷板的一头用东西敲打，另一端的孩子把耳朵贴在木板上倾听，原来，木头能不费劲地传递几米远的声音，那么，诊断病人也可类比处理，经过试验，他制成了一个喇叭形听筒，一头贴在病区，一头塞在医生耳朵里，世界上第一个听诊器由此发明了，1819 年，这位法国医生的专著《心肺病的听诊法》发表，人类对心肺病的诊断由此而迈进了一大步。

事物间的联系是普遍存在的。正是这种联系，思维得以从已知引向未知，变陌生的为熟悉的。这时，脑内发生的联想和类比过程可以看作是事物间的普遍联系在思维中的一种体现。联想和类比法则是这类思维形式在人的创造活动中经验的总结，主要包括联想法、类比法、移植法、仿生学方法、原型启发法和现象探索法 6 种方法。

A　联想法

（1）魅力的由来。文艺创作的魅力多是借助于联想而形成的。联想在文学作品中亦是常用的手法。李商隐的“春蚕到死丝方尽，蜡炬成灰泪始干”及李白的“床前明月光，疑是地上霜”皆乃联想的佳句。

（2）引人入胜的广告。联想用之以广告，不仅有艺术性，还富有人情味。

（3）创新的连锁反应。

案例 7-22　锅巴的联想——一次偶然的机会，李照森陪客人到西安饭庄进餐，发现人们对一道用锅巴作原料的菜肴极感兴趣。于是引发了以下联想：“锅巴能作菜肴，为什么不能成为一种小食品呢?”“美国的土豆片能风靡全球，作为烹饪大国的中国，为什么不能创出锅巴小吃打出国门呢?”接着就是试制、成功、投产、走俏。之后，联想进一步展开，既然搞成了大米锅巴，当然还可以有其他原料、别样风味的锅巴。一时间，小米锅巴、五香锅巴、牛肉锅巴、麻辣锅巴、孜然锅巴、海味锅巴、黑米锅巴、果味锅巴、西式锅巴、乳酸锅巴、咖啡锅巴、玉米锅巴等不一而足、琳琅满目。既然锅巴畅销，那么类似锅巴特征的食品也相继开发问世，如虾条、奶宝、蓼宝、麦圈、菠萝豆、乳钙米香酥、营养棋子豆等。这些风味多样的新产品使小食品市场五彩缤纷，也使西安太阳集团腰缠万贯。

B　类比法

（1）科学研究。法国物理学家欧姆把关于电的研究与法国数学家傅里叶关于热的研究加以类比：傅里叶假设热流量与温度梯度成正比，用数学方法建立了热传导定律；欧姆则用电流量对应热流量，用电位对应于温度，并用实验证明两者有着相似的关系，终于发现了电流与电压成正比的欧姆定律。

（2）创造新学科、新理论。控制论的创始人维纳等人，通过类比，把人的行为、目的等引入机器，又把通信工程的信息和自动控制工程的反馈引进了活的有机体，从而产生了控制论的理论与方法。1678 年荷兰物理学家惠更斯将光和声进行比较，发现光和声有一系列的共同属性，如直线传播、反射、折射、干涉等。而声是由于物质振动而产生的波，于是类推光也是一种波，从而提出了光的波动说理论。

（3）小发明。石家庄市中学生王学青感到地球仪不如地图取拿方便，但地球仪有立体感，容易看懂，怎样才能使地球仪便于携带呢？最好是使用时成球状，不用时可压扁。针对这一想法，王学青绞尽了脑汁，终于从儿童的气塑玩具那里得到启发（直接类比），制成充气地球仪，十分方便实用。

C　移植法

（1）基本原理。所谓移植法是将某个领域的原理、技术、方法，引用或渗透到其他领域，用以改造和创造新的事物。

从思维角度看，移植法可说是一种侧向思维方法。它通过相似联想、相似类比，力求从表面上看来仿佛是毫不相关的两个事物或现象之间，发现它们的联系。

英国剑桥大学教授贝弗里奇说:“移植是科学发展的一种主要方法。大多数的发现都可应用于所在领域以外的领域，而应用于新领域时，往往有助于促成进一步的发现。重大的科学成果有时来自移植。”

（2）主要途径：

1）原理移植。无论是理论还是技术，尽管领域不同，但常可发现一些共同的基本原理。因此，可根据不同的要求和目的作移植创新。如红外辐射是一种很普通的物理过程，将这一原理移植到其他领域，可产生新奇的成果，如红外线探测、遥感、诊断、治疗、夜视、测距等；在军事领域则有红外线自动导引的“响尾蛇”导弹，装有红外瞄准具的枪械、火炮和坦克、红外扫描及红外伪装等。

2）方法移植。17世纪的笛卡尔是科学方法移植的先驱。他以高度的想象力，借助曲线上“点的运动”的想象，把代数方法移植于几何领域，使代数、几何融为一体而创立解析几何；美国阿波罗11号所使用的“月球轨道指令舱”与“登月舱”分离方法，移植于巨轮不能泊岸时用驳船靠岸的办法；现代管理方法中的行为学派是将心理学原理移植到企业管理方法中而形成的，在科学研究中常用的一些方法如观察法、归纳法、直接法等可以移植到技术创新中去。

3）回采移植。历史表明，许多被弃置不用的“陈旧”技术，只要赋予现代技术加以改造，往往会导致新的创造。如帆船是古代船舶的标志，但又出现在20世纪80年代。至今，东西方竟有20多个海洋国家成立了“风帆研究所”。现代风帆是以计算机设计，具有最佳采风性能和推进性能。其制作材料已从尼龙发展到铝合金，帆的操作控制也是自动化的。所以现代帆船并非“扁舟孤帆”，而是万吨巨轮。有些帆船速度可与快艇媲美，加上节能、安全、无噪声、无污染等独特优点而深受器重。

4）功能移植。系指把诸如激光技术、超声波技术、超导技术、光纤技术、生物工程技术以及其他信息、控制、材料、动力等一系列通用技术所具有的技术功能，以某种形式应用于其他领域。如采用液压技术便可较好地解决远距离传动的问题，且简化机构并操作方便；电子计算机的应用则使机械加工程序化、自动化；在自然界，河川中夹杂的有机物质的净化细菌，有机物经它消化后变成水和一氧化碳。环保专家将此功能移植于废水处理——引进净化细菌让它大量繁殖，以达到去污变清的目的。这就是目前污水处理的活性污泥处理法。

D 仿生学方法

（1）基本原理。通过模拟生物的结构或功能原理而导致发明创造的途径称为仿生学方法。今天，仿生学已成为现代技术发明的重要途径之一。生物原型成为现代发明的源泉。

（2）主要途径。向生物索取技术原理，不仅具有令人陶醉和神往的光辉前景，而且所涉猎的内容也相当广泛，事实上，人类从仿生学的角度所作发明的例子是很多的。例如从鸟类想到飞机、从蝙蝠想到雷达、从犰狳想到坦克、从石龙子想到伪装色、从飞鼠想到降落伞等。根据仿生学的研究成果，向生物索取技术原理大致有如下几个方面：

1）信息仿生。主要是通过研究、模拟生物的感觉（包括视觉、听觉、嗅觉、触觉）、智能以及信息贮存、提取、传输等方面的机理，构思和研制新的信息系统。

2）控制仿生。主要通过研究模拟生物的体内稳态（反馈调节）、运动控制、动物的定向与导航、生态系统的涨落及人机系统的功能原理，来构思和研制新的控制系统。例如，人们根据蜜蜂的复眼能够利用偏振光的原理导航，发明了用于航空和航海的非磁性“偏光天文罗盘”。这种罗盘对于不能使用磁罗盘的高纬度地区，显示出极大的优越性。

3）力学仿生。主要通过研究模拟生物的机械原理以及结构力学和流体力学的原理，构思和研究新的系统。例如，人们根据鱼类、鸟类的身体形状的流体力学特性，研制了各种各样的船舶和空间飞行物；根据蛋壳、乌龟壳、贝壳等弯曲表面，发明了建筑物上薄壳结构。

4）化学仿生。主要是通过研究模拟生物酶的催化作用、生物的化学合成、能量转换等，来构思高效催化剂等化学产品、化学工艺以及新材料、新能源等。例如，人们为宇宙飞船设计的所谓“宇宙绿洲”——生态循环系统，就是通过模拟生物“电池”、光合作用转换的原理以及自然生态系统所创造出的。

5）技术仿生。隧道工程中曾广泛使用的“构盾施工法”也是以生物为师作出的发明。

6）原理仿生。原苏联科学院动物研究所研制了各种地球上许多动物的运动后，模仿其运动原理设计研制了各种新颖的交通工具：按蜘蛛的爬行原理设计军用越野车；根据蛇的爬行原理设计并改善了履带车的噪声；利用企鹅奔跑的原理设计了雪地汽车；甚至还准备参照袋鼠的运动方式来设计一种可以超越障碍的越野车。

案例 7-23　奇妙的信息仿生——狗鼻子素以灵敏著称，它能感觉 200 万种物质和不同浓度的气味，嗅觉比人灵敏一万倍，现在，人们以不同物质的气味对紫外线的选择性吸收为信息，研制成了“电子警犬”，用它来做检测，其灵敏度甚至可达到狗鼻子的 1000 倍。通过对蜜蜂筑巢的研究，人们模仿蜂巢已制造出重量轻、强度高的蜂巢夹层结构，在 B52 轰炸机上就采用这种结构。如果再研究蜜蜂的定向能力、蜂群信息的传递方式等，则可获得另外有益启示。再如，从蜂蜜的久藏而不变质的特性是否能找到一种食品保鲜的新方法。现在甚至有人在研究蜂群的组织分工，以期在管理学上有所借鉴。

E　原型启发法

（1）基本原理。有启发作用的事物，叫做原型。很多原型都可能有启发作用，如自然现象、日常用品、机器、示意图、文字描述、口头描述等都是常见的原型。由原型启发而得的创造发明甚多。

（2）启发的条件。启发带有偶然性、机遇性，它需要有一定的主客观条件：

1）有强烈的创新欲望，这样才能大大提高接受启发的敏感性。

2）明确问题的实质，以鉴别把握可能得到的启发。

3）增加信息量，扩大接触面，为启发创造更多机会。跨学科的研究者常能作出突破性贡献，因为独创性常常在于发现两个截然不同的事物之间的联系或共同点。

4）大胆猜测事物之间可能的联系，寻找启发的原型。

（3）原型的启发：

1）资料的启发。美国发明家威斯汀豪斯发明的能控制整列火车的制动装置是从一本杂志上得到的启示。文章介绍挖隧道时，驱动风钻的压缩空气是用橡皮管从 900m 以外的空压缩机送来的，于是创造了气动刹车的装置。

2）技术的启发。在修补沥青路面时，常需将原有的沥青烤软，但用红外线加热或烘烤方法均只对表面有效，难以使内部软化。有人想到微波炉可将食品内部迅速加热，于是将此技术应用于筑路机上，取得了好的效果。

3）生物的启发。“伟格罗”是一种不生锈、重量轻、可以洗的尼龙扣，可广泛用于衣服、窗帘、椅套、医疗器材、飞机及汽车上，太空人还借此把食品包“挂”在墙上，或使他们的靴子能附着在地板上。启发这一奇妙创造的原型是：1948 年某天，瑞士发明家桥治·德梅斯特拉尔带着他的狗去打猎时，沾在人和狗身上的牛蒡子草刺果。

4）常识的启发。结症是马、骡常见病，死亡率很大，是兽医的一大难题。为此煞费苦心的兽医李留栓等人注意到了一个简单常识：鸡蛋很难握破但极易击碎。由此创造了一种奇特的“撞击术”——一只手深入肠道按住结粪，另一只手在腹腔外对准突然一击，使粪破碎。几年中，他们用这种方法治疗了两千多匹病马，无一死亡。

5）生活的启发。美国工程师杜里埃认为，为保证内燃机有效地工作，必须使汽油和空气均匀地混合。然而如何混合却不得要领。1891 年某日，他看到妻子喷洒香水，突然灵光一闪，终于创造出了发动机的汽化器。

6）现象的启发。哈格里沃斯经常在想怎样才能提高只能拉出一根线的纺车的效率。有次在与珍妮谈话时，把纺车碰翻了，轮子带动那根锭子飞快地转动。受此启发，想到几个竖起的锭子的效率肯定要比一个横锭高。于是，发明了效率高 8 倍、有 7 个竖锭的纺车。

7）原理的启发。有人研究了西瓜皮能滑倒人的原理，发现这是西瓜皮受脚踩后压出了水分，减小摩擦而致，由此弄清了冰刀式滑冰鞋只能在冰上滑而不能在光滑的玻璃上滑的道理；又有人分析了香蕉皮滑倒人的原理，发现香蕉皮由几百个薄层构成，层与层之间可相对滑动，由此找到与香蕉皮有类似结构的二硫化钼，它具有良好的耐热性，为机械转动、滑动的润滑开创了一个新天地。

F　现象探索法

所谓现象，是指事物在发生、发展和变化过程中显露出来的外部形式和表面特征。世界充满着各种各样的现象，其中既有自然现象，也有社会现象，还有思维现象。它们共同反映出自然界和人类社会的发展趋势、运动规律和演变本质。

现象探索法，是指人们运用一定的理论和方法，通过观察实验和调查研究，主要通过联想和类比，探索由各种各样的现象所提示的、人们还不曾知晓或知之甚少的东西，以便从中了解和掌握事物发生、发展和变化的趋势、规律或本质，从而促进创新活动的开展和创新成果的取得。

有志于发明创造的大学生应当了解，世界每天都是新的，因为世界上的任何事物和现象每时每刻都处在不停地运动、变化和发展之中，面对错综复杂的事物及其瞬息万变的现象，大学生如何才能真正了解现象、透视现象，利用现象呢？实际上，绝大多数对人们开展发明创造活动有借鉴、启发意义的现象通常可分为“新奇性现象”“重复性现象”和“密集性现象”三种，它们对引导人们进行创造性思维的作用可通过下述事例生动反映出来。

案例 7-24　发现外星人——现在人们要查证外星球有无生物存在，可以用 ATP 检测法来一显身手。它的工作机理又是怎样的呢？科学研究表明，萤火虫之所以能发光，是因为其体内存在着三磷酸腺苷（ATP）的缘故。ATP 在与荧光素、荧光酶、水、氧等物质进行化学反应后，能将其具有的化学能转化为光能。这种化学反应的过程在萤火虫体内自然而然地进行，所以萤火虫能发出荧光。科学家们在弄清萤火虫的发光原理以后，再接再厉，展开更深入的研究。他们发现 ATP 不仅存在于萤火虫体内，所有生物体内都有这种化学物质。由于现有科学技术还无法做到人工合成 ATP，由此 ATP 的合成只能在生物体内完成。这给科学家极大的启发，使他们联想到：只要判明哪里有 ATP 存在，就可断定哪里有生物存在！按照这一思路，美国科学家们计划将荧光素、荧光酶、水、氧等物质装在特殊容器里，送入外星球并与那里的土壤混合。根据类比原理，如果那里有生物存在，就必有 ATP，这样就必然会发生化学反应发出光来。根据这一原理人们还可判定宇宙漂浮物上是否有生物存在。地球之外的星体究竟有无生物，这个困扰人类千百年的难题，现在终于有了检验的方法。

7.2　创新方法 TRIZ

7.2.1　TRIZ 的基本含义

7.2.1.1　什么是 TRIZ

TRIZ，直译是“发明问题解决理论”，国内形象翻译为“萃智”或者“萃思”，取其“萃取智慧”或“萃取思考”之义。TRIZ 一词来源于俄文“发明家式的解决任务理论”（теориирешенияизобретательскихзадач，俄语缩写为“ТРИЗ”）。用英语标音可读为 Teoriya resheniya izobreatatelskikh zadatch，缩写为 TRIZ，它既不是俄文也不是英文，只是一个特殊的缩略语。而英文的同义语为 Theory of inventive problem solving，因此也有人缩写为 TIPS。

“发明问题解决理论”有两个基本的含义，表面的意思是强调解决实际问题，特别是发明问题；隐含的意思是解决发明问题而最终实现创新。

相对于传统的创新方法（比如试错法、头脑风暴法等），TRIZ 理论具有鲜明的特点和优势，它成功地揭示了创造发明的内在规律和原理，着力于澄清和强调系统中存在的矛盾，而不是回避矛盾，其目的是解决矛盾，从而获得最终理想解，而不是采用折中或者妥协的做法，并且，TRIZ 理论是基于技术的发展演化规律来研究整个设计与开发过程的，不再是随机行为，因此大大加快了创造发明的进程。

TRIZ 理论能够帮助人们系统地分析问题情境，快速发现问题本质或者矛盾，能够准确确定问题探索方向，不会错过各种可能，而且它能够帮助人们突破思维障碍，打破思维定势，以新的视角分析问题，进行逻辑和非逻辑的系统思维，根据技术的进化规律预测未来发展趋势，大大加快人们创造发明的进程，并生产出高质量的创新产品。

TRIZ 理论已经成为基于知识，面向人的解决发明问题的系统化方法学。它曾作为苏联的国家机密，在军事、工业、航空、航天等领域均发挥着巨大的作用。冷战时期，以美国为首的西方国家的特工与苏联的克格勃曾经围绕 TRIZ 理论展开谍战，他们把这种理论称为“点金术”。

7.2.1.2　TRIZ 的起源和发展

TRIZ 理论是阿奇舒勒（G. S. Altshuller）在 1946 年创立的，他也被尊称为 TRIZ 之父。根里奇 · 阿奇舒勒（Genrikh Altshuller）于 1926 年出生在苏联乌兹别克，14 岁时就获得了首个专利证书，专利作品是水下呼吸器，在 15 岁时他制造了一条船，船上装有使用碳化物做燃料的喷气发动机。1946 年，阿奇舒勒开始了发明问题解决理论的研究工作，当时他在苏联里海海军的专利局工作，在处理世界各国著名的发明专利过程中，他总是考虑这样一个问题：当人们进行发明创造、解决技术难题时，是否有可遵循的科学方法和法则，从而能迅速地实现新的发明创造或解决技术难题呢？通过研究成千上万的专利，他发现任何领域的产品改进、技术的变革、创新和生物系统一样，都存在产生、生长、成熟、衰老、灭亡，是有规律可循的。人们如果掌握了这些规律，就能能动地进行产品设计并能预测产品的未来趋势。以后数十年中，Altshuller 穷其毕生的精力致力于 TRIZ 理论的研究和完善。在他的领导下，前苏联的研究机构、大学、企业组成了 TRIZ 的研究团体，分析了世界近 250 万份高水平的发明专利，总结出各种技术发展进化遵循的规律模式，以及解决各种技术矛盾和物理矛盾的创新原理和法则，建立一个由解决技术，实现创新开发的各种方法、算法组成的综合理论体系，并综合多学科领域的原理和法则，建立起 TRIZ 理论体系。

20 世纪 80 年代中期前，该理论对其他国家保密，80 年代中期，随一批科学家移居美国等西方国家，逐渐把该理论介绍给世界产品开发领域，对该领域已产生了重要的影响。目前，TRIZ 理论已经在自动控制、电气电子、航空航天、机械仪器、医疗卫生、动力、汽车、化工、食品等技术领域中发挥作用，并延伸到了非科技领域。

7.2.1.3 阿奇舒勒的发现

TRIZ 理论来源于对专利的研究。为了发现隐藏在专利背后的发明规律，阿奇舒勒每年组织 1500 人研究各种专利。在专利研究过程中，他发现任何领域的产品改进、技术革新等都存在诞生、成长、成熟、衰老和灭亡的“生命轨迹”，因此，通过对大量专利的研究，阿奇舒勒总结出了以下 5 个重要发现。

A 原理（方法）被反复利用

以往不同领域的发明中用到的原理（方法）并不多，不同时代的发明，不同领域的发明，应用的原理（方法）被反复利用。

例如：20 世纪 80 年代中期，某钻石生产公司发现可以利用加压减压爆裂方法实现了大钻石的裂纹处破碎或分开，如图 7-4 所示。

图 7-4 钻石分割

尽管解决了问题，但他们并没有发现类似的问题在几十年前的其他领域早已解决，并且申请了专利。如 20 世纪 40 年代，农业上就利用该方法分离辣椒的果肉与果核，来生产辣椒肉罐头。容器内压力从 1 个大气压逐渐增加到 8 个大气压，然后突然降压到 1 个大气压，压力骤变引起爆裂，使果肉与果核顺利分开，如图 7-5 所示。

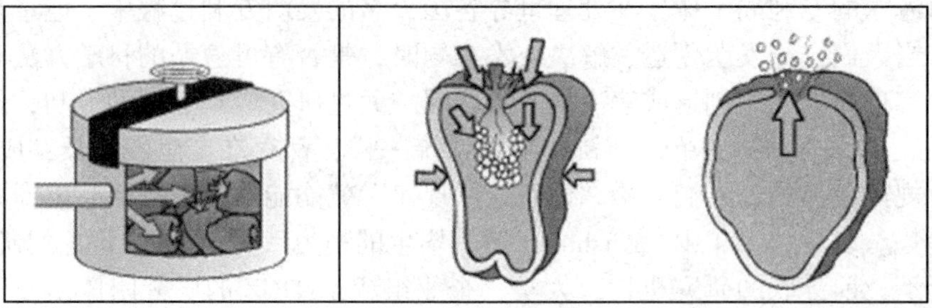

图 7-5　辣椒果肉与果核的分离方法

因此，同钻石的切割一样，糖晶体也可用这个方法碎成粉末，还可以为松子、葵花籽、板栗等坚果去壳，或是给小海虾去壳等。当然，在运用该方法的时候，要针对不同的领域改变相关的参数。

B　发明原理（方法）的适应性强

每条发明原理（方法）并不限定应用于某一特殊领域，而是融合了物理的、化学的和各工程领域的原理，且这些原理适用于不同领域的发明创造和创新。

例如：为了减小运行阻力和增加隐身性，美国利用一维变多维原理，设计了小水线双体船"海影"。

同样，为增加有效打击面积和打击强度，有目的地增加了大炮的发射管数。

C　类似的矛盾或问题与该问题的解决原理在不同的工业及科学领域交替出现

例如：为了提高刀的使用特性，会产生一个矛盾，既要锋利耐用，又要轻质方便。因此，可根据局部质量改变原理进行处理，即"好钢用到刀刃上"，如图 7-6 所示。同理，继电器作为频繁启动部件，触电经常因为反复开合而产生烧蚀，为了增加继电器触点的耐用性，会产生一个矛盾：既要耐用，又要质轻，同理，可选用熔点高的金属作为触点，如图 7-7 所示。

图 7-6　好钢用到刀刃上

图 7-7　继电器

D　技术系统进化的模式（规律）在不同的工程及科学领域交替出现

例如：各个系统的进化模式在不同的工程和科学技术领域都会遵从于从婴儿期、成长期、成熟期到衰退期的进化历程，如图 7-8 所示。

马车

蒸汽机车

本茨的三轮汽车

帆船

蒸汽轮船

飞机

图 7-8 交通工具的进化

E 创新设计所依据的科学原理往往属于其他领域

例如：为了减小飞机重量，减少雷达探测效果，中国歼 20 隐形战斗机和俄罗斯 T50 隐身战斗机均采用了一定的复合材料，多棱面机身外形加涂刷吸波隐身材料。而复合材料、隐身材料的制作均利用了其他领域的技术。

7.2.1.4 发明等级的划分

TRIZ 通过分析专利发现，各国家不同的发明专利内部蕴含的科学知识、技术水平都有很大的区别和差异。以往，在没有分清这些发明专利的具体内容时，很难区分出不同发明专利的知识含量、技术水平、应用范围、重要性和对人类的贡献大小等问题。因此，把发明专利依据其对科学的贡献、技术的应用范围及为社会带来的经济效益等情况划分一定的等级加以区别，以便更好地推广应用。TRIZ 理论将发明专利或发明创造分为以下 5 个等级：

（1）第 1 级，多数为参数优化类的小型发明。一般为通常的设计或对已有系统的简单改进。这一类发明并不需要任何相邻领域的专门技术或知识，问题的解决主要凭借设计人员自身掌握的知识和经验，不需要创新，只是知识和经验的应用。

例如：为更好地保温，将塑钢窗加厚，如图 7-9 所示；用承载量更大的重型卡车替代轻型卡车，以实现运输成本的降低，如图 7-10 所示。该类发明创造或发明专利占所有发明创造或发明专利总数的 32%。

（2）第 2 级，通过解决一个技术矛盾对已有系统进行少量改进。这一类问题的解决主要采用行业内已有的理论、知识和经验。解决这类问题的传统方法是折中法。

例如：在焊接装置上增加的一个灭火器（见图 7-11）、多功能斧头（见图 7-12）等。该类发明创造或发明专利占所有发明创造或发明专利总数的 45%。

（3）第 3 级，对已有系统的根本性进行改进。这一类问题的解决主要采用本行业以外的已有方法和知识，设计过程中要解决矛盾。

图 7-9 加厚塑钢窗

图 7-10 重型卡车

图 7-11 灭火双枪环缝焊接机

图 7-12 多功能斧头

例如：汽车上用自动传动系统代替机械传动系统（见图 7-13）、计算机使用鼠标（见图 7-14）等。该类发明创造或发明专利占所有发明创造或发明专利总数的 18%。

图 7-13 汽车 8 挡自动变速箱

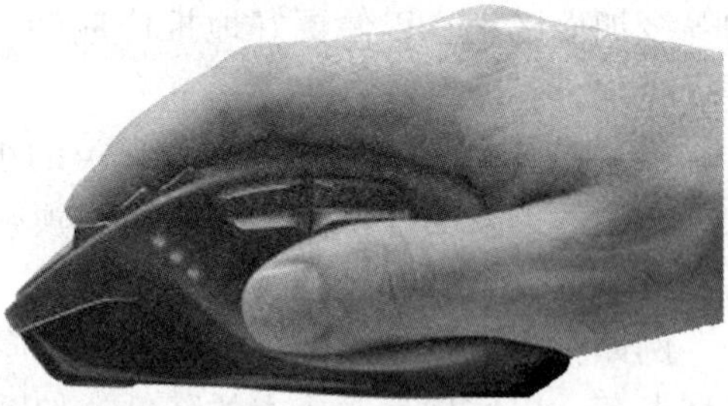

图 7-14 鼠标操作计算机

（4）第 4 级，采用全新原理完成对已有系统基本功能的创新。这一类问题的解决主要是从科学角度而不是从工程的角度出发，充分控制和利用科学知识、科学原理实现新的发明创造。

例如：第一台内燃机的出现（见图 7-15）、集成电路的发明、充气轮胎（见图 7-16）、记忆合金管接头等。该类发明创造或发明专利占所有发明创造或发明专利总数的 4%。

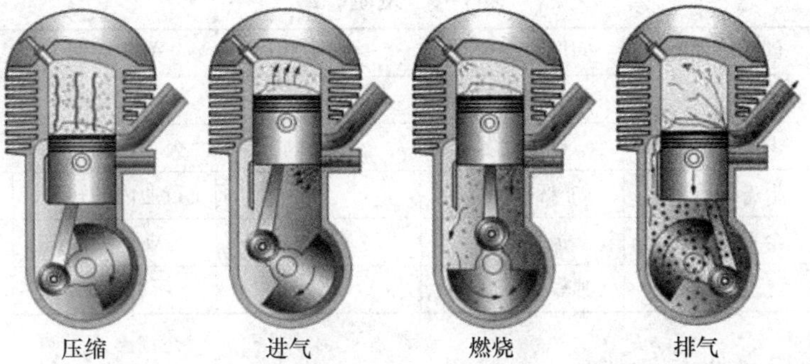

图 7-15 内燃机的发明

图 7-16 充气轮胎的发明

(5) 第 5 级，罕见的科学原理导致一种新系统的发明、发现。这一类问题的解决主要是依据自然规律的新发现或科学的新发现。

例如：计算机、形状记忆合金（见图 7-17）、蒸汽机（见图 7-18）、激光、灯泡的首次发明等。该类发明创造或发明专利占所有发明创造或发明专利总数的 1%。

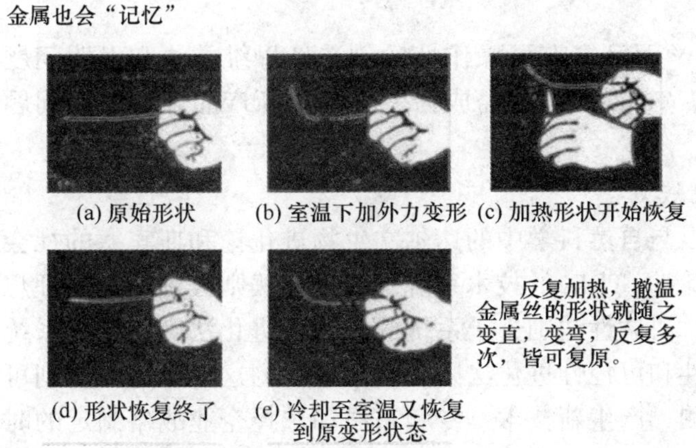

图 7-17 形状记忆合金

图 7-18 蒸汽机

实际上，发明创造的级别越高，获得该发明专利时所需的知识就越多，这些知识所处的领域就越宽，搜索有用知识的时间就越长。同时，随着社会的发展、科技水平的提高，发明创造的等级随时间的变化而不断降低，最初的最高级别的发明创造逐渐成为人们熟悉和了解的知识。

发明创造的等级划分及知识领域见表 7-1。

表 7-1 发明等级

发明级别	创新的程序	问题复杂程度	比例/%	知识来源	参考解数量
1	明确的解	无矛盾问题	32	个人的知识	10
2	少量的改进	标准问题	45	公司内的知识	100
3	根本性改进	非标准问题	18	行业内的知识	1000
4	全新的概念	极端问题	4	行业外的知识	10000
5	发现	独一无二问题	<1	所有的知识	100000

由表 7-1 可以有如下发现：

（1）95%的发明专利利用了行业内的知识。

（2）只有少于 5%的发明专利利用了行业外的及整个社会的知识。

因此，如果企业遇到技术矛盾或问题，可以先在行业内寻找答案；若不可能，再向行业外拓展，寻找解决方法。若想实现创新，尤其是重大的发明创造，就要充分挖掘和利用行业外的知识。

平时人们遇到的绝大多数发明都属于第 1、2 和 3 级。虽然高等级发明对于推动技术文明进步具有重大意义，但这一级的发明数量相当稀少。而较低等级的发明则起到不断完善技术的作用。

对于第 1 级发明，阿奇舒勒认为不算是创新。而对于第 5 级发明，他认为如果一个人在旧的系统还没有完全失去发展希望时就选择一个完全新的技术系统，则成功之路和被社会接受的道路是艰难和漫长的。因此，发明几种在原来基础上的改进系统是更好的策略。他建议将这两个等级排除在外，TRIZ 理论工具对于其他 3 个等级的发明作用更大。一般来说，等级 2、3 称为“革新（Innovative）”，等级 4 称为“创新（Inventive）”。

7.2.1.5 TRIZ 的主要内容

TRIZ 理论包含着许多系统、科学而又富有可操作性的创造性思维方法和发明问题的分析方法。经过半个多世纪的发展，TRIZ 理论已经成为一套解决新产品开发实际问题的成熟的九大经典理论体系。

A TRIZ 的技术系统八大进化法则

阿奇舒勒的技术系统进化论可以与自然科学中的达尔文生物进化论和斯宾塞的社会达尔文主义齐肩，被称为“三大进化论”。TRIZ 的技术系统八大进化法则分别是提高理想度法则、完备性法则、能量传递法则、协调性法则、子系统的不均衡进化法则、向超系统进化法则、向微观级进化法则、动态性和可控性进化法则。技术系统的这八大进化法则可以应用于产生市场需求、定性技术预测、产生新技术、专利布局和选择企业战略制定的时机等。它们可以用来解决难题，预测技术系统，产生并加强创造性问题的解决工具。

B 最终理想解

TRIZ 理论在解决问题之初，首先抛开各种客观限制条件，通过理想化来定义问题的最终理想解（Ideal final result，IFR），以明确理想解所在的方向和位置，保证在问题解决过程中沿着此目标前进并获得最终理想解，从而避免了传统创新设计方法中缺乏目标的弊端，提升了创新设计的效率。如果将创造性解决问题的方法比作通向胜利的桥梁，那么最终理想解就是这座桥梁的桥墩。最终理想解有 4 个特点：

(1) 保持了原系统的优点。

(2) 消除了原系统的不足。

(3) 没有使系统变得更复杂。

(4) 没有引入新的缺陷。

C 40个发明原理

阿奇舒勒对大量的专利进行了研究、分析和总结，提炼出了TRIZ中最重要的、具有普遍用途的40个发明原理，分别是分割、抽取、局部质量、非对称、组合、多用性、嵌套、质量补偿、预先反作用、预先作用、预先防范、等势、反向作用、曲面化、动态化、部分超越、维数变化、机械振动、周期性作用、有效作用的连续性、快速、变害为利、反馈、中介物、自服务、复制、廉价替代品、机械系统的替代、气压与液压结构、柔性壳体或薄膜、多孔材料、改变颜色、同质性、抛弃与再生、物理/化学参数变化、相变、热膨胀、加速氧化、惰性环境、复合材料。

D 39个工程参数及阿奇舒勒矛盾矩阵

在对专利研究过程中，阿奇舒勒发现，仅有39项工程参数在彼此相对改善和恶化，而这些专利都是在不同的领域上解决这些工程参数的冲突与矛盾。这些矛盾不断地出现，又不断地被解决。由此他总结出了解决冲突和矛盾的40个创新原理。之后，将这些冲突与矛盾解决原理组成一个由39个改善参数与39个恶化参数构成的矩阵，矩阵的横轴表示希望得到改善的参数，纵轴表示某技术特性改善引起恶化的参数，横纵轴各参数交叉处的数字表示用来解决系统矛盾时所使用创新原理的编号，这就是著名的技术矛盾矩阵。阿奇舒勒矛盾矩阵为问题解决者提供了一个可以根据系统中产生矛盾的两个工程参数从矩阵表中直接查找化解该矛盾的发明原理。

E 物理矛盾和四大分离原理

当一个技术系统的工程参数具有相反的需求，就出现了物理矛盾。比如说，要求系统的某个参数既要出现又不存在，或既要高又要低，或既要大又要小等。相对于技术矛盾，物理矛盾是一种更尖锐的矛盾，创新中需要加以解决。物理矛盾所存在的子系统就是系统的关键子系统，系统或关键子系统应该具有为满足某个需求的参数特性，但另一个需求要求系统或关键子系统又不能具有这样的参数特性。分离原理是阿奇舒勒针对物理矛盾的解决而提出的，分离方法共有11种，归纳概括为四大分离原理，分别是空间分离、时间分离、条件分离和整体与部分的分离。

F 物—场模型分析

阿奇舒勒认为每一个技术系统都可由许多功能不同的子系统组成，因此，每一个系统都有它的子系统，而每个子系统都可以再进一步地细分，直到分子、原子、质子与电子等微观层次。无论大系统、子系统、还是微观层次都具有功能，所有的功能都可分解为2种物质和1种场（即二元素组成）。在物—场模型的定义中，物质是指某种物体或过程，可以是整个系统，也可以是系统内的子系统或单个的物体，甚至可以是环境，取决于实际情况。场是指完成某种功能所需的方法或手段，通常是一些能量形式，如磁场、重力场、电能、热能、化学能、机械能、声能、光能等。物—场分析是TRIZ理论中的一种分析工具，用于建立与已存在的系统或新技术系统的问题相联系的功能模型。

G　发明问题的标准解法

标准解法是阿奇舒勒于1985年创立的，共有76个，分成5级，各级中解法的先后顺序也反映了技术系统必然的进化过程和进化方向。标准解法可以将标准问题在一两步中快速进行解决，它是阿奇舒勒后期进行TRIZ理论研究的最重要的课题，同时也是TRIZ高级理论的精华。标准解法也是解决非标准问题的基础，非标准问题主要应用ARIZ来进行解决，而ARIZ的主要思路是将非标准问题通过各种方法进行变化，转化为标准问题，然后应用标准解法来获得解决方案。

H　发明问题解决算法

ARIZ（Algorithm for inventive problem solving）称为发明问题解决算法，是TRIZ的一种主要工具，是解决发明问题的完整算法，该算法采用一套逻辑过程逐步将初始问题程式化。该算法特别强调矛盾与理想解的程式化，一方面技术系统向理想解的方向进化，另一方面如果一个技术问题存在矛盾需要克服，该问题就变成一个创新问题。ARIZ的理论基础由以下3条原则构成：

（1）ARIZ是通过确定和解决引起问题的技术矛盾。

（2）问题解决者一旦采用了ARIZ来解决问题，其惯性思维因素必须被加以控制。

（3）ARIZ也不断地获得广泛的、最新的知识基础的支持。

ARIZ最初由阿奇舒勒于1977年提出，随后经过多次完善才形成比较完善的理论体系，ARIZ-85包括九大步骤，即分析问题、分析问题模型、陈述IFR和物理矛盾、用物—场资源、应用知识库、转化或替代问题、分析解决物理矛盾的方法、利用解法概念、分析问题解决的过程。

I　科学效应和现象知识库

科学原理尤其是科学效应和现象的应用对发明问题的解决具有超乎想象的、强有力的帮助。应用科学效应和现象应遵循5个步骤，解决发明问题时会经常遇到需要实现的30种功能，这些功能的实现经常要用到100个科学有趣现象。

TRIZ理论的核心思想主要体现在3个方面。首先，无论是一个简单产品还是复杂的技术系统，其核心技术都是遵循着客观的规律发展演变的，即具有客观的进化规律和模式。其次，各种技术难题、矛盾和矛盾的不断解决是推动这种进化过程的动力。再就是技术系统发展的理想状态是用尽量少的资源实现尽量多的功能。TRIZ的理论体系如图7-19所示。

7.2.2　TRIZ的应用案例

TRIZ理论广泛应用于工程技术领域，并已逐步向其他领域渗透和扩展。应用范围越来越广，由原来擅长的工程技术领域分别向自然科学、社会科学、管理科学、生物科学等领域发展。已总结出的40条发明创造原理在工业、建筑、微电子、化学、生物学、社会学、医疗、食品、商业、教育的应用案例，用于指导各领域遇到问题的解决。TRIZ是专门研究创新设计的理论，已建立一系列的普适性工具帮助设计者尽快获得满意的领域解。TRIZ作为技术问题或发明问题解决的一种强有力方法，并不是针对某个具体的机构、机械或过程，而是要建立解决问题的模型及指明问题解决对策的探索方向。TRIZ的原理、算法也不局限于任何特定的应用领域。它是指导人们创造性解决问题并提供科学的方法、

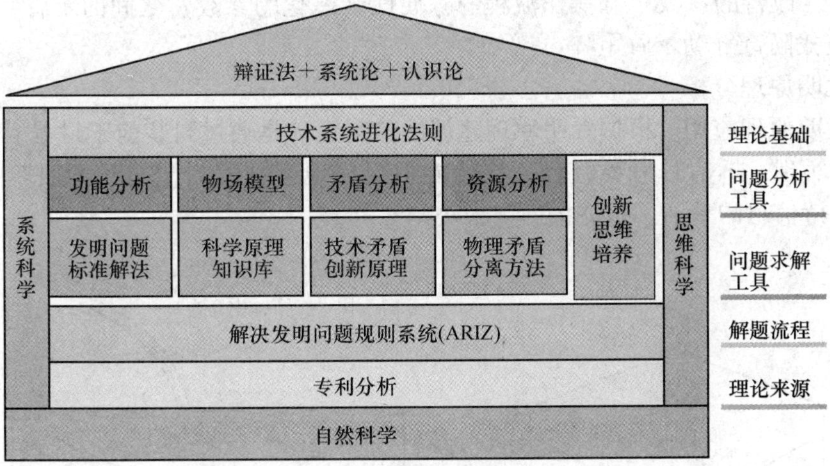

图 7-19 TRIZ 理论体系

法则。因此，TRIZ 可以广泛应用于各个领域创造性地解决问题。不仅曾在苏联得到广泛应用，在美国的很多企业特别是大企业，如波音、通用、克莱斯勒、摩托罗拉等的新产品开发也得到了应用，创造了可观的经济效益。

据统计，2003 年，三星电子采用 TRIZ 理论指导项目研发而节约相关成本 15 亿美元，同时通过在 67 个研发项目中运用 TRIZ 技术成功申请了 52 项专利。仅仅一项创新技术就能对一个跨国企业产生如此大的影响，这种情况是不多见的，TRIZ 的创始人 G. S. Altshuller 对此也始料未及。

从 1997 年三星引入 TRIZ 理论到 2003 年的近 7 年时间里，三星应用 TRIZ 取得了显著的创新成果，但很多创新环节仍然需要 TRIZ 专家的协助才能完成，而且这些专家往往都有 10 年以上的 TRIZ 应用经验并通晓不同的工程领域。因此，称三星的这种创新模式为“专家辅助创新”。

下面通过案例，对 TRIZ 几个简单工具的应用进行简单介绍：例如安全便捷的信封设计，人们往往认为撕开胶粘的信封是快捷方便的，但这种方法往往会把信封内的文件撕坏或使信封开口变粗糙，不能再装文件。如果借助某种辅助工具，或是在剪开前抖动信封，虽然可以避免撕坏文件，但也给用户带来了不便。因此，想设计一种能又快又可靠地拆开的信封。

（1）问题分析。分析后发现，问题的关键在于信封的设计，即寻求一种快捷、方便、安全的信封设计，如图 7-20 所示。先对主要的拆信方式做一个分析：

1）采用最快捷的拆信方式——直接撕开。

优点：快捷；缺点：容易损坏内部文件。

2）采用可靠的拆信方式——利用剪刀、拆信刀等。

优点：信封外观保持完整，且不损坏内部文件；缺点：麻烦，费事。

现在就存在两个矛盾：

矛盾一，节约拆信时间和降低拆信的可靠性之间的矛盾。利用 39 个通用工程参数中的两个可表示为时间损失（改善的参数）和可靠性（恶化的参数）之间的矛盾。

矛盾二，拆信的可靠性和方便性之间的矛盾。利用 39 个通用工程参数中的两个可表示为可靠性（改善的参数）和操作流程的方便性（恶化的参数）之间的矛盾。

（2）查找阿奇舒勒矛盾矩阵。

（3）发明原理分析。

（4）发明原理应用。根据发明原理建议的信封设计是通过封装前于封盖下放置拆封线或拆封条来实现，拆信时只要轻轻一拉就能很轻松地拆开信封，同时不损坏内部文件资料，也能保持信封的整洁。该方案已申报美国专利。

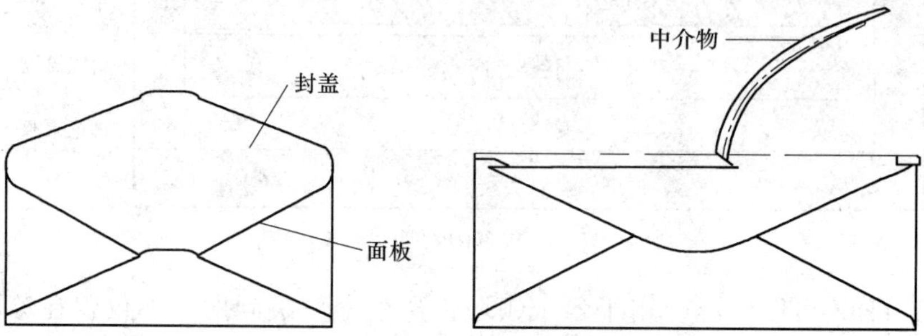

图 7-20　安全便捷的信封设计

7.3　创新思维工具之六顶思考帽

7.3.1　六顶思考帽的概念

六顶思考帽是英国学者德·博诺开发的一种思维训练模式，或者说是一个全面思考问题的模型。它提供了“平行思维”的工具，避免将时间浪费在互相争执上。强调的是“能够成为什么”，而非“本身是什么”，是寻求一条向前发展的路，而不是争论谁对谁错。运用德·博诺的六顶思考帽，将会使混乱的思考变得更清晰，使团体中无意义的争论变成集思广益的创造，使每个人变得富有创造性。

六顶思考帽是指使用六种不同颜色的帽子代表六种不同的思维模式。

（1）白色思考帽。白色代表中立与客观，戴上白色思考帽，思考客观的事实和数据。

（2）黄色思考帽。黄色代表价值与肯定，戴上黄色思考帽，会从正面考虑问题，思考乐观的、有希望的、建设性的观点。

（3）黑色思考帽。黑色代表否定与怀疑，戴上黑色思考帽，可以否定、怀疑和批判，发表负面的意见，找出逻辑上的错误。

（4）蓝色思考帽。蓝色代表控制与调节，戴上蓝色思考帽，负责规划和管理思维过程，同时控制各种思考帽的使用顺序，并做出结论。

（5）红色思考帽。红色代表情感和情绪，戴上红色思考帽，可以表达自己的感受、直觉、预感等方面的看法。

（6）绿色思考帽。绿色代表茵茵芳草，象征勃勃生机，寓意创造力和想象力。戴上绿色思考帽具有创造性思考、头脑风暴、求异思维等功能。

六顶思考帽是平行思维工具，是创新思维工具，也是人际沟通的操作框架，更是提高团队智商的有效方法。

7.3.2 六顶思考帽的特点

7.3.2.1 白色思考帽的特点

生活工作中经常遇到一些人说:“说话要有依据。”其实，就是使用的“白色帽子”，他们戴的这顶白色帽子，思考的是客观的事实和数据。

白色思考帽是中立的，它客观地展示整个世界。它不是用于归纳某种观点的，其直接目的就在于搜寻和展示信息。

白色帽子思考法是一种训练和方向。思考者在提出信息时，要努力使自己更加中立和客观。别人会要求你戴上白色思考帽，你也可以要求他们这么做。你还可以自行选择戴上或者摘下。

7.3.2.2 黄色思考帽的特点

黄色是一种很明亮的颜色，是活跃向上的象征。黄色帽子思考法就是在思考一个问题的时候，把正面的、乐观的、喜悦的、积极的情况集中在一起，也就是找出最理想的情况，寻求最好的可能。

黄色帽子思考的特点表现为积极、乐观、建设性、启发性和超前性。

这非常重要，例如，企业在经营过程中经常会遇到短期利益与长期利益相矛盾的情况，在用黄色帽子思考法思考问题的时候，注重的是最美好的远景，而不是眼前的短期利益。

7.3.2.3 黑色思考帽的特点

黑色，令人联想到负面的、悲观的东西，黑色帽子思考法运用否定、怀疑、悲观的看法，合乎逻辑地进行批判，尽情发表负面的意见，找出逻辑上的错误。

通俗地讲，黑色帽子思考法就是挑刺，主要是怎么样充分考虑最坏的情况。对于自己来说，通常发现优点比较容易；而看别人则比较容易发现缺点，这是一般人的通病。其实黑色帽子思考法跟看别人的缺点是一样的道理——利用这种对别人的敏感心理，找出工作中的缺陷，最终促进工作的不断完善。

黑色帽子的特点，一方面是进行否定的、悲观的、怀疑的、负面的，但又是合乎逻辑的批评、批判、反驳；另一方面，要尽情地、尽可能深入地，甚至允许有一定想象力地提出负面意见，找出白色帽子思维过程中和结论上的逻辑错误及不够严密的地方。

7.3.2.4 蓝色思考帽的特点

蓝色代表理性，所以蓝色帽子思考法是思考中的思考，是对思维的指挥、控制，安排思考的程序、方法并不时地进行总结。

蓝色帽子的主要责任是集中思考者的思考范围，而不是发散。因为这一个思考法是一个集体思考法，所以要把所有人的心智集中在某一个点上，尽可能地深入思考，尽可能地拓宽思路。经常要做摘要、概括、总结，这种概括、摘要和总结是集体朝着一个方向思考的标志，是对已经想到的东西进行固化，也是继续前进的一个台阶。

7.3.2.5 红色思考帽的特点

红色帽子思考法就是在情绪、感觉和非理性层面上的思考。虽然思考是理性的过程，但是情感自始至终都在起作用。红色帽子思考法是把在暗中起作用的情绪化的、感觉上的、非理性层面上的思考用合理的方式表达出来的思考方式。

所以，红色帽子思考法的要点是给情感、直觉、品位、审美观、世界观、个性和其他无法预测的感觉一个合理的地位。

7.3.2.6 绿色思考帽的特点

绿色帽子思考法是对常规的改变，是一种创新的认知，是一种看似疯狂的、没有道理的想法。它不拘泥于原来的情况，不拘泥于以前的现实，是对原来实际情况进行了根本性改变的一种观察。运用绿色帽子思考法可以设计出数量众多的新产品。

绿色帽子思考法的行为要点是新和变。它不是在原有基础上的逻辑的前进，而是一种非常疯狂的突破，是新的，是变的。疯狂的主意在绿色帽子思考法中值得提倡。

绿色帽子思考法就像脑力体操一样，使大脑处于一种激活状态，让我们在某种思路上产生种种联想，这是一种很好的脑力锻炼方法。很多产品就是通过绿色帽子思考法形成雏形，然后逐渐把可能变成现实的，这是绿色帽子思考法最大的好处。

7.3.3 六顶思考帽的应用

1996 年，欧洲最大的牛肉生产公司 ABM 公司由于疯牛病引起的恐慌一夜之间丧失了 80%的收入。借助六顶思考帽，12 个人用 60min 想出了 30 个降低成本的方法和 35 个营销创意，将它们用黄色帽子和黑色帽子归类，筛选掉无用的后还剩下 25 个创意。靠着这 25 个创意，ABM 公司度过 6 星期没有收入的艰苦卓绝的日子。

全球最大的保险公司 Prudential（保德信）长期运用“六顶思考帽”，其总部的地毯就是用彩色的“六顶思考帽”图案编织而成。Prudential 保险公司运用德·博诺的思维方法把传统的人寿保险投保人死亡后支付保险金改革为投保人被确诊为绝症时即可拿到保险金。这种方法目前已经被许多国家的保险公司效仿，被认为是人寿保险业 120 年来最重要的发明。

六顶思考帽还曾经拯救了奥运会的命运，1984 年洛杉矶奥运会的主办者就是运用了“六顶思考帽”的创新思维，使奥运会从烫手山芋变成了今天的炙手可热，并且获得了 1.5 亿美元的盈利，2002 年 5 月，爱德华·德·博诺曾应邀来华为北京奥运组委会官员做“六顶思考帽”培训，当时中国媒体曾为“六顶思考帽”的神奇惊呼，并尊爱德华·德·博诺为“创新思维之父”。

英国 Channel4 电视台说，通过接受培训，他们在两天内创造出新点子比过去 6 个月里想出的还要多。英国政府为失业的年轻人进行了 6h 的德·博诺思维培训，结果就业率增加了 5 倍；ABB（芬兰最大的跨国集团）讨论一个国际项目往往要花费 30 天，但运用了六顶思考帽以后，讨论时间缩短为仅仅两天。

把六顶思考帽思想定性为一种思维工具，就是一种思维运用与训练。同样，今天把六顶思考帽思维定性为一种强有力的沟通术，也就希望借六顶思考帽来解决工作、生活中的沟通问题。

7.3.3.1 六顶思考帽沟通术的五大步骤

（1）明确你要沟通的目的。在这个过程中你要了解沟通的对象，以及沟通对象的问题；是要帮助他解决一个问题；还是想建议他采取一个行动；或者是要在销售中完成成交的动作；也就是说，有一个问题界定的过程。

（2）建立六帽序列。根据你的目的，最终你要达到的结果来设计你的六帽序列。换句话说，一切以结果为导向，六帽设计好坏的前提是对六帽中的每一帽有一个深刻的认知。

（3）六帽序列之问题转化。将对六帽的认知，通过问题很自然的流露出来，而且，最好是能让对方感觉不到你在使用技巧。六帽只是告诉了你一个思维方向，提什么样的问题，如何提全看你个人的转化能力。

（4）开始使用，有效倾听。当熟悉了以上步骤之后，就可以使用了，使用范围很广，因为六帽是一种沟通术，要知道当今社会，可谓沟通无处不在。在这里你还可以采用一些沟通中建立信赖感的技巧，比如有效倾听、适度的赞美和肯定；通过使用，你将获得极大的信息量，同样的你会感到无限的乐趣和成就感。

（5）纠偏，深度沟通。在发问的过程中，你要的答案他未必能完整地给出来，所以，沟通要以结果为导向，通过重复发问来达到纠偏的目的；只有通过不断的提问与纠偏，沟通目的才越容易达成。

7.3.3.2 六项思考帽沟通术的使用原则

（1）问题就是思维的转换器。人的思维是通过提问来引导的，一个人是积极还是消极，取决于他给自己提的问题。同样的下雨天，消极的人在告诉自己，今天因为雨不能做这、不能做那，在统计因为下雨，给自己带来哪些损失，积极的人在问自己下雨我可以做哪些有意义的事情，我将收获些什么？

（2）人不能同时戴两顶帽子。别把自己的脑子弄大了，要知道在整个沟通中你自始至终都是一个引导者，别指望同时给对方戴两顶帽子，那是不可能的，因为人不可能同时朝两个不同的方向思考问题。

（3）发问要讲究灵活性。你的发问很关键，如果你的问题让别人有压力，或者不耐烦，那你可能达不到沟通的目的，建议先去学习沟通的基本知识和技巧，再来学习这五大步骤。但记住，千万别在一棵树上吊死，可能换一种问话方式，或者只需要你换一两个词，这个问题就过了，你要的答案就从对方的嘴里蹦出来了。

7.3.3.3 六项思考帽的案例解析

一次《超级领导力训练》培训结束，主持人小杨过来和小王沟通，希望小王给他指出主持中的不足，加以改进。小王采用六帽沟通术，整个过程不断发问，深度解决了他的问题，现将整个过程简单介绍如下：

（1）第一步，明确沟通的目的。帮助小杨自我分析找出主持中的不足，不断完善主持能力。我归结一句话就是：认识不足，寻求改进方法。

（2）第二步，建立六帽序列。在这里采用的是名为教练式序列或者咨询式序列，即红白黄黑绿蓝。该序列在某种意义上可以称之为一种教练术，更讲究章法和技巧。

（3）第三步，六帽序列之问题转换——整个过程沟通对话如下：

1）你能做一个简单的自我评价吗？你这次主持自我感觉如何？（红帽思维）

答：感觉还可以，感觉大家还是比较满意，比较认可的。

2）你能举些例子，或数据来证明你的感觉是对的吗？试举出3个好吗？（白帽思维）

答：第一，有两个同事下来鼓励，表扬了我比以前好；第二，我有好几次把学员逗笑了，我看得出来是自然的；第三，结束时，还有 6~7 名学员主动和我握手呢，有的还主动和我交换了名片。

3）你觉得这次主持，对你个人来说产生了什么样积极的因素（好处），对你有哪些帮助？（黄帽思维）

答：好处很多了，比如锻炼了我的语言组织能力、即兴演讲能力、控场能力，还有情绪控制能力。

问：你觉得表现好的地方在哪里，换句话说，哪些地方是可传承和发扬的？（黄帽思维）

答：我设计的主持活动流程很有系统性，可以拷贝；其次，我采用的热场活动和破冰游戏，很快让学员放松，拉近了距离，效果超出了我的意料；还有，我精心设计的开场白，起到了很好的塑造老师价值，挖掘学员需求，调动了他们的积极性和参与性。

4）同样的，你觉得还有哪些地方是欠妥的，或者说是需要改进的？你不妨好好回忆一下！（黑帽思维）

答：（思考了大概 5 分钟）我觉得自己不足的地方主要是，激情度还不够，不足够兴奋，没有达到巅峰状态；还有休息的时候，没有有意识的主动和学员接触（其实，这是一个很好和学员建立亲和力的机会）还有……还有……

——小王看他大概说不出来了，就把自己看到的缺点指出了给他，就又问了一句：你知道老师为什么会拖堂半个小时吗？

答：喔，我知道了，下午的时候，我主持的时间太长了，连续做了 2 个破冰游戏，占了老师的时间。

问：这样会给学员造成什么感觉吗？如果你是学员，你有什么感觉？（黑帽思维）

答：我可能感觉这个主持有点喧宾夺主，还有就是时间管理不善。

5）那以上问题如何来改进呢？你有什么好的方法吗？（绿帽思维）

答：激情方面，我要学习一下自我激励的方法，再找一个学习的榜样（小王给他介绍了一些方法，同时希望他以陈安之机构的主持为榜样，他欣然接受），第二个很好解决，下次主动出击，积极沟通；时间管理方面，我不能自以为是，主持前演练一遍，在流程上把时间分配好。

6）如果时光可以倒流，这个培训可以重来的话，你认为如何做才能够做得更好？（蓝帽思维）

答：我会建议培训经理，在我们开课之前开个会，把分工再明细一点，尤其要注意细节。我把我主持的流程告诉大家，希望大家多给我提一些宝贵意见，我想我们培训的整体服务品质就会更好！

以上 1）~6）个问题，就是按红白黄黑绿蓝的顺序提问产生逻辑的，这样思路清晰，有利于解决问题；这中间大家要掌握一种能力，就是六帽思维如何通过问题进行有效转化的。

7.4 创新思维工具之水平思考法

水平思考法又称发散性思考，这个概念是由心理学家爱德华·德·博诺提出的，它旨在推动人们进行创新思维。水平思考是与垂直思考相对应的思维模式。

7.4.1 水平思考法的概念

7.4.1.1 水平思考的含义

垂直思维以逻辑与数学为代表的传统思维模式，这种思维模式是根据前提一步步地推导，既不能逾越，也不允许出现步骤上的错误，它当然有合理之处，例如归纳与演绎等，都是非常重要的思维方法，但如果一个人只会运用垂直思维一种方法，他就不可能有创造性。区别于垂直思维，水平思维不是过多地考虑事物的确定性，而是考虑它多种选择的可能性；关心的不是完善旧观点，而是如何提出新观点；不是一味地追求正确性，而是追求丰富性。

7.4.1.2 水平思考的特点

(1) 水平思考不仅是一种技巧的知识，也是一种心智的运作方式。

(2) 水平思考和顿悟能力、创造力以及幽默间的关系十分密切，这四种历程都有相同的基础，后三者都只是可遇不可求。但水平思考却在我们的能力范围之内。

(3) 敢于旁敲侧击，出奇制胜。水平思考法这些发散式的思路，彼此间谈不上特别相关，每种答案也无所谓对错，但往往独具创意、别富巧思、令人拍案叫绝、玩味无穷。

由于水平思考从不把思想限定在一个固定方向上，因此往往为了解决问题而暂时远离问题，另觅他途。

7.4.1.3 水平思考的产生

原则上水平思考系针对那些垂直思考无法化解的难题而产生，但如果只在垂直思考行不通时才动用水平思考，则往往会因为懒得多动脑筋而使水平式的解决之道被忽略。

水平思考的技巧之一就是刻意地运用这种把事情合理化的禀赋不再遵循惯常垂直思考按部就班的步骤，首先选好一个新颖而大胆的观点来考量问题，然后，回过头去，再试着发掘这个新观点与问题起点之间是否在合理的途径，可以彼此相通。

7.4.1.4 水平思考的原则

(1) 对控制性观念的认识。

(2) 寻找观察物的不同角度。

(3) 跳脱垂直式思考的严密控制。

(4) 多多利用机会。

7.4.1.5 水平思考法与垂直思考法的异同

垂直思考里的逻辑判断有时会发生错误，但由于不可能把每一个念头逐一实验，故逻辑判断仍不失为一种取舍的基本方式。然而了解它有犯错的可能性之后，故可调节对它的使用，避免完全依赖它，并辅以水平思考方法。

垂直思考法与水平思考法两者相互运用并不存在任何矛盾，因为运用这两种方法所发现的结论均需要精密严谨的证明解释，而逻辑的解释正符合这种要求。

水平思考有利于产生新点子和方法，提供更多的选择以提升垂直思考的效率。而垂直思考则有利于发展水平思考所衍生出来的点子以倍增水平思考的能力。

水平思考亦可视为逻辑思考的一部分，水平思考类似于归纳逻辑。

7.4.2 水平思考法的内容

7.4.2.1 逻辑的思考和分析法

这种类型的思考是按照一定的思考线路，在一个固定的范围内，自上而下进行垂直思想，故被称为垂直思考法。此方法偏重于对于已有经验和知识，以对旧的经验和知识的重新组合来产生创意，能够在社会公众既定心理基础上交出广告创意的诉求，但是在广告形式上难以有大的突破，结果比较雷同。这种思维方法在进行创意时，可以对事情做更深入的研究和表达，但不易产生新的创意。

7.4.2.2 水平思考法

水平思考法是指在思考问题时摆脱已有知识和旧的经验约束，冲破常规，提出富有创造性的见解、观点和方案；是一种促使创意产生的创造性思维方法，是指摆脱某种事物的固有模式，从多角度多侧面去观察和思考一件事，善于捕捉偶然发生的构想，从而产生意料不到的创意。其运用，一般是基于人的发散性思维，故又把这种方法称为发散式思维法。

案例 7-25 运用水平思考法实现大逆转——甲向乙借了一笔高利贷，无力偿还，得去坐牢；而乙借机想娶甲的女儿做老婆抵债，但甲的女儿至死不从。乙便提出了一个解决办法，乙对甲的女儿说：“现在我从地上捡起一块白石子、一块黑石子，装进口袋里由你来摸。如果你摸出白石子，你父亲的债就一笔勾销；如果你摸出的是黑石子，那你就得和我成亲。”说完，乙就从地上捡起两块黑石子放进了口袋。乙的这个动作却被姑娘发现了。

当姑娘的眼光从口袋移到地面（也就是说她转移了思维方向），想到乙的两块石子是从地上捡起来的。于是她伸手到口袋里抓起一块石子，在她拿出口袋的一刹那故意将其失落在地上。这时她对乙说：“呀！我真不小心，把石子掉在地上了。我抓出的那一块石子是黑是白已经无法知道了，但这也无关紧要，看看你口袋里剩下的那一块，肯定与掉在地上的那一块不一样……”口袋里无疑是一块黑石子。乙不能承认自己的欺骗行为，只好无可奈何地承认姑娘取出的是一块白石子。就这样，姑娘巧妙地实现了大逆转。

现在来分析：如果你就是甲的女儿，你会怎么办？通常的办法有以下几种：

(1) 拒绝摸石子，然而问题得不到解决，甲还得去坐牢。

(2) 揭穿乙捡起两块黑石子的诡计，问题仍然得不到解决。

(3) 不得已，随便抓出一块黑石子，违心地同乙结婚。

看来以上办法都不尽如人意。

现在，以水平思维来考虑。就是将思考的焦点移向水平方向：由口袋中的石子移到地上的石子，转机就来了。

垂直思维与水平思维显然有区别：垂直思维集中考虑的是必须取出一块石子；而水平思维却把注意力集中在口袋里剩下的那块石子。垂直思维对事物进行“最合理”的分析观察，然后利用逻辑推理予以解决，但你看到了在上面这个例子中运用逻辑推理无法求得理想的解答；而水平思维则用不同的方法去观察事物，然后用最有希望的方法去处理、化险为夷。

这个例子对工作很有借鉴意义：甲的女儿相对于乙是处于弱势地位，正像我们相对于业主是处于弱势地位一样，乙开出的条件也与经常见到的合同条件一样，是“霸王条款”，在这种情况下，水平思维对我们也有启发。

7.5 创新思维工具之思维导图

7.5.1 思维导图的基本含义

思维导图又称为心智图，是表达发射性思维的有效的图形思维工具。它简单却又极其有效，实现了思维可视化。思维导图运用图文并重的技巧，把各级主题的关系用相互隶属与相关的层级图表现出来，把主题关键词与图像、颜色等建立记忆链接。思维导图充分运用左右脑的机能，利用记忆、阅读、思维的规律，协助人们在科学与艺术、逻辑与想象之间平衡发展，从而开启人类大脑的无限潜能。

7.5.2 思维导图的思维形式

思维导图是一种将放射性思考具体化的方法。当大脑确定一个思考中心，并由此中心向外发散出成千上万的关节点，每一个关节点代表与中心主题的一个连接，而每一个连接又可以成为另一个中心主题，再向外发散出成千上万的关节点，呈现出放射性思维立体结构。

同时，思维导图是最能善用左右脑的功能，由于有颜色、图像的使用，不但可以协助记忆、增进创造力，也让思维导图更轻松有趣，且具有个人特色及多面性。

7.5.3 思维导图的作用优势

7.5.3.1 思维导图的作用

思维导图以放射性思考模式为基础的收放自如方式，除了提供一个正确而快速的学习方法与工具外，运用在创意的联想、问题解决与分析等方面，往往产生令人惊喜的效果。它是一种展现个人智力潜能极致的方法，可提升思考技巧，大幅增强创造力。

思维导图为人类提供一个有效思维图形工具，运用图文并重的技巧，开启人类大脑的无限潜能，特别是充分运用左右脑的机能，协助人们在科学与艺术、逻辑与想象之间平衡发展。

思维导图完整的逻辑架构及全脑思考的方法，被广泛应用在学习及工作方面，降低了所需耗费的时间以及物质资源，大幅提升绩效。

自20世纪80年代思维导图传入中国内地，最初是用来帮助“学习困难学生”克服学习障碍的，但后来主要被用来提升创新思维能力。

发散性思维是创新思维的核心。画思维导图的方法恰恰是发散思维的具体化、形象化，有利于培养提高创造性思维和创新能力。

随着人们对思维导图的认识和掌握，思维导图可以应用于生活和工作的各个方面，包括学习、写作、沟通、演讲、管理、会议等，运用思维导图带来的学习能力和清晰的思维方式会改善人的诸多行为表现：

（1）能够成倍提高学习速度和效率，更快地学习新知识与复习整合旧知识。

（2）能够激发人的联想与创意，将各种零散的智慧、资源等融会贯通成为一个系统。

（3）能够使学习者形成系统的学习和思维的习惯，并使您将能够达到众多您想达到的目标，包括：快速的记笔记，顺利通过考试，轻松的表达沟通、演讲、写作、管理等。

7.5.3.2　思维导图的优势

（1）传统的笔记方法存在着非常致命的弱点。自人们接受学校教育以来，在阅读或学习过程中，为记住学习内容，养成了按顺序做常规笔记的习惯。然而很少意识到，此种传统的笔记方法存在着非常致命的弱点。东尼·巴赞在经过长期的研究和实践后，明确而深刻地对传统笔记的弊端作出了简明而精辟的阐述：

1）埋没了关键词。重要的内容要由关键词来表达，然而常规标准笔记中，这些关键词却埋没在一大堆相对不重要的词汇之中，阻碍了大脑对各关键概念之间作出合适的联想。

2）不易记忆。单调的笔记看起来很枯燥，要点也很相似，会使大脑处于一种关催眠状态，让大脑拒绝和抵触吸收信息。

3）浪费时间。要求记些不必要的内容，读些不需要的材料，复习不需要的材料。

4）不能有效刺激大脑。标准笔记的线性表达阻碍大脑作出联想，因此对创造性和记忆造成消解效果，抑制思维过程。

（2）思维导图与和传统的学习记忆方法相比有较大的优势：

1）使用思维导图进行学习，可以成倍提高学习效率，增进了理解和记忆能力。如通过使用关键字强迫我们在做笔记的时候就要思考句子的要点到底是什么，而且思维导图还极大地激发右脑，因为在创作导图的时候还使用颜色、形状和想象力。根据科学研究发现人的大脑是由两部分组成的。左大脑负责逻辑、词汇、数字，而右大脑负责抽象思维、直觉、创造力和想象力。所以，图像的使用加深了记忆，因为使用者可以把关键字和颜色、图案联系起来，这样就使用了视觉感官。

2）把学习者的主要精力集中在关键的知识点上。不需要浪费时间在那些无关紧要的内容上。节省了宝贵的学习时间。关键知识点之间的连接线会引导学习者进行积极主动思考，快速系统的整合知识，为知识融会贯通创造了有利的条件。

3）思维导图具有可伸缩性，它顺应了大脑的自然思维模式。从而，可以使主观意图自然地在图上表达出来。它能够将新旧知识结合起来。学习的过程是一个由浅入深的过程，在这个过程中，将新旧知识结合起来是一件很重要的事情，因为人总是在已有知识的基础上学习新的知识，在学习新知识时，要把新知识与原有认知结构相结合，改变原有认知结构，把新知识同化到自己的知识结构中，能否具有建立新旧知识之间的联系是学习的关键。

（3）思维导图的优势。思维导图能同时运用大脑皮层的所有智能，包括词汇、图像、数字、逻辑、韵律、颜色和空间感知。它可以运用于生活的各个层面，帮助人更有效地学习，更清晰地思考，让大脑有最佳表现。与传统笔记相比，思维导图对记忆和学习产生的作用有：

1）只记忆相关的词可以节省时间50%~95%；

2）只读相关的词可节省时时间超过90%；

3）复习思维导图笔记可节省时间超过90%；

4）不必在不需要的词汇中寻找关键词可省时间90%；

5）集中精力于真正的问题；

6）重要的关键词更为显眼；

7）关键词并列在时空之中，可灵活组合，提高创造力和记忆力；

8）易于在关键词之间产生清晰合适的联想；

9）做思维导图的时候，人会处在不断有新发现和新关系的边缘，鼓励思想不间断和无穷尽地流动；

10）思维导图能够清晰地体现一个问题的多个层面，以及每一个层面的不同表达形式，以丰富多彩的表达方式，体现了线性、面型、立体式各元素之间的关系，重点突出，内容全面，很有特色。

7.5.4 思维导图的实际运用

例如，在国内高校创新创业课堂教学中的运用情况如下：

（1）组建创新创业团队。游戏——破冰之旅（成员的自我介绍）。

（2）确定创业项目。绘制商业画布。

本章小结

广义上讲，创新方法就是创造方法。创造方法无所不在，创造方法教人聪明，创造方法是创新创业的“银手杖”。

本章内容从原则上说，只要清楚它们的原理和方法，任何人都可使用。但是，如果只是掌握方法的原理和方法，不去应用于创新、不去大胆实践，创造方法也难以发挥很好的作用。这就希望大学生把握创造方法要付诸行动，边学边用，去取得创新的成功。

延续思考

7-1 你能否理解智力激励法的基本原理，如何利用这些原理于创新实践和改进工作？

7-2 如何理解诺贝尔奖获得者肖克莱的话：“所谓创造就事把以前独立的发明组合起来”？

7-3 结合创新活动，选择六大类创造方法中的一种或几种，通过训练达到熟练应用程度。

7-4 运用创新技法提出：

（1）关于开发“家庭健身器材”的新设想；

（2）关于开发“学生宿舍房间布置”的新设想；

（3）关于“新型分体式空调器”的广告用语。

8 创业天地：大学生创新创业的“大熔炉”

扫一扫获取
课件及思维导图

高等学校，必须将创业技能和创业精神作为高等教育的基本目标。

——联合国教科文组织《21 世纪的高等教育：展望与行动世界宣言》

最有希望的成功者，并不是才干出众的人，而是那些最善于利用每一时机去发掘开拓的人。

——苏格拉底

倘若一定要问我青年应当向怎样的目标，那么，我只可以说出我为别人设计的话，就是，一要生存，二要温饱，三要发展。有敢来阻碍这三事者，无论是谁，我们都反抗他，扑灭他！

——鲁迅

在创业时期中必须靠自己打出一条生路来，艰苦困难即此一条生路上必经之途径，一旦相遇，除迎头搏击外无他法，若畏缩退避，即等于自绝其前进。

——邹韬奋

温馨提示

创业未必当老板，岗位一样可创业！广义创业就是岗位创业，狭义创业就是自主创业。大学生创业既可先了解创业、再体验创业、最后尝试创业；又可先择业、再就业（先岗位创业）、最后创业（真正自主创业）；还可了解创业、再体验创业、最后直接自主创业；也可先当打工仔、再做合伙人、最后当老板。

创业本质是创新，创业始于创新。创新是创业的基础，创业是创新的成果。没有创新，哪来创业。务必把创新和创业融为一体，共生共荣。所谓创新创业就是在创新基础上的创业。

创业其实并不难，创业其实很简单。创业好比作画，其成功主要得益于创业者的天赋、悟性与功夫。敢于创业，就是创新走向成功之道；成功创业，就是创新取得成功之标。社会时刻呼唤创业型人才，国家急切需要创业型人才。

创业本来不容易，无限风光在险峰。创业路上多艰辛，心里务必早准备。创业有风险，投资需谨慎。在艰难的创业路上，只要冷静识别创业陷阱、注意规避创业风险和坦然面对创业失败，就能过关斩将、终获成功。

8.1 尽快熟悉创业基础

8.1.1 创业的概念与特点

8.1.1.1 创业概念

创业是指承担风险的创业者，通过寻找和把握商业机会，投入已有的技能知识，配置相关资源，创建新企业，为消费者提供产品和服务，为个人和社会创造价值和财富的过程。

这个概念还包括以下几层含义：

（1）创业是一个创造的过程，即创业者要付出努力和代价首先去创新创造。

（2）创业的本质在于机会的商业价值发掘与利用，即要创造或认识到事物的商业用途。

（3）创业的潜在价值需要通过市场来体现，即市场是实现财富的渠道。

（4）创业以追求回报为目的，包括个人价值的满足与实现、知识与财富的积累等。

案例 8-1 创业需要创新——世界管理学大师彼得·德鲁克说："并非所有新开的小型企业都是创业型或具有创新精神。创业者首先需要具有创业精神。""一对夫妻开办一家熟食店或在郊区开办一家墨西哥餐馆，也是要承担风险的。他们算不算创业者呢？事实上，他们所做的不过是步同行们的后尘，因为他们只是相信此地就餐人数会增加，因此既没有创造出新的令人满意的服务，又没有创造出新的顾客需求，按照创造新的满意和新的需求的标准，他们虽然开办了一个新企业，但是称不上创业者。"彼得·德鲁克认为创业者必须创造出新的与众不同的事情，并能够创造价值。

8.1.1.2 创业特点

创业具备 4 个基本特点：

（1）创业具有目的性。有的人创业是为了生存；有的人创业是为了致富；有的人创业是为了当老板的梦等。这种明确的目的性是创业者最大的目的性。

（2）创业具有广阔性。创业的主体、类型、行业等。例如：从创业主体讲，创业不受性别、文化、民族、学历等限制，不同职业、不同阶层的人都可以做创业者。从行业来说，你可要做物流、生产加工、零售销售等。

（3）创业者具有主动性。创业者有选择自己合适的行业和项目进行创业，也可以选择适合的时间和合伙人进行创业。创业者最大限度地做自己喜欢做的事情，同时创业时一份自主性很强的工作。

（4）创业者具有风险性。创业者与就业者不同，就业者没有太大的风险性。但创业者不同，从创业的过程和结果看，对创业者来说是艰辛和风险的。市场竞争越激烈，风险也就越来越大。创业存在着风险很大，但同时也充满着诱惑力。

8.1.2 创业的内涵与形式

8.1.2.1 创业的内涵

创业内涵就是"弄个东西卖出去"。

8.1.2.2　创业的形式

创业形式就是“创造一个企业”。

8.1.3　创业的真谛与规律

8.1.3.1　创业的真谛

创业的真谛是创新。创业在本质上是一种创新活动，创业过程本质上是创新过程。创新是从无到有、从小到大、由旧变新、由弱变强、由差变好。因此，新价值、新事物、新内容、新功能、新领域、新对象等都是创业的真谛。

8.1.3.2　创业的规律

创业基本问题规律、创业基本过程规律和创业基本矛盾规律构成三大创业规律。

（1）创业基本问题规律：

1）创业的两大基本要素，即创业者和创业项目。

2）创业基本问题规律就是研究创业两大基本要素及其相互关系并探索创业本质的规律。因为，创业者的本质是“魂”，而创业项目的本质是“根”，研究“魂”和“根”的问题，是对创业起主导作用的问题，是贯穿创业全过程的最稳定和最一贯的问题，是决定创业其他一切问题的问题，因而是创业基本问题。

（2）创业基本过程规律：

1）创业基本过程。创业就是以项目选择为起点、以企业诞生为终点的自然过程。

2）创业三个阶段，即选项、模拟和运转。

第一阶段：选项阶段——项目选择。就是要回答创业创的什么业的问题。

第二阶段：模拟阶段——就是以探索的方式完成对项目本质特征的理解，以实验的方式完成对项目可行性的确认，以建立小规模系统模型的方式完成对动态项目要素综合的把握（这是创业不可逾越的阶段，因为创业过程中必然产生的创业能力与创业实践的矛盾、功能创造与功能决定的矛盾、演习与实践的矛盾等三对矛盾所决定的）。

第三阶段：运转阶段——是创造新企业生存条件的项目运作过程，是创业的第一目标。

3）创业的十个步骤为：

第一步，告诉你创办企业自己是否适合——必须清楚什么是企业，创办企业所需的基本素质和要求是什么，自己是否适合创办企业？

第二步，告诉你创办企业需要与你想办企业的强烈愿望一致——你想创办什么企业，有何具体想法，有无强烈愿望？

第三步，告诉你创办企业需要评估企业有没有市场——在有了自己创办什么企业的想法后，在哪里寻找顾客，了解竞争对手的情况，确定市场营销计划并预测销售量。

第四步，告诉你创办企业必须合法——要选择一种法律形态。指出适合于创办微小企业的各种法律形态，并教你选择自己企业的法律形态。

第五步，告诉你创办企业需要承担相关法律责任——你的企业只有登记注册，才能受到国家法律的保护；同时创办企业要遵纪守法。

第六步，告诉你创办企业需要组织人员去生产——在预测了产品销售量以后，明白怎样组织和管理你企业的人员。

第七步，告诉你创办企业需要启动资金——启动资金包括投资和流动资金。你应根据自己企业的规模，即前面预测的销售量情况，计划出自己需要的启动资金数量。

第八步，告诉你创办企业需要制定企业利润计划——办企业必须赢利，这是企业成败的关键。要懂得什么是成本，怎样定价，怎样才能赢利，现金流量对维持企业正常运转与赢利的重要性。要能够制定企业的赢利计划与现金流量计划。

第九步，告诉你创办企业需要制定创业计划——通过前八步的模拟练习，把在各步中对企业的各项考虑和练习填入创业计划书中，形成自己的创业计划。同时，通过制定创业计划，衡量自己的企业是否能够创办下去。

第十步，告诉你创办企业需要尽快行动——有了可行的创业计划后，就需尽快把企业办起来，并做好很多相应管理的准备工作。

4）创业基本过程规律。就是研究上述 3 个问题及其相互关系的规律。

（3）创业基本矛盾规律。创业最为基本的矛盾，就是项目 F 资本的打造与 F 资本滞后的矛盾，这是贯穿创业过程始终的矛盾问题。

8.1.4 创业的模式与方向

8.1.4.1 创业的模式

综合国内情况，主要有 11 种创业模式：

（1）模式一，白手起家。

（2）模式二，收购现有企业。

（3）模式三，代理。

（4）模式四，加盟（特许经营）。

（5）模式五，在家创业。

（6）模式六，兼职创业。

（7）模式七，团队创业。

（8）模式八，大赛创业。

（9）模式九，概念创业。

（10）模式十，网络创业。

（11）模式十一，内部创业。

8.1.4.2 创业的方向

创业的资金投入哪个项目、哪种商品，是最重要的投资决策。通过各种途径和方法艰难筹到的资金只有投向最能赢利的地方，才能达到运用资金的利润最大化。有关业内人士就创业方向给出了八大建议：

（1）大型不如小型。大型项目投入运行后的优势是单位成本低、技术基础强、容易形成支柱产业，但存在资金需求量大和管理经营难度大、相应的风险也大的三大难题。而一般人创业，特别是大学生创业，只要是做民间性质的投资，就宜选择投资小见效快、技术难度系数低的投资方向。

（2）重工不如轻工。重工业是国民经济发展的基石，轻工业则是发展的龙头，重工业投资周期长，回收慢，一般不是民间资本角逐的领域，而是国有企业的天下。无论是生产加工，还是流通贸易、经营，开发轻工产品尤其是消费品，风险小、投资强度难度小，容易在短期内见效，特别适合于民间资本。

（3）用品不如食品。民以食为天，中国人有闻名世界的饮食文化，千家万户的一日三餐，加上逢年过节、婚丧嫁娶亲朋聚会、迎来送往、庆典欢宴等，还有各地小吃、休闲食品、名优特食品、儿童食品、病人食品等，食品市场十分庞大而持久不衰，而且政府除了技术监督、卫生管理和财税管理外，对食品的规模、品种、布局、结构等一般不予干涉。食品业投资可大可小，切入容易，选择余地大。

（4）“做”男不如“做”女。社会学家研究认为，全社会购买力70%以上是掌握在女人手中，女性不但执掌着大部分中国家庭的“财政大权”，而且相当多的商品是由女性直接消费的。时装、鞋帽、首饰、化妆品无不是女性的世界。所以，如果在消费品领域创业，无论是生产还是销售，定向于女性就会发现更多的机会。

（5）“做”大不如“做”小。计划生育政策是国策，独生子女在中国已成为一种独特的社会文化现象，中国的儿童消费品和用品市场是很有特色的，它弹性大，随机购买力强，容易受广告、流行、情感、环境的影响，只要有点钱的人购买儿童用品都买贵的不买便宜的，买好的不买差的，大人舍得在孩子身上花钱。向这种市场投资创业，是一种富有生命力的选择。

（6）综合不如专业。大而全、小而全的经营，是计划经济上下认同的模式。市场经济是综合化发展的，许多成功的企业家像海尔的张瑞敏也是从洗衣机起家向综合发展，不过这更多的是一种宏观的态势和整体格局，微观领域往往要靠专业化取胜。专业化生产和流通容易形成技术和批量经营的市场特色，厂商有竞争的环境，用户有较大的选择余地。

（7）新建不如租赁。购买设备，招聘员工，这是投资者的项目上马后要做的事，但投资不一定都要从头开始。经济发展到一定阶段，许多创业可以利用现成的人才、设备、厂房、门面甚至机构，从而节省资金。有统计表明，对原有项目进行技术经济改造，比完全的新建项目资金消耗要少1/3，原材料和时间要节约1/2。实现这种效果的有效投资方式就是租赁，以向所有者交付租金的方式取得经营管理权。

（8）个人不如加盟。中国连锁经营协会的统计显示，到2003年，我国特许经营企业已达1500家，加盟店数量7万个（时隔两年多早已超过这些统计数据）。作为一种全新的现代营销模式，特许加盟经营已成为个人创业的重要途径。调查显示，在相同的经营领域，个人创业的成功率低于20%，而加盟创业的成功率则高达80%~90%。这是因为利用知名品牌创业风险较小，所以成功率较高。目前连锁加盟项目多达近百种，涉及服务业、零售业、教育培训业等诸多领域。专家分析，像零售业、餐饮、制水、美容美发、保洁等领域“门槛”低但竞争激烈；而教育培训、图书经营、旅游服务、教育服务、心理咨询等新兴领域虽然对创业者要求要高些，但发展的空间相对较大，特别适合大学生创业。

8.1.5 创业的要素与类型

8.1.5.1 创业的要素

（1）创业的基本要素，即创业者和创业项目。

（2）创业的重点要素，主要包括创业者、商业机会、技术、资金、人力资本、组织、产品服务。

1）创业者是创业过程中处于核心地位的个人或团队，是创业的主体。创业者在创业过程中起着关键的推动和领导作用，包括识别商业机会、创建企业组织、融资、开发新产品、获取和有效配置资源、开拓新市场等。因而创业者的素质和能力是创业成功的第一要素。

2）商业机会是创业过程中的核心，创业者从发现和识别商业机会开始创业。商业机会指没有被满足的市场需求，它是市场中现有企业留下的市场空缺。商业机会就是创业机会，它意味着顾客能得到比当前更好的产品和服务的潜力。

3）技术是一定产品或服务的重要基础。产品与服务当中的技术含量及其所占比例，是企业满足社会和市场需求的支持保障，是企业的核心竞争力。资源是组织中的各种投入，包括各种人、财、物。资源不仅指有形资产，如厂房、机器设备，也包括无形资产，如专利、品牌；不仅包括个人资源，如个人技能、经营才能，也包括社会网络资源，如信息、权力影响、情感支持、金融资本。

4）资金对于处在不同发展阶段的企业来说都是非常重要的。在企业快速发展时期，资金的缺口将直接限制企业的发展壮大，而在创业之初，主要是靠自筹资金，对于符合一定条件的创业者，将有可能获得一定的政府扶持资金。

5）人力资本是创业的重要资源投入。成功的关键在于创业者的识人、留人、用人。形成创业的核心团队，制定有利的政策制度和有效的组织结构，建立良好的企业文化是建立人力资本的核心。

6）组织是协调创业活动的系统，是创业的载体，是资源整合的平台。创业型组织的显著特征是创业者的强有力领导和缺乏正式的结构和制度。从广义来说，创业型组织是以创业者为核心形成的关系网络，不仅包括新设组织内的人，还包括这个组织之外的人或组织，如顾客、供应商和投资人。

7）产品服务是创业者为社会创造的价值，它既是创业者成功的必要条件，也是创业者对社会的贡献。正是通过为社会提供更多更好的产品服务，人类社会的财富日益增多，人们的生活变得丰富多彩，借此一代代创业者成为世人追捧的亿万富豪。

创业就是具有创业精神的创业者、商业机会、组织与技术、资金、人力资本等资源相互作用、相互配置，以创造产品和服务的动态过程。

8.1.5.2 创业的类型

创业类型可从创业主题的性质、创业的起点、创建企业过程中制度创新的不同来分类。

（1）依创业主体的性质分类，可分为：

1）个人独立创业。个人独立创业指创业者个人或几个人所组成的创业团队，白手起家完全独立地创建企业的活动。戴尔开始创业时才19岁，是一名才上大学一年级的学生，投资1000美元，以自己的名字成立的戴尔公司，今天已打败了惠普公司和IBM公司，成为世界上第二大个人电脑公司。

2）公司附属创业。公司附属创业是指由一家已经相对成熟的公司创建一家新的附属企业。这种创业类型有3个好处：一是通过创建一家具有更高效率的附属新企业，构建新的经营和销售模式，促进新产品的商业化；二是通过创建新的企业建立起能够对市场需求做出快速反应的窗口，保持公司的总体创新活力；三是通过创建新企业吸引社会投资。

3）公司内部创业。内部创业是由一个企业内的、具有创业愿望和理想的员工发起，在组织支持下由员工与企业共担风险、共享创业成果的创业形式。内部创业能够通过满足优秀员工的成就感而留住人才，使企业运作趋于安定，更可以凭制度的授权来减轻公司主要负责人的工作负担，是一种可以让老板和员工双赢的管理制度。内部创业还能通过这些内部创业企业看到公司的毛病和不足，反思自己探索切实可行的变革之路。目前，国内已有越来越多的知名企业开始把内部创业体系纳入公司发展规划之中。

（2）依创业起点的不同分类，可分为：

1）创建新企业。创建新企业是从无到有地创建全新的企业组织。

2）公司再创业。公司再创业是指一个已存在的公司，由于产品、市场营销以及企业组织管理体系等方面的原因而陷入困境，因而需要进行重新创建的过程，在我国习惯地称为“二次创业”。

（3）依创新层次的不同分类，可分为：

企业是由产品、营销模式和组织管理体系 3 个不同的层次所组成的经济实体，而其中任何一个层次的创新活动如果涉及管理体系的建设，就构成创建企业意义上的创业活动。

1）基于产品创新的创业。通过产品创新产生新的消费者群体，必然导致市场营销模式的创新，继而涉及企业管理体系建设，构成创建企业意义上的创业。

2）基于市场营销模式创新的创业。产品仍然是老产品，创新市场营销模式，采取一种有别于其他厂商的市场营销模式，给消费者带来新的和高效的满足，这就需要企业管理体系也做出重大创新或创建新的企业，这都属于创业范围。

3）基于企业组织管理创新的创业。企业的产品及营销模式都没有重大创新，但由于采取了一种有别于其他企业的组织管理模式体系，能够更高效地实现产品的商业化和产业化而成功创业。

综上所述，从创业分类上看，大学生创业属于个人独立创业和创建企业类型。对于先就业、后创业的大学生，往往通过先就业取得实践经验和积累创业资金，可以选择脱离就业单位个人独立创业，也可选择公司内部创业。

8.1.6 创业的本质与现实

8.1.6.1 创业的本质

（1）创业的本质：创业者能力的自我再造过程。

（2）创业的过程：创业者的主导作用体现在创业者的能力。而创业这个特殊能力只能来自创业实践的历练。因此，创业者增长能力的实践是一个过程，就是创业者蛹化为企业家的过程，也是创业者在从小做起艰苦磨炼中铸造灵魂资本的过程。

8.1.6.2 创业的现实

新办企业与运作多年企业比较，存在“十个没有”：

（1）没有品牌及其知名度；

（2）没有清晰的市场目标；

（3）没有自己的销售渠道；

（4）没有自己的销售队伍；

（5）没有销售管理的经验；

（6）没有稳定的价格体系；

(7) 没有独特的产品概念;
(8) 没有很好的产品包装;
(9) 没有足够的产品系列;
(10) 没有足够的宣传资金。

8.1.7 创业的项目与计划

8.1.7.1 创业的项目

(1) 创业项目的地位。创业项目是创业两大基本要素之一,处于创业“根”的重要地位。

(2) 创业项目的来源。项目主要有3个来源:

1) 从市场中来;
2) 从自身中来;
3) 从创新中来。

8.1.7.2 创业计划书

(1) 创业计划书的概念。创业计划书,是创业者自己在创业前需要准备的一份书面计划,是创业者创业的蓝图,也是筹措创业资金的重要依据。

(2) 创业计划书的意义作用:

1) 帮助创业者理清思路,准确定位;
2) 帮助创业者获得创业融资。

(3) 创业计划书的构成。创业计划书主要包括以下内容:

1) 摘要,是为了吸引战略合伙人与风险投资人的注意而将创业计划书的核心提炼出来制作而成的,它是整个创业计划书的精华,涵盖计划书的要点。一般要在后面所有内容编制完毕后,再把主要结论性内容摘录于此,以求一目了然,在短时间内给使用者留下深刻的印象。在摘要中,企业必须回答下列问题:

①企业所处的行业,企业经营的性质和范围。
②企业主要产品的内容。
③企业的市场在那里,谁是企业的顾客,他们有哪些需求。
④企业的合伙人、投资人是谁。
⑤企业的竞争对手是谁,竞争对手对企业的发展有何影响。
⑥如何投资、投资数量和方式。
⑦投资回报及安全保障。

摘要如同推销产品的广告,编制人要反复推敲,力求精益求精,形式完美,语句清晰流畅而富有感染力,以引起投资人阅读创业计划书全文的兴趣。特别要详细说明自身企业的不同之处以及企业获取成功的市场因素。

2) 企业介绍。这一部分是向战略合伙人或者风险投资人介绍融资企业或项目的基本情况。具体而言,如果企业处于种子期或创建期,现在也只有一个美妙的商业创意,那么,应重点介绍创业者的成长经历、求学过程,并突出其性格、兴趣爱好与特长,创业者的追求,独立创业的原因以及创意如何产生。

如果企业处于成长期,应简明扼要介绍公司过去的发展历史、现在的状况以及未来的规划。具体而言，包括：公司概述、公司名称、地址、联系方法；公司的业务状况；公司的发展经历；对公司未来发展的详尽规划；本公司与众不同的竞争优势；公司的法律地位；公司的公共关系；公司的知识产权；公司的财务管理；公司的纳税情况；公司的涉诉情况等。在描述公司发展历史时，正反的经验都要写，特别是对以往的失误，不要回避。要对失误进行客观的描述，中肯地进行分析，反而能够赢得投资者的信任。

3）管理团队介绍。管理团队是投资者非常看重的，这部分主要是向投资者展现企业管理团队的结构、管理水平和能力，职业道德与素质，使投资者了解管理团队的能力，增强投资信心。在编写过程中需要注意两点：

①必须对公司管理的主要情况作一个全面介绍，包括公司的主要股东及他们的股权结构、董事和其他一些高级职员、关键的雇员以及公司管理人员的职权分配和薪金情况，必要时，还要详细介绍他们的经历和个人背景。企业的管理人员应该是互补型的，而且要具有团队精神。一个企业必须要具备负责产品设计与开发、市场营销、生产作业管理、企业理财等方面的专门人才。

②在这部分创业计划书中，还应对公司组织结构做一简要介绍，包括公司的组织机构图、各部门的功能与责任、各部门的负责人及主要成员、公司的报酬体系等。

4）技术产品（服务）介绍。在进行投资项目评估时，投资人最关心的问题之一就是，企业的产品、技术或服务能否以及在多大程度上解决现实生活中的问题，或者，企业的产品（服务）能否帮助顾客节约开支、增加收入，这是市场销售业绩的基础。

其介绍内容主要包括：产品的名称、特性及性能用途；产品处于生命周期的哪一阶段，市场竞争力如何；产品的研究和开发过程；产品的技术改进、更新换代或新产品研发计划及相应的成本；产品的市场前景预测；产品的品牌和专利。

5）行业、市场分析预测。行业分析主要介绍行业发展趋势、行业发展中存在的问题、国家有关政策、市场容量、市场竞争情况、行业主要盈利模式、市场策略等。

6）市场营销策略。营销策略的内容应包括：营销机构和营销队伍的建立；营销渠道的选择和营销网络的构建；广告策略和促销策略；价格策略；市场渗透与开拓计划；市场营销中意外情况的应急对策等。在介绍市场营销策略时，创业者要讨论不同营销渠道的利弊，要明确哪些企业主管专门负责销售：主要适用哪些促销工具，以及促销目标的实现和具体经费的支出等。

7）生产计划。生产制造计划旨在使投资者了解产品的生产经营状况。这一部分应尽可能把新产品的生产制造及经营过程展示给投资者。其主要内容包括：

①公司现有的生产技术能力，企业生产制造所需的厂房、设备情况。

②质量控制和改进能力。

③新产品的生产经营计划，改进或将要购置的生产设备及其成本。

④现有的生产工艺流程，生产周期标准的制定及生产作业计划的编制。

⑤物资需求计划及其保证措施，供货者的前置期和资源的需求量。

⑥劳动力和雇员的有关情况。

同时，为了增大企业的评估价值，企业家应尽量使生产制造计划更加详细、可靠。

8）财务分析与预测。这部分包括公司过去若干年的财务状况分析，今后 3 年的发展预测，以及详细的投资计划。旨在使投资者据此判断企业未来经营的财务状况，进而判断其投资能否获得理想的回报，因而它是决定投资决策的关键因素之一。

9）融资计划。其主要内容包括：

①融资数额是多少？已经获得了哪些投资？希望向战略合伙人或风险投资人融资多少？计划采取哪种融资工具？

②公司未来的资本结构如何安排？公司的全部债务情况如何？

③公司融资所提供的抵押、担保文件，包括以什么物品进行抵押或者质押，什么人或者机构提供担保？

④投资收益和未来再投资的安排如何？

⑤如果以股权形式投资，双方对公司股权、控制权、所有权比例如何安排？

⑥投资者介入公司后，公司的经营管理体制如何设定？

⑦投资资金如何运作？投资的预期回报？投资者如何监督、控制企业运作等？

⑧对于吸引风险投资的，风险投资的退出途径和方式是什么，是企业回购、股份转让还是企业上市？

由于与资金供给方合作的模式可能有多种，因此还需设计几种备选方案，给出不同盈利模式下的资金需要量及资金投向。

10）风险分析。这部分内容主要是向投资者分析企业可能面临的各种风险隐患，风险的大小以及融资者将采取何种措施来降低或防范风险、增加收益等。

对于企业可能面临的各种风险，融资者最好采取客观、实事求是的态度，不能因为其产生的可能性小而忽略不计，也不能为了增大获得投资的机会而故意缩小、隐瞒风险因素，而应该对企业所面临的各种风险都认真地加以分析，并针对每一种可能发生的风险做出相应的防范措施，这样才能取得投资者的信任，也有利于引入投资后双方的合作。

11）附件和备查资料。附件主要是对创业计划书中涉及的一些问题的细节和相关的证书、图表进行描述或证明，如企业的营业执照、公司章程、验资审计报告、税务登记证、高新技术企业（项目）证书、专利证书、鉴定报告、市场调查数据、主要供货商及经销商名单、主要客户名单、场地租用证明、公司及其产品的介绍、宣传等资料、工艺流程图、各种财务报表及财务预估表、专业术语说明等。它与创业计划书主体部分一起装订成册。

备查资料只需列出清单，待资金供给方有投资意向时查询。

8.1.8 创业的教学与研究

8.1.8.1 创业的教学

（1）明确教学目的。在增强创新精神、创业意识和创新创业能力的基础上，如何让已经确定的创业项目站住脚、活起来。

（2）明确教学内容。揭示创业规律，解决实践问题。

（3）明确教学方法。“推动一个激发、实现三个转化”，即：

1）“推动一个激发”就是激励和引发创业想法或热情。

2）“实现三个转化”：

①实现从创业想法向选择项目转化；

②实现从选定项目向运作项目转化；

③实现从运作项目向项目成功转化。

8.1.8.2 创业的研究

（1）明确研究对象：创业项目选择与创业运转实现之间的相关问题。

（2）研究探索创业规律。

8.2 敏锐寻找创业商机

8.2.1 懂得寻找创业商机之法

案例 8-2 海岛卖鞋——曾经有一家美国的制鞋公司寻找国外市场，公司总裁派了一名推销员到非洲某个海岛上的国家，让他了解一下能否向该国卖鞋。这个推销员到非洲后给总部发回一封电报说：“这里的人都习惯赤脚，不穿鞋，这里没有市场。”随即这名推销员就离开了那里。总裁随后又派去另一名推销员。第二个推销员到非洲后也给总部发回一封电报，电报中说：“在这里的发现让我异常兴奋，因为这里的人都是赤脚，还没有一人穿鞋，这里市场巨大。”于是他开始在岛上卖鞋……

该公司觉得情况有些蹊跷，于是总裁派出了第三个业务员。他到非洲待了三个星期，发回一封电报：这里的人不穿鞋，但有脚疾，需要鞋。不过不需要我们生产的鞋，因为我们的鞋太窄，我们必须生产宽一些的鞋。这里的部落首领不让我们做买卖……我们只有向他进贡，才能获准在这里经营。我们需要投入大约 1.5 万美元，他才能开放市场……”因此，建议公司应开辟这个小岛市场。该公司董事会采纳了这位业务员的建议，并通过适宜的营销组合，最终成功地开拓了这个小岛市场。

创业要从商业机会中产生，那么，哪些情况又代表着机会呢？机会无时不在，无处不在。寻求机会的简便方法，可以关注以下六个方面。

8.2.1.1 从问题中寻找机会

创业的根本目的是满足顾客需求。而顾客需求在没有满足前就是问题。寻找创业机会的一个重要途径是善于去发现和体会自己和他人在需求方面的问题或生活中的难处。比如，上海有一位大学毕业生发现远在郊区的本校师生往返市区交通十分不便，创办了一家客运公司；双职工家庭，没有时间照顾小孩，于是有了家庭托儿所；没有时间买菜，就产生了送菜公司等，这些都是把问题转化为创业机会的成功案例。

8.2.1.2 从变化中寻找机会

创业的机会大都产生于不断变化的市场环境。著名管理大师彼得·德鲁克将创业者定义为那些能“寻找变化，并积极反应，把它当作机会充分利用起来的人”。这种变化可以包括产业结构的变动、消费结构升级、城市化加速、人口结构变化、价值观与生活形态的变化、政府政策的变化、人口结构的变化、居民收入水平提高、全球化趋势等诸方面。比如居民收入水平提高，私人轿车的拥有量将不断增加，这就会派生出汽车销售、修理、配件、清洁、装潢、二手车交易、陪驾等诸多创业机会；人口因素变化可以产生以下一些机会：为老年人提供的健康保障用品、为独生子女服务的业务项目、为年轻女性和上班女性提供的用品、为家庭提供的文化娱乐用品等。

8.2.1.3 从创造发明中寻找机会

创造发明提供了新产品、新服务，更好地满足顾客需求，同时也带来了创业机会。比如随着电脑的诞生，电脑维修、软件开发、电脑操作的培训、图文制作、信息服务、网上开店等创业机会随之而来，即使不发明新的东西，也能成为销售和推广新产品的人，从而带来商机。

8.2.1.4 从新知识、新技术的产生中寻找机会

随着科技的发展，开发高科技领域是时下热门的课题，例如美国近年来设立的风险性公司、电脑占25%，医疗和遗传基因占16%，半导体、电子零件占13%，通信占9%。新知识、新技术的产生也带来了许多市场机会。例如，当人类基因图像获得完全解决，可以预期必然在生物科技与医疗服务等领域带来极多的新事业机会；又如随着健康知识的普及和技术的进步，围绕“水”就带来了许多创业机会，上海就有不少创业者加盟“都市清泉”而走上了创业之路。

8.2.1.5 从竞争中寻找机会

机会并不只属于“高科技领域”。在“低科技领域”也有机会，如果能弥补竞争对手的缺陷和不足，这也将成为创业机会。看看周围的公司，你能比他们更快、更可靠、更便宜地提供产品或服务吗？你能做得更好吗？若能，你也许就找到了机会。

8.2.1.6 从顾客的差异中寻找机会

机会不能从全部顾客身上去找，因为共同需要容易认识，基本上已很难再找到突破口。而实际上每个人的需求都是有差异的，如果我们时常关注某些人的日常生活和工作，就会从中发现某些机会。因此，在寻找机会时，应习惯把顾客分类，如政府职员、农民、大学教师、杂志编辑、小学生、单身女性、退休职工等，认真研究各类人员的需求特点，机会自现。

8.2.2 培养发现创业商机之能

发现创业机会不是一件容易的事情，对于创业者来说，发现创业机会的能力也是当老板必备的素质之一。创业者在日常生活中需有意识地加强实践，培养和提高发现创业商机能力。

8.2.2.1 要培养市场调研的习惯

发现创业机会的关键点是深入市场进行调研，要了解市场供求状况、变化趋势，考察顾客需求是否得到满足，注意观察竞争对手的长处与不足等。

8.2.2.2 要多看、多听、多想

每个人的知识、经验、思维以及对市场的了解不可能做到面面俱到，多看，多听，多想能广泛获取信息，见多识广，识多路广，及时从别人的知识、经验、想法中汲取有益的东西，从而增强发现机会的可能性和几率。

8.2.2.3 要有独特的思维

要克服从众心理和传统的习惯思维模式，要发扬敢闯敢试、敢为天下先的精神，只有这样才能及时认识和把握国际国内市场为我们提供的良机。

8.2.2.4 要有积极的心态

著名成功学大师拿波伦·希尔说:“一切成功，一切财富，始于意念。”一个想创业的朋友，如果你暂时还没发现机会或抓住机会，你不要怨天怨地怨别人，先想一想自己的态度是否积极，思想观念、思维方式是否正确？

案例 8-3　牛仔裤的发明——大家都知道人是美国的李维斯。当初他跟着一大批人去西部淘金，途中一条大河拦住了去路，许多人感到愤怒，但李维斯却说“棒极了！”他设法租了一条船给想过河的人摆渡，结果赚了不少钱。不久摆渡的生意被人抢走了，李维斯又说“棒极了！”因为采矿出汗很多饮用水很紧张，于是别人采矿他卖水，又赚了不少钱。后来卖水的生意又被抢走了，李维斯又说“棒极了”，因为采矿时工人跪在地上，裤子的膝盖部分特别容易磨破，而矿区里却有许多被人丢弃的帆布帐篷，李维斯就把这些旧帐篷收集起来洗干净，做成裤子销量很好，“牛仔裤”就是这样诞生的。李维斯将问题当作机会，最终实现了致富梦想，得益于他有一种乐观、开朗的积极心态。

8.2.3　厘清选择创业商机之策

《21 世纪创业》的作者杰夫里 · A · 第莫斯教授提出，好的商业机会有以下 4 个特征：

（1）它很能吸引顾客。

（2）它能在你的商业环境中行得通。

（3）它必须在机会之窗存在的期间被实施。机会之窗是指商业想法推广到市场上去所花的时间，若竞争者已经有了同样的思想，并把产品已推向市场，那么机会之窗也就关闭了。

（4）它必须有资源（人、财、物、信息、时间）和技能才能创立业务。

可以根据这些特征来分别采取相应的选择创业商机对策。

8.3　及时做好创业准备

8.3.1　具备创业思维

大学生的创业准备就是尽可能去熟悉或者贴近创业思维。由于创业思维林林总总包罗万千，不可能都掌握，只要注意去熟悉它勤于思考，对创业准备就很有益处。

8.3.2　具备创业精神

按照国发〔2015〕32 号文件《国务院关于大力推进大众创业万众创新若干政策措施的意见》中关于“推进大众创业、万众创新，就是要通过加强全社会以创新为核心的创业教育，弘扬‘敢为人先、追求创新、百折不挠’的创业精神”去不断实践。

创业精神是创业的核心与灵魂。创业精神最初来自新建企业，但不限于新建企业，百年企业青春常在就是创业精神在起作用。

人们常用不同的词语描绘创业精神，如创新精神、合作精神、冒险精神、敬业精神、自强不息、百折不挠等。在新时代，又加进了时代精神、社会责任感、奉献、事业荣誉感、二次（三次）创业的勇气、艰苦奋斗的作风、至诚至信、开放的心态、宽容的胸怀等。

创业精神的载体是人，最具创业精神的是创业者（企业家），企业家与创业精神密不可分。创业精神重要的是把握机会和不断创新，通过企业家的创业活动，推动社会和经济不断发展。因而，创业精神就是发现和把握商业机会，无论当时如何受资源的制约，都能努力通过创新，从无到有地创造和建立某些事物以满足社会需求、创造价值。

8.3.3 具备创业意识

创业意识就是根据客观需要而产生的强烈、不安于现状的、执意于创建新的事业的要求和动力。说得再通俗一点，创业意识就是渴望创业的那颗不知足、不安分的心。创业意识中还有致富的渴望，成功学大师拿破仑·希尔说:“每一个人到了某一年龄，都会开始明白金钱的重要和意义，因而对它产生‘渴望’，但仅如此是不会导致财富的出现的；相反，对金钱有着强烈的‘愿望’，并执着于自己的理想，按照既定的路线去创造财富，用坚忍不拔的精神来支撑自己，永不言败，不胜不归，你将会创造出惊人的财富。”

在培养创业意识中，要逐步树立只要肯于创业、善于创业、乐于创业，人人都可以成为创业者的信念。为什么说人人都可以成为创业者？这是因为创新创业有国家法律和政策的支持，创业不受资金财力的限制，创业不受学历、年龄的限制，创业不需要特殊性格和能力。

然而，创业只有渴望成功的心愿还不够，还需将心愿催生为行动，创新创业意识才能培养起来。

8.3.4 具备创业能力

创业能力是一种有自身特点的能力，这种能力往往影响创业活动的效率和创业的成功与否。创业能力一般包括组织领导能力（战略管理能力、决策学习能力）、业务能力（经营管理能力、专业技术能力与交往协调能力）。

创业需要具有与完成创业活动和获得创业成功相匹配的能力。为创业做准备的大学生，需要对创业者所需要的能力有所了解，再认真地分析或认识自己。假如自己尚不完全具备这些能力，应该认真地培养，使自己尽量达到或接近创业者的能力要求。其实，任何人都不可能是与生俱来就具备创业能力的，即使是创业成功的人，也不可能没有能力上的弱项。对大学生的创业能力，并有目的地在创业学习和创业尝试中培养自己具备创业能力，主要包括3个方面的能力。

8.3.4.1 普遍的创新创业能力

见本书2.11.8创新创业能力。

8.3.4.2 基本的创业能力

（1）诚实守信，取之有道的能力。诚实守信就是诚信，取之有道来自古人提倡的“君子爱财，取之有道”，这个“道”就是指符合规范的正当途径和规律。事实上，社会主义市场经济是建立在诚信基础之上的，没有诚信就没有秩序，市场就会陷入杂乱无章的混乱状态，创业、经商化为泡影。不是传说过某交易会上，有人在摊位前为拒绝不守诚信的人而竖起“×商免谈”的事吗？现实生活中的许多著名创业者，在创业中以信誉为本，以注重诚信来发展自己的事业，最终走向成功，书写了创业史上的奇迹。

案例8-4 诚信带来机会和成功——“为商先为人，信用是银行。”杜诗武这样说。杜诗武个人创业7年，没有用一分钱贷款，却以每年216%的速度发展，从16m^{2}的小门脸到经营两个分公司、3个精品专卖城、10多个商场专柜、20个市县网点。当人们问杜诗武有什么致富秘典时，他总是说上边的这句话。7年前杜诗武被他工作的商场解聘下岗，却意外地被他所经销的商品的生产厂家上海飞翔电器厂聘为办事处主任，不要他一分钱，反而一次性给他 10 万元货物铺底，这岂不是天上掉馅饼！其实厂家看中的是杜诗武的为人和诚信。那个冬天，上海飞翔电器厂生产的电热毯由杜诗武所在的商场销售，最后剩下有问题的 8 条，仓储部嫌麻烦，把退货的事推给了杜诗武。杜诗武抱着对厂家负责讲信用的态度，把这 8 条电热毯的问题部位清楚地写在纸上，贴在包装袋上，又自己缝了邮包把这几条电热毯给厂家寄了过去。也就是这件小事，让厂长感动了。从此，杜诗武一直恪守一个信念，对顾客讲诚信，对厂家诚信。

没有诚实的劳动，就没有实在的收获，这是一个创业者在开始创业前就应该牢牢记住的信条。

（2）突破常规，大胆创新的能力。人们往往喜欢“随大流”，喜欢按照常规办事。然而，成功的创业者有突破常规、勇于大胆创新的能力，他们在处理问题时能选择新的思路，遇到再棘手的问题也能出其不意且迅速、高效地解决。

案例 8-5　学会必要的放弃——某天你驾车到了一个荒无人烟的地方，突然遇到三个人，一个是急需送往医院抢救的老人，一位是曾经驾车救过你的命而你一直在寻找机会报答的医生，最后一位是你这一生一旦失去也许永远不会再遇到的一见钟情的伴侣。而你的车只能载一个人，你会作何选择？按照习惯性思维，这似乎又是一个“三难选择”。其实不然，最佳答案是：将车钥匙交给医生，连同自己身上的财物都送给他，由他载着生病的老人赶往医院，而你留下来陪伴一见钟情的伴侣直到生命消失。有人把这个问题的答案仅仅看作是个脑筋急转弯就太不够了。一位成功的创业者也是一位出色的企业家总爱讲这个故事，他的感悟是，人不能死守着自己固有的那点东西，必要时就得放下，甚至是自己十分珍贵的。人生一世，要追求的东西太多了，但该放弃的东西就得放弃。要成就一番事业，就得有所放弃。

（3）运筹帷幄，善于领导的能力。创业从决策开始，到创业计划书的编写、获得投资、企业创建、创业管理、市场营销等等，都要花费很大的精力去一一完成，必须有运筹帷幄善于领导的能力，才能成为一个创业者。

（4）坚韧不拔，克难竞争的能力。成功的创业者必须具备坚忍不拔，勇敢面对困难，克服困难并直面竞争，勇于竞争的能力，才能在激烈的甚至残酷的市场竞争中成为赢家。

案例 8-6　“成功也许就因为多走出那 12km”——巴毅、重庆两家公司的董事长，15 年前怀揣从几个同学那里借来的 300 元钱来到重庆，两个月过去了，仍没找到工作。只剩一元五角钱买了三包最便宜的方便面又熬了三天。第四天夜里，饿得头晕眼花的他用眼镜换了五个面包，一口气吃完了。第二天，身无分文，连公交车也坐不起的巴毅，步行 9km 去江北区应聘，却失败了。“我告诫自己，永远都不能放弃任何机会。”他再次向西步行 12km，来到九龙坡区谢家湾一家企业，得到了“先来试试吧”的答复，赢得了第一个展示才能的机会，并从此“发迹”。从商之余，巴毅笔耕不辍，他创作的小说和散文获得“老舍文学奖”“华夏散文奖”和“希腊国际文学奖”。2003 年，巴毅与钟南山等一起被评为“中国时代十大新闻人物”。

8.3.4.3　特定的创业能力

（1）增强设计感：凡事都成创意大师。设计，是每个人每天都会做的活动。优秀的设计能够改变世界，只需将自己打造成创意大师。从本质上而言，设计感是人类的一种基本天性，即人类以自然界史无前例的方式塑造和改善着所处的环境，以满足自身需求，并使生活充满意义。

（2）增强娱乐感：拥有快乐的竞争力。娱乐在21世纪的重要性就如同劳动在过去300年的工业时代所发挥的重要作用一样。在21世纪，娱乐将成认知、行动和创造价值的主要方式。其重要性主要体现在游戏、幽默和快乐。

（3）增强意义感：探寻人生终极幸福。人类最关心的不是获得快乐或避免痛苦，而是要探寻生命的意义。人类根本动力就是对人生意义的追求和人生终极幸福的探寻。

（4）提升故事力：勇做生活的策划者。故事力能够精确地捕捉到正式的决策方法未曾提及的因素，能够捕捉情境和情感，是重要的认知行为，能够对信息、知识、情境和情感进行整合。

（5）提升交响力：发现系统整合之美。交响力是把独立的要素组合在一起的能力。它是一种综合能力，是把别人都认为无法匹配的因素组合起来，得出某种新观点的能力。

（6）提升共情力：能与他人产生共鸣。共情力是站在别人的立场、凭直觉感知他人的感受，即设身处地用他们的眼光来看待问题，体会他们的感受。然而共情力不是同情，不是惋惜别人的不幸，而是与他人产生共鸣，即想象如果自己是那个人会有什么样的感受。共情力是一种大胆的假想性行为，是虚拟现实的最高境界，即深入他人的角度来体验这个世界。

8.3.5 具备创业素质

8.3.5.1 大学生创业应当具备的8个行为特征

对成功创业者进行了多方面的持续研究，发现成功的创业者在心理与行为上具有许多共同的特征，可归纳为下述几条：

（1）欲望强烈，心态积极；

（2）自信充分，敢于冒险；

（3）毅力坚韧，耐心十足；

（4）眼界开阔、反应敏锐；

（5）把握趋势，明确方向；

（6）善借资源，懂得分享；

（7）坚持学习，经常反省；

（8）勇于创新，出奇制胜；

（9）体魄健康，心理健全。

8.3.5.2 大学生创业应当具备的十项素质

通过对上千案例的研究，发现成功创业者具有多种共同的特征，从中提炼出最为重要的十大素质：

（1）欲望：有欲有梦有动力，有闯有创有未来。成功源于欲望。欲望，能让人产生前进的方向；欲望，能让人有动力去实现理想；欲望，还能让人在困难的状态下突破自己。

案例8-7 马丁·路德·金的《我有一个梦想》演讲——1963年8月28日，马丁·路德·金在美国华盛顿林肯纪念堂发表了著名的演讲《我有一个梦想》，目的是为了追求黑人的平等权利与自由。“只要黑人仍然遭受警察难以形容的野蛮迫害，我们就绝不会满足。只要我们在外奔波而疲乏的身躯不能在公路旁的汽车旅馆和城里的旅馆找到住宿之所，我们就绝不会满足。只要黑人的基本活动范围只是从少数民族聚居的小贫民区转移到大贫民区，我们就绝不会满足。只要我们的孩子被‘仅限白人’的标语剥夺自我和尊严，我们就绝不会满足。只要密西西比州仍然有一个黑人不能参加选举，只要纽约有一个黑人认为他投票无济于事，我们就绝不会满足。”这是其中的一段话，其充分展现了马丁·路德·金追求黑人平等自由的欲望，正是因为这种强烈的欲望驱使着他不畏艰险地去实现这个伟大又漫长的梦想。

（2）忍耐：艰难困苦，玉汝于成。“吃得苦中苦，方为人上人”要想成大器，就必须经受住各种艰难困苦的考验。

案例 8-8 吴敬梓穷写《儒林外史》——吴敬梓 39 岁开始写《儒林外史》，当时生活异常贫穷，他依靠买（卖）文、典当衣物和友人周济维持生活，冬日天寒，家里无火取暖，夜间写书时寒冷难耐，他就邀请一些朋友，绕城跑步取暖。吴敬梓在这样困苦的 3 年里，完成了 33 万字的巨著——《儒林外史》。贫苦并不可怕，可怕的是无所事事，只要能够挺过困难，光明就在前方。

（3）眼界：眼界决定境界，境界决定成败。眼界，指目力所及的范围。引申指见识的广度。眼界广者其成就必大，眼界狭者其作为必小。

案例 8-9 任正非带领华为走出国门——20 世纪 90 年代，正逢国内的电信市场刚刚开放，当时如日中天的诺基亚、摩托罗拉等国际电信巨头入驻中国，极大地冲击了国内的一些传统企业。为了与之抗衡，大多企业采取了“引进国外技术”这条路来进行“抗衡”。然而，任正非并没有随大流，而是提出华为应该放弃一部分国内市场份额，走出国门，通过华为自身产品的价格优势在发展中国家中占领市场先机，从而赢得生存空间。这也为华为成为电信巨头打下了基础。由此可见，眼界开阔能够跳出狭隘的利益观，通过局部牺牲来换取全局的获胜。

（4）明势：顺势而为，蓄势待发。

案例 8-10 孔子偶遇“漩涡人”——孔子周游列国，路过一个瀑布，见一老者顺着瀑布走了下去，不一会儿，在百米开外，老者又从旋涡里冒了出来。孔子甚感惊奇，问老者：“你是用什么力量驾驭旋涡的？”老者答道：“我哪有那么大的力量去驾驭旋涡，我只是让旋涡驾驭着我，顺势而为，让自己顺着旋涡进去，再顺着旋涡出来。”不要做什么事情，都想着去驾驭它、去征服它，有时候，顺势而为，机智地去顺应它，会让事情做得更顺利、更成功。

（5）敏感：一叶知秋，抢占先机。对市场的敏感程度直接决定了你是否能抢占先机。比尔·盖茨在大三的时候就从哈佛辍学开始创立自己的公司。他自己深知放弃这样一所名校的学历是非常令人费解的，然而想赶在 IT 业起初阶段创业的“执念”成就了现在的微软“帝国”。同样，李彦宏为了在中国互联网兴起初期占领先机，放弃了他之前非常想去完成的博士学业，创办了百度。如果他当年选择读完博士再来创业，也许现在百度的影响力会比现在小很多。马云如果当年没有看到互联网的巨大商机，“万能的淘宝”这个称号可能也要易主了。

（6）人脉：事在人为，知人善任。创业成功很重要的一个基础就是人脉的积累。因此培养正确的人脉积累方式是极其重要的。在美国民间流传着这样一句话：“20 岁靠体力赚钱，那 30 岁靠脑力赚钱，40 岁以后则靠交情赚钱。”那么积累人脉的过程中就应该做到慷慨大气、放低姿态、坚持原则、没有鄙视心态、活用网络等。

(7) 谋略：兵不在多在于精，将不在勇在于谋。

案例 8-11 巨鹿之战——巨鹿之战是秦末大起义中，项羽率领数万楚军（后期各诸侯义军也参战），同秦名将章邯、王离所率 40 万秦军主力在巨鹿（今河北平乡）进行的一场重大决战性战役，也是中国历史上著名的以少胜多的战役之一。项羽破釜沉舟，以大无畏精神在各诸侯军畏缩不进时率先猛攻秦军，带动诸侯义军一起最终全歼王离军，并于数月后迫使另 20 万章邯秦军投降。从此项羽确立了在各路义军中的领导地位。经此一战，秦朝主力尽丧，名存实亡。此外，官渡之战、赤壁之战、淝水之战等都是以少胜多的经典战役。这些战役都充分展现了谋略的重要性。在创业过程中，团队人数不在多，而在于搭配得当，这样才有机会把每个人的能力都释放出来，从而获得事半功倍的效果。

(8) 胆量：无限风光在险峰，人生难得几回搏。

案例 8-12 诺贝尔发明安全炸药——早在 1847 年，意大利的索伯莱格就发明了一种烈性炸药，称为硝化甘油。这种炸药是当时威力最为巨大的一种炸药，而且非常不稳定，稍不留神就有可能发生意外爆炸，许多人因此而血肉横飞，连尸体也找不到。为了解决这个问题，诺贝尔决心把这种烈性炸药改造成安全炸药。1862 年夏天，他开始了对硝化甘油的研究。这是一个充满危险和牺牲的艰苦历程。死亡时刻都在陪伴着他。在一次进行炸药实验时发生了爆炸事件，实验室被炸得无影无踪，5 个助手全部牺牲，连他最小的弟弟也未能幸免。这次惊人的爆炸事故，使诺贝尔的父亲受到了十分沉重的打击，没有多久就去世了。他的邻居们出于恐惧，也纷纷向政府控告诺贝尔，此后，政府不准诺贝尔在市内进行实验。但是，诺贝尔百折不挠，他把实验室搬到市郊湖中的一艘船上继续实验。经过长期的研究，他终于发现了一种非常容易引起爆炸的物质——雷酸汞，他用雷酸汞做成炸药的引爆物，成功地解决了炸药的引爆问题，这就是雷管的发明。它是诺贝尔科学道路上的一次重大突破。正是因为诺贝尔的这种胆量，才能够有如此重大的突破。

(9) 分享：合作共赢，同舟共济。合作才能发展，合作才能共赢，合作才能提高。在这个竞争日益加剧的时代，合作不仅是合作双方的选择，更是这个时代的选择。有效的合作能够产生“1+1>2”的效果，使双方共克时艰，共赢商机，提振信心，共同发展。

案例 8-13 传统制造业与互联网产业的合作——曾经，人们只能在实体店买家电，而在实体店获得的价格总是因人而异，会砍价的可以得到一个不错的优惠，而不会砍价就只能被“宰”了；在实体店顾客能享受到的服务同样不一样，不少消费者有“买前是大爷，买后变孙子”的感受，经常吃一肚子哑巴亏。而随着互联网金融的日渐成熟，消费者不但通过网络购买到低价高质的商品，还能感受到优质的服务，人人都是“亲”的感觉是如此的亲切和温暖。因此，去商场购物的人越来越少，导致家电销量急剧下降。面对这种局面，格力、美的等传统制造业巨头深知单纯的价格战已经不能吸引消费者了，于是纷纷与淘宝、京东等进行了战略合作，结果取得了令人吃惊的效果，经常出现产品脱销的状况，最终，互联网金融与传统制造业取得了双赢。

(10) 反省：逆水行舟，不进则退。都知道失败是成功之母，那么从失败通往成功必定会经过反省这个阶段，没有反省就不会有进步。在创业过程中不可能一帆风顺，需要不断地反省总结才能取得进步。李嘉诚、马云、任正非等大企业家无一例外的都是从无数次的失败教训中反省总结后才取得了今天这样辉煌的成就。

8.3.6　具备专业知识

专业知识从广义上讲，除了专业学科知识，还包括基础知识、现代管理知识、人文社会科学知识及一定的综合学科、边缘学科方面的知识。学好专业知识对创业的重要作用，前面已多次讲到了。

8.3.7　具备创业之道

8.3.7.1　大学生创业应当领会的处世之道

在社会上行走江湖，每天都要与人打交道，那么大学生在创业过程中，就应该学会领会和培养一些处世之道，例如站高、望远、广闻、慎言、心宽、神定、意坚和气足等。

(1) 站高：定位决定地位，高度决定眼界。你对创业项目的定位决定了以后企业在社会上的地位，是否能够定位准确就要看你站的高度了。站得越高，眼界越宽阔，那么对企业的定位就会越准确，创业成功的几率也就越大。

(2) 望远：你能看多远，才能走多远。光站得高还不够，还得望得远，因为这直接决定了一个企业的生命力。在创业过程中，切忌成为井底之蛙，一定要多了解新鲜事物，及时更新知识库，这样才能跟上社会前进的脚步，甚至是引领这个社会前行。

(3) 广闻：兼听则明，偏听则暗。在创业过程中谦虚地全方位听取别人的意见是非常重要的处世之道。如果只是单方面地听取一些意见就武断地做出决定，那么这样往往容易出现一个比较危险的结果。因此，要学会听取来自多方面的声音，这样才能帮助我们明辨是非，做出正确的判断和决定。

(4) 慎言：讲实话不如讲对话，讲对话不如讲好话。在这个高速发展的社会中，口无遮拦绝对是处世大忌。因此，要学会谨言慎行，不该说的话不说，该说的话选正确的方式说，这样对创业中维系团队关系和客户伙伴关系至关重要，因为往往说错一句话就可能让你失去一个重要的机会或关系。

(5) 心宽：心地无私天地宽，天生我材必有用。在处世中，不仅要学会对别人宽容，也要学会对自己宽容。创业路上必定环绕着艰难险阻，那么把心放宽，就能帮助我们在创业道路上总是充满自信，还能有助保持乐观积极的心态。

(6) 神定：泰然处之，从容应对。在创业路上一定会遇到很多棘手的事情需要处理，那么这个时候神定就显得非常重要了。不要因为事情不好处理就慌乱，也不要因为遇上什么地位“非同一般”的人就畏首畏尾。无论遇上什么事，泰然处之，从容应对才是解决问题的上策。

(7) 意坚：内心强大，神鬼难近。意志坚定在处世中也是极为重要的一点。意志坚定与否不仅会影响自己，更重要的是会影响与你一起创业的同事。保持一颗坚定的内心，不被利益熏昏头脑，这样才能专心创业，而且能够感染身边的人让他们和你一同努力。

(8) 气足：胸有成竹，一鼓作气。在创业过程中，最忌讳的就是“三天打鱼，两天晒网”。高效才能在创业道路上立足，时间不等人，机会也不等人，那么今天的事情为什么要拖到明天才做呢？一鼓作气才是正确的处世之道。

8.3.7.2　大学生创业应当紧握的成功钥匙

(1) 选择大于努力，梦想永不止步。有的人一辈子都很努力，可是依然贫穷。这是因为选择出现错误。应该选择自己感兴趣的方向，选择适合自己的事业。

(2) 做事不如做市，做市不如乘势。宇宙万物、春夏秋冬都有其规律，掌握规律，事半功倍。做事情要有市场的概念，做市场要有趋势的意识。顺势而为，乘势而上。例如：中国未来30年严重老龄化，并且心脑血管疾病等慢性病将井喷式蔓延，健康产业，就是大趋势。

(3) 选择靠自己，成功靠团队。与他人一起思考、合作、协同工作时，可以互补，可以互相提供很多帮助，从而提高工作效率。团队的头脑风暴会对创新思维有一定帮助。团队工作能够让大家梦想成真。

(4) 想成为什么样的人，就和什么样的人在一起。永远和积极上进有思想的人靠近、合作、做朋友。思想是因，环境是果。

(5) 不愿做销售，就是不愿过好生活。任何东西要变成价值，都必须被人了解、认同、接受、喜欢，这个过程就是销售。马云说：我一直在销售阿里巴巴和淘宝；张瑞敏说：我一直在销售海尔冰箱。

(6) 成功前做你该做的，成功后做你想做的。失败者一开口：我不喜欢。成功者一开口：我要尝试。思路决定出路，想法决定活法。

(7) 学习使你进步，创新成就未来。所有封闭衰退的人都是因为不学习，学习使创业者进步，创业成就未来。

(8) 管好情绪，改变命运。让人接受你、喜欢你、离不开你，你的命运自然改变。不要动不动就说你就这个脾气，就是这个性格。每个人一辈子要修的功课就是管理好情绪和脾气。

(9) 积极主动，大量行动。所有成功的人都是积极主动的人。积极的思维，积极的态度，不去等待而是变被动为主动。因为他们明白，谁主动谁掌控，成功者都是主动行动的人。

8.3.7.3 大学生创业应当掌握的做事步骤

(1) 首先明确做事的目的与目标。如果你能够在开始做事情之前多花些时间去思考，明确目标，然后以终为始，一步步向目标前进，以后就不会偏离航向。换言之，就是先有经过深思熟虑的预想的终极目标，然后向着目标努力前进。

(2) 然后采取做事的方法与措施。做事要根据不同情况，采取适宜的办法。创业者在创业活动过程中的每一项举措，都会对创业结果产生不同程度的影响。

(3) 最后检查做事的结果与落实。

8.3.7.4 大学生创业应当掌握的工作规范

(1) 汇报工作说结果。结果导向思维是第一思维。

(2) 请示工作说方案。请示工作至少做好两套及以上方案给领导选择。

(3) 总结工作说流程。做工作总结描述流程，不仅是先后顺序逻辑清楚，更重要的是找出流程中的关键点、失误点、反思点。

(4) 布置工作说标准。布置工作就有考核，考核就有标准。标准既确立了规范，又划定了工作边界。

(5) 检查工作说要害。一语中的，让人豁然开朗。

(6) 交接工作说重点。把工作中形成的经验教训毫不保留地交接给继任者，把完成的与未完成的工作分类逐一交接，不要设置障碍，使其迅速进入工作角色。

(7) 回忆工作说感受。交流多说自己工作中的感悟，哪些是学到的，哪些是悟到的，哪些是反思的，哪些是努力的。

8.3.8 具备创业优势

创业优势包括：

(1) 具备专业优势；

(2) 具备行业优势；

(3) 具备地域优势；

(4) 具备政策优势；

(5) 具备项目优势；

(6) 具备团队优势；

(7) 具备人脉优势；

(8) 具备平台优势；

(9) 具备年龄优势；

(10) 具备综合优势。

8.3.9 具备创业起步条件

8.3.9.1 掌握创业先后观点

创业起步务必做到“四要四不要”：

要从小做起干起来，不要纸上谈兵；

要花力气选好项目，不要先去注册；

要寻找项目的命根，不要先找资金；

要培育项目的优势，不要先搞形式。

8.3.9.2 掌握创业先后要义

重点把握四句话：

从小做起“动”起来；

找到命根“干”起来；

创造条件“活”下来；

稳定模式“转”起来。

8.3.9.3 掌握创业起步要领

注意把握“十八个先后”：

一是先资格，后资本；	二是先打工，后老板；	三是先探索，后真干；
四是先育根，后长叶；	五是先配角，后主角；	六是先不败，后求胜；
七是先务实，后务虚；	八是先困难，后容易；	九是先市场，后工厂；
十是先样品，后批量；	十一是先实验，后规模；	十二是先做小，后做大；
十三是先做专，后做宽；	十四是先做近，后做远；	十五是先集中，后分散；
十六是先运转，后盈利；	十七是先生存，进发展；	十八是先利他，后利己。

8.3.9.4 拥有创业起步环境

主要审视拟创办企业的整体战略和环境条件。

A 创业企业战略目标的内容

创业战略目标是创业者根据创立企业的使命，结合内外部环境条件通过SWOT分析制定的。一般包括：

（1）生产率目标，以投入产出比率或单位产品生产成本来表示；

（2）财力资源目标，用资本结构、现金流量、运营资本、盈亏平衡点等来表示；

（3）人员及组织目标，用员工结构、数量、招聘、培训、任用和组织结构等来表示；

（4）市场目标，用市场占有率、销售额、销售量等来表示；

（5）组织结构目标；

（6）产品目标；

（7）盈利能力目标，用利润总额、投资收益率、销售利润率等来表示；

（8）研究与开发目标；

（9）社会责任目标。

B 创业企业战略的构成

（1）市场营销战略。主要内容包括：使创业企业的产品或服务与顾客需求相适应；将产品或服务存在的信息传递给客户；在适当的时间和地点提供产品和服务；为产品和服务确定价格。

（2）组织战略。为使新企业能有效运作，创业者要设计企业组织结构，包括组织结构、计划、衡量和评价制度、激励机制、培训制度等。

（3）生产战略。主要明确系统设计和作业计划及控制。其中，系统设计包括生产过程设计、工作方法设计、能力计划、工作场地布置等；作业计划及控制包括需求预测来计划生产水平、作业系统中的工作安排、系统中的人员安排等。

（4）财务战略。主要包括筹集资金和对企业的经营成员实行记录、监督和控制。主要内容：从事经营活动所需要的资金数量和特征；最有效的资本结构、最理想的融资渠道；最有效的资金使用方式；最有效的方式分配资源。

（5）成长战略。主要是指企业抓住机会，充分发挥自身在产品、市场和技术等方面的优势和潜力，以求得企业快速成长的一种战略。这种成长既实现短期的，也追求长期的成长；既是销售收入的增长，也是利润的增长；既是企业成长对股东的回报，也是企业满意度、亲密度和忠诚度的增加。

（6）竞争战略。是在企业总体经营战略导向下，为创建相对于竞争对手的战略优势而开展活动的规律体系。它涉及企业在竞争中带有全局性和长远性的问题，是企业把握竞争方向的指南。竞争战略一般包括低成本战略、产品差异战略、目标集中战略。

C 制定出目标市场定位与竞争战略

目标市场定位与竞争战略是创业前战略思考的重中之重，创业者首先要弄清我的创业企业的市场在哪里？我如何在市场上与已有的或潜在的竞争者进行竞争？这是创业企业能否立足市场的根本。

（1）是否进行了充分的市场调查？为避免盲目创业，创业者必须对创业方向以及创业项目进行深入、细致、认真的市场调查。做得有的放矢。

(2) 是否进行了市场细分？创业者要通过市场细分来定位目标客户群。

(3) 是否明确了目标市场？根据自己的实力和优劣势，选择一个或几个最有利于发挥创业者优势、最具吸引力和能达到经济效益的细分市场作为目标市场。

(4) 是否已确定了要提供的产品和服务？项目的选择一定要有发展前景。

(5) 如何进行市场营销？创业者应将营销战略作为创业前重点考虑的内容之一。根据目标市场的现状和未来发展变化趋势，制定相应的市场营销战略。

D　考虑创办企业的相关资源与条件

在创办企业前，创业者还要对下述几方面进行战略思考：

(1) 产业优惠政策。创业者首先要对现阶段国家政策进行认真的学习，以自身优势和资源确定产业，确定企业发展战略，确定企业产品和服务定位，并把各项政策用足用好。例如企业孵化器的利用、免费服务、资金扶持的享用等。

(2) 周边环境条件。根据创业性质，了解周边环境对创业有哪些有利和不利因素。

(3) 创业资金的来源与筹集渠道、方法。如通过自筹、申请政府或其他机构的无偿资助，或申请银行商业贷款、创业贷款，或引进创业风险投资，也可以通过借贷还是引进股权等。

(4) 外部可利用的其他资源条件。如政策咨询、融资顾问、产品服务专家、营销顾问等。

8.3.9.5　拥有创业起步资金

要尽快研究熟悉创业企业融资渠道问题。

创业都要成本。几乎所有创业者都遇到过资金不足问题。由于目前国内创业融资较为困难，创业者必须广泛搜集信息，抓住一切机遇，多渠道解决资金问题。主要思路有：

(1) 寻求政策性扶持资金或其他机构的创业资助。作为调节产业导向的有效手段，中央和地方政府设有各种政策性资金。对于拥有高科技成果的创业者，争取这种政策性的支持是一条有效途径。

案例 8-14　章教授争取创业资金——章教授是某大学计算机专业的教师，她一直希望办个软件公司以发挥自己的才能。怎奈没有资金。2007 年，她得获悉本地为扶持高科技企业的发展壮大，将创办高科技企业孵化基地，对通过资格审查的企业将提供免 3 年租费的办公场所，并给予一定的创业扶持资金。于是她立即带领几个成绩优秀的学生创办了一家软件开发公司，不仅成功地进驻了孵化基地，不花一分钱就获得了超过 $100m^2$ 的办公场所，而且还得到了 10 万元的扶持基金。

(2) 寻找银行各类创业贷款。资金不足时，人们首先想到的就是向银行求援。银行贷款大致可分为信用贷款、抵押（质押）贷款和保证贷款三大类，每一类都有许多创新产品和业务，分别适合于不同的创业企业。

1) 小额信用贷款。信用贷款是指银行仅凭对借款人资信的信任而发放的贷款，借款人无需向银行提供抵押物。其中最简单的就是个人信用卡透支（贷款），虽然期限较短，但只要安排妥当，即可解决临时性的资金周转，还可无息使用。

2) 抵押贷款。抵押贷款是指按照担保法规定的抵押方式，以借款人或第三人的财产作为抵押物而发放的贷款。办理抵押贷款时应由银行保管抵押物的有关产权证明，其金额一般不超过抵押物评估价的70%。

3）个人创业贷款。创业贷款实际上是抵押贷款的一种特殊类型，具有一定的政策性。它是指具有一定生产经营能力或已经从事生产经营活动的个人，因创业或再创业提出资金需求申请，经银行认可有效担保后而发放的一种专项贷款。符合条件的借款人，最高可获得单笔50万元的贷款支持，贷款期限一般为1年，最长不超过3年。国内多家银行都已推出了个人创业贷款业务。

4）担保贷款。担保贷款是指以担保人的信用为保证而发放的贷款。随着国内中小企业信用担保体系的建立完善，各地现均有专业化的信用担保机构，如果创业者缺乏合格的抵押物品，就可向担保公司申请。与银行相比，担保公司的“门槛”要低许多-除了房子以外，车子、公司股权、机器设备、存货、特许经营权甚至个人无限责任等，都可作为反担保品。万一贷款到期无力偿还，担保公司还可以通过更灵活的方式处置这些反担保品。

5）质押贷款。质押贷款是以借款人或第三人的动产或权利作为质物而取得的贷款。创业者可用自己甚至亲朋（需要本人书面同意）未到期的存单、国债、国库券、人寿保险单等作为质物，从银行获取有价证券面值80%~90%的贷款。

（3）寻求社会、企业、个人资金。随着经济发展，很多大公司大集团甚至个人手中都掌握着大笔的闲置资金，他们也都在四处寻求好的投资项目。因此，对于有好的项目的创业者，不妨寻找这些投资者。其中，高科技创业企业可向风险投资机构申请，一般性项目也可寻找民间借贷。具体可通过亲朋好友介绍、委托专门中介机构代理，还可以适当做点寻资广告或者上网发布寻资信息。

（4）大公司提供的加盟设备资金支持。当前，有许多大公司为了扩大市场份额，纷纷选择连锁经营的方式来扩充自己，他们广泛吸收个体业主加盟经营，还常推出一系列优惠待遇给加盟者。

（5）融资租赁、经营租赁。对于资金有限的创业企业，通过经营租赁，租入所需要的设备、机器等，既可以减少资金占用，还可以获取最新的设备、机器。而融资租赁则是由需要机器设备的企业选购设备，由融资租赁公司根据承租人要求购买设备，并直接提供给使用人，承租人分期偿还租金的一种以融资为目的的信用方式，表面上看是借物，而实质上是融资。这种方式比较适合需要购买大件设备的初创企业。

8.3.9.6 拥有创新创业团队

创新创业团队需要具备5个重要的团队组成要素，简称5P。

（1）目标（Purpose）。创业团队应该有一个既定的共同目标，目标在创业企业的管理中以创业企业的远景、战略的形式体现。

（2）人（People）。人是构成创业团队最核心的力量。3个及3个以上的人就形成一个群体，当群体有共同奋斗的目标就形成了团队。在一个创业团队中，人力资源是所有创业资源中最活跃、最重要的资源。应充分调动创业者的各种资源和能力，将人力资源进一步转化为人力资本。

（3）创业团队的定位（Place）。创业团队的定位包含两层意思：一是创业团队的定位。即创业团队在企业中处于什么位置，由谁选择和决定团队成员，创业团队最终应对谁负责，创业团队采取什么方式激励下属。二是个体（创业者）的定位。即作为成员在创业团队中扮演什么角色，是制订计划还是具体实施或评估。是大家共同出资，委派某个人参与管理；还是大家共同出资，共同参与管理；或是共同出资，聘请第三方（职业经理人）管理。这体现在创业实体的组织形式上，是合伙企业或是公司制企业。

（4）权限（Power）。创业团队当中领导人的权力大小与其团队的发展阶段和创业实体所在行业相关。一般来说，创业团队越成熟领导者所拥有的权力相应越小，在创业团队发展的初期阶段领导权相对比较集中。高科技实体多数是实行民主的管理方式。

（5）计划（Plan）。计划的两层含义是：

1）目标最终的实现，需要一系列具体的行动方案，可以把计划理解成达到目标的具体工作程序。

2）按计划进行可以保证创业团队的顺利进度。只有在计划的操作下创业团队才会一步一步地贴近目标，从而最终实现目标。

8.3.9.7 拥有创业营销骨干

懂得将“十个没有”变为“十个都有”的一批信得过、业务强的创业营销骨干。“十个都有”可分为的两个部分为：

（1）营销基础的5块基石：

1）功能。指产品能够满足人们某种需要的属性。

2）价格。慎重定价。

3）成本。成本决定运转的进行，运转决定成本的降低。

4）系列。就是产品必须形成系列，才能尽可能满足不同消费者的需要。

5）综合。企业存活必有其“道”，这个“道”就是以企业优势资源为基础的综合性实力（也就是项目的根）。

（2）开拓市场的5个构件：

1）一个好概念。资源如果是块钢，产品就是一把剑，那概念就是这把剑上的“锋”。

2）一个好名字。给产品起个好名。

3）一个好包装。人靠衣装马靠鞍，包装好了好价钱。

4）一支好队伍。就是要建设一支“精干、高效、忠诚、稳定”的销售队伍。

5）一套好制度。在设置好销售业务部门并明确相应职责的基础上，制定完善一整套销售管理的规章制度。

8.4 从容应对创业变换

8.4.1 冷静识别创业陷阱

常见的创业陷阱主要有：

（1）网络诈骗。一些不法分子利用高科技手段移花接木，借用正规企业的名号行骗。其实网络只是交易的一种媒介，通过网络获得商业信息后，必须进行网下的考察。特别是业务量大的单子，高利润的项目往往风险也相对较高，创业者更要小心谨慎，亲自走访是非常必要的，不能仅是坐在家中敲敲键盘。有条件的话，可请投资、法律方面的专家把关。

（2）融资诈骗。融资诈骗包括收取考察费、项目受理费、撰写商业计划书费用、评估费、保证金和律师费等骗局。

（3）非法传销。传销实际上是有组织的犯罪活动，利用参与者对组织者宣称的一夜暴富理念产生兴趣，或被传销头目提出的平等、关爱等虚拟的东西所迷惑。

8.4.2 注意规避创业风险

常见的创业风险主要有：

（1）观念上的风险。很多大学生创业前并没有做好充足的心理准备，很多都抱着侥幸心理，没有做好长期艰苦奋斗的准备，走一步看一步，这是要不得的。

缺乏接受风险与失败的准备，都会给创业带来致命风险，因此要时常提防自己有无这些观念上的风险。

（2）缺乏创业技能带来的风险。很多创业者，尤其是大学生，大都会出现眼高手低情况，虽然拥有完美的创业机会，却没有实际操作的技能，很容易导致创业失败，所以这就需要听听长辈和专业人士的建议，学会规避这些风险。

（3）盲目选择创业项目的风险。这类风险的根源，一般都是缺乏前期深入的市场调研，不考虑个人的实际情况，全凭主观臆断和兴趣盲目选择创业项目。

（4）机会风险。创业者选择创业也就放弃了原先从事的职业，一个人只能做一件事，选择创业就没有其他的选择，这就是所谓的机会成本风险。

（5）技术风险。指在企业产品创新的过程中，因技术因素导致创新失败的可能性。

（6）市场风险。指市场主体从事经济洗活动所面临的盈利或亏损的可能性和不确定性。

（7）资金风险。指因资金不能适时供应而导致创业失败的可能性。

（8）管理风险。由管理者的素质，决策风险，组织风险所决定。

（9）环境风险。指一项高技术产品创新活动由于所处的社会环境，政策，法律环境变化或由于意外灾害发生而造成创新失败的可能性。

（10）团队分歧的风险。创业初期，几个人合伙的现象比较常见，但是随着创业的一步步推进，一旦创业团队的核心成员在公司发展战略、利益方面有分歧，就很可能对企业造成强烈的“震荡”，所以这就必须在创业前制定合理的股权分配机制，用白纸黑字把“话”说在前面。

（11）人才流失的风险。人才是企业发展的关键，创业初期，人才流失恐怕是初创企业最担心的问题。特别是一些专业人才和业务骨干的突然流失，会给新企业带来重创。

为了防范这种风险，企业要做好两件事情：一方面稳定核心的创业团队；另一方面要有良好的激励机制和企业文化留住这些优秀的人才。

（12）战略资源贫乏的风险。战略资源是创业所需要的各种资源，如技术、财务、人力资源、社会资源等，如果这些资源储备不足，会严重影响企业的成长速度。

8.4.3 坦然面对创业失败

不管是谁都有自己的梦想，不管是谁对自己都有信心满满的时候。没有人是甘于平凡的，没有人是不想成功的，没有人不想闯出自己的一片天的。但是往往很多时候信心满满却失望而回。不是所有的尝试都是可以成功的，失败了该怎样去面对呢？

（1）首先应明白：创业有风险，投资应谨慎。当现择创业的时候就该明白将会面临的两种结果，即成功和失败。

创业成功固然是好的，但是失败了也不要太过伤心，因为不管哪种结果都应该是预先就知道的。只是这个结果不是想要的。但是必须接受这个现在失败的现实。

（2）然后需反省：为何会失败，生活要继续。创业失败了，可以消沉一点时间但是不可以太久，因为生活还要继续。没有太多的时间让自己活在痛苦里。

（3）其次来缓冲：一次难成功，是否还继续。不管想到了失败的原因还是没有想到，都请迈开脚步，如果找到了，可以选择继续创业，如果条件还允许的话，没有人是可以一次成功的。如果没有找到，先停下脚步，但是不是游手好闲，可以选择上班，让自己有个缓冲的时间。

（4）最后做决定：原因细分析，从容再选择。做生意有赚就有赔，做人有起就有落。人无千日好，花无百日红。一次的挫折算不了什么，一次的失败也没有什么大不了。失败的从来不是事，而是人，如果一次失败就放弃了自己，放弃了人生才是真的失败，不以一朝成败论英雄。

活着是最大的资本，身体是最好的财富，所以越是失败了越要爱自己，越要让自己过得好，越要努力。幸福是心态，而不是你拥有多少。生活是累积，要用好的心态面对人生的起起落落，就会是人生中的赢家。

在找到创业失败的真实原因之后，就应坦然面对，走出阴影，冷静分析，再做抉择。用良好的心态和宽阔的胸怀，再次拥抱能够带给人们酸甜苦辣和喜怒哀乐的美好生活！

本章小结

本章主要通过尽快熟悉创业基础、敏锐寻找创业商机、及时做好创业准备和从容应对创业变换 4 个部分的介绍，帮助大学生在快速学习、懂得把创新与创业融为一体的基础上，能够快速做好岗位创业和自主创业的相应准备。

延续思考

8-1 岗位创业与自主创业有何区别？

8-2 为什么创新与创业必须融为一体？

8-3 为什么“模拟阶段”是创业不可逾越的阶段？

9 创业体验：大学生创新创业的“试金石”

扫一扫获取
课件及思维导图

青年是社会上最富活力、最具创造性的群体，理应走在创新创造前列。

——习近平

对所有创业者来说，永远告诉自己一句话：从创业得第一天起，你每天要面对的是困难和失败，而不是成功。我最困难的时候还没有到，但有一天一定会到。

——马云

在创业过程中，如果说压力，我认为选择什么不做是非常大的压力。因为在这过程中受到的诱惑太多了，每一个新的概念都可以做很大的东西。在商业上的策略不是决定做什么，而是决定不做什么。

——黄明明

想要提高业绩、成就和满足，唯一的路径，将只有靠提高有效性。

——彼德·德鲁克

温馨提示

在经过创新基础知识、创新思维培养、创业基本技能等学习后，创新成果会不断涌现，将这些创新成果转化成现实的生产力才有现实意义，因此，具备创新成果应用能力，对于创新性人才来说，显得非常重要和关键！

一切想法，最终都要落实于实践。但是，盲目实践的结果大多伴随着失败。了解大学生创业体验的心理特征、环境特征和需求特征后，就能够更加有效的帮助大学生融入社会后尽快实现自己的创业目标。

一切创新最终体现创效，绩效是由成绩和效率构成，有 12 条途径可以帮助我们提高和创立绩效。通过学习理解创效的含义和作用，可以切实把握双创的途径和方法，也可以及时获得双创的效果和成就。

9.1 大学生创业体验的环境认知

大学生创业靠的不是盲目冲动，也不是简单的拥有资金就可以进行的创业活动。作为创业者，不仅要对自己有客观的了解，还需要对整个创业大环境和创业项目进行一个系统的研究和分析。因此，进行创业体验的环境认知非常重要。

9.1.1 大学生创业体验的心理特征

9.1.1.1 思维敏捷但不善于创业思维

创新是一个民族进步的灵魂，是一个国家兴旺发达的动力。高校是培养创新型人才的摇篮，培养大学生的创新能力是每个教育工作者的重要任务。创新思维活动是人的创新活动的核心和灵魂，但是由于受到传统教学模式和本土文化基因的影响，我国大学生一直以来存在着创新意识不足的情况，究其根本就是在于缺乏创新思维。在中国中小学阶段，传统的应试教育缺乏必要的创新启蒙教育，缺乏创新型教师队伍，使得我国学生在后天的知识学习上缺乏“创新意识”的培养，从而导致了思维敏捷，但创新不足。

9.1.1.2 想象丰富但不善于创业想象

爱因斯坦说:“想象力比知识更重要，因为知识是有限的，而想象概括着世界的一切，推动着进步，并且是知识的源泉。”可见，想象可以开发人的智力，丰富人的知识。作为学生来说，创新意识是强大的，可是他的想象力高低则直接影响了学生的素质，影响了他们的创新能力。中国自小学开始的应试教育和求标准答案的学习模式，在一定程度上，限制了学生的创新想象能力。

9.1.1.3 富有灵感但不善于抓住创业机会

案例 9-1 两年让 5000 变成 10 个亿——让 5000 变成 10 个亿，听起来像是一个现代的创业传奇，然后，更让人想不到的是，这个传奇的缔造者是一位年仅 23 的应届大学毕业生。

圆脸、一身休闲西服，笑起来脸上带着一丝稚气，迎面走来的金津更像是一位可爱、朴实的大学生。作为渡口网络科技有限公司的总裁，金津在浙江理工大学上大一时，便开始“小试牛刀”，从 5000 元起步，盈利 100 万元，赚到他创业路上的第一桶金，但是他并没有满足，瞄准了朝阳产业，也是杭州正大力扶持的产业—动漫游戏。

经过两年发展，他创办的渡口公司已经拥有员工 300 余人，成为浙江省最大的网游企业。

当然，并不是所有的大学生都如金津一样能够把握机会，当下的很多大学生都有很多想法，可是，往往流于想法，畏手畏脚、瞻前顾后，或者是安于现状害怕挑战，更有意图坐享其成之人。机会，对于大多数而言都是均等的，但是更多的是无法把握的人。

9.1.1.4 渴望创新但不善于利用创业条件

当前，国内外高校都希望通过开展创新教育，全面提升大学生的素质、创新意识和实践能力，从而培养大学生的创新能力。我国高校大学生缺乏创新能力，其中一个重要体现主要反映在学生崇尚科学，但不善于利用和创造条件。当代大学教育现状传统的教学方法大都是通过课堂中的讲解传授知识，尽管这个方法传授知识比较丰富也比较适合知识量较大的课程，但是由于过于枯燥，学生容易失去兴趣和学习动力。加之中国应试教育过于强调背诵记忆、应付考试，要求学生循规蹈矩地重复旧的知识，导致学生把成绩当成了唯一的人生目标。再者当代大学生大都是被动学习，职业素质教育几乎是空白的，标准化思维导致了学生大学期间的思维惰性，学生缺乏独立性和批判性，面对创新条件而缺乏识别能力，从而失之交臂。

9.1.2 大学生创业体验的环境特征

9.1.2.1 自然环境特点

我国地形多种多样，山区面积广大，地理资源丰富且多样。由于我国位于世界上最大的太平洋，因此季风气候显著，加之我国幅员辽阔、跨维度大、地形复杂、固有多样气候类型。多样的地形、多样的气候类型，从而造就了种类繁多的动植物资源。但是，巨大的人口密度，以煤炭为主的特有能源结构，生产力的飞速提高，工业化的加速实施，这一切在使得中国快速发展的同时还面临着超乎异常的生态环境问题。资源带来的是开发，而危机则意味着机会。

案例 9-2 自然环境卫士的创业梦——他曾多年生活在北上广深的大城市中，也曾就职于很多人羡慕的 IBM（国际商业机器公司）和华为等全球500强知名企业。但离乡多年的他，还是被从化那优美的自然风光、淳朴的风土人情所吸引，放弃天天坐办公室吹空调的休闲工作，转而到农村做一名新时代的农民，成为一名自然环境卫士。他是谁？他就是良口镇蟠溪村耕山小寨的创始人之一冯文彬。他在偶然的机会，看到了家乡美好山水的变化，决定成为一个环境的捍卫者，把自己的家乡打造成一个美丽乡村，在发展旅游业的同时，也在宣传环境保护。

9.1.2.2 社会环境特点

当代中国人的创业是从改革开放开始的，涌现出了大量的创业者和企业家。中国当下正处在一个崇尚创业精神的时代，伴随着科技的发展，人工智能水平的不断提高，互联网+的思想慢慢渗透到各个领域，中国已经进入了一个创业活跃期。

案例 9-3 大学生创业正当时——清华大学邱红云等 4 名在校大学生创办了校园企业——视美乐公司，他们以自己研究的“多媒体超大屏幕高清晰度投影电视技术”入股，争取到上海一百公司第一笔 250 万元风险投资。

四川联大研究生林炜，将自己在第五届“挑战杯”全国大学生科技作品转让，被 700 万元独家买断，一举成为全国大学生首富。

华中理工大学新闻专业三年级学生李玲玲，放弃到电视台工作和出国留学的机会，走自主创业之路。她的发明专利“高秆喷药器”和“防撬锁”技术被武汉世博投资公司看中，获得 10 万元风险投资，创办了自己的公司。

上海交大二年级学生陈嘉斌创办了上海交大学生创业有限公司，专门为在校大学生创业提供资金联系业务，在很短的时间内，为本校学生拉到了上海交大投资管理集团、上海创投、东方国际创业等几家企业的风险资金 100 多万元。

9.1.2.3 教育环境特点

国家“十三五”规划正在紧锣密鼓制定中，近日，中国教育在线根据教育部以及国家相关部门发布的近数十年，尤其是近 20 年的数据，进行了梳理、整理，发布了《2015 年基础教育发展调查报告》，报告按不同教育阶段，即学前教育、小学阶段、初中阶段、高中阶段以及教育投入等进行了介绍。

根据报告可以清晰地看到，虽然人口出生率不断变化，但我国人口下降的大趋势不可逆转，虽然在 2000 年以后，迎来一个新的人口出生高峰，但是，近 10 余年，每年新生儿数量长期维持在 1600 万左右，比上一个高峰少了 1000 万，这也构成了我国基础教育与教育的基本供给构成。在这一大背景下，我们的各个阶段的招生人数与在校生数均呈下降趋势，近年基本探底，趋于稳定，虽有局部反弹，但并未形成根本性的逆转。据教育部最新统计，2014 年度中国出国留学人数为 45.98 万人，较 2013 年增加了 4.59 万人。近 10 年来，中国出国留学人数翻了两番，出国留学的人群日益庞大，并保持了较高的增长速度。国家财政性教育经费投入呈逐年增长趋势，2013 年达到 24488.22 亿元。在 2012 年以前年均增长将近 20%，2013 年增幅下降至 10%。近些年互联网快速发展，有关教育互联网的产品层出不穷，这些给传统教育方式带来不小的冲击。调查显示，越来越多学生采用结合互联网产品的学习模式。其中，24%的人使用互联网产品学习，47%学生选择传统与互联网结合的方式学习。

9.1.3 大学生创业体验的需求特征

9.1.3.1 大学教育的内涵和教育理念呼唤“双创”教育

教育的本质是把人培养成社会人的过程，是人格养成的一个过程，教育要让受教育者身心都能够得到健康发展。教育要为人们发挥才能、掌控命运提供必需的基本知识和技能。大学应该是引领和创造未来的高等教育机构，现有的专业设置和课程内容已经难以完全适应未来科技进步和经济社会发展的新要求。而“双创”教育理念，则可以引领大学教育全面改革，树立面向未来发展的前瞻性人才培养观和课程观，以全面提升学生的创新力、就业力和适应性为目标的教育未来。

9.1.3.2 大学教育的产学研合作模式呼唤“双创”教育

产学研合作是指企业、科研院所和高等学校之间的合作，通常指以企业为技术需求方与以科研院所或高等学校为技术供给方之间的合作，其实质是促进技术创新所需各种生产要素的有效组合。

随着高校功能从人才培育、科学研究到社会服务的延伸，高等教育、科技、经济一体化的趋势越来越强。尤其是在知识经济社会中，大学将被推向社会发展的中心，成为社会经济发展的重要动力。以信息技术为标志的第三次科技革命对产学研合作起到了推波助澜的作用，其中，斯坦福大学对师生创业和建立学术界与产业界合作的积极支持，创造了“硅谷”的经济奇迹，使产学研合作在高新技术飞速发展的当今世界，成为推动经济和整个社会发展的一种最强劲的动力。

“双创”教育则能够更好地将大学学习和企业发展融合在一起，培养学生双创能力的同时，与实践相结合，推动企业的改革和发展。对于学校、学生和企业三方面来说都是有利的。

9.1.3.3 大学教育的学生心理发展呼唤“双创”教育

一项面对全国 12.6 万大学生的调查显示，20.3%的受访大学生有心理问题。“郁闷”“变态”成为学生们的口头禅。大学生的心理问题严重到了让人担忧的境地。相对于世界平均水平和其他人群来说，中国大学生自杀和心理问题比例是偏低的，只要控制在一定比例，是正常的。问题是怎样尽量降低这个比例，寻求社会更多的关注。造成这种现象的原因首先是教育系统重视不够，片面注重知识的学习，忽视了心理素质的提高和健全人格的塑造；对高考状元过度宣扬，而高考仅仅是成才中间的一个环节而已。其次是家庭原因，包括两种情况：一种是家庭不关注孩子的教育，把孩子完全交给学校，比如打工者子女出现的问题；另一种是过度保护，家庭什么都包揽，也容易让孩子心理脆弱，经不起挫折。

“双创”教育更多是培养学生的自主能力和综合素质，通过全面的学习和训练，还能够提升大学生的抗压抗挫折能力。

9.1.3.4 大学教育的教学条件优越呼唤“双创”教育

当下，随着大学教育的不断改革深化，大学更加注重教学条件的提升。实验室的建设、实习基地的建设、教学方法的不断改革、教学内容的不断优化和实用性的有机结合，特别是大学教育的产学研合作，都给大学生的大学教育提供了有力的助力。而“双创”教育的开设，将能够更好地发挥大学教育教学条件的作用，将教育改革落到实处。

9.1.3.5 大学教育的学生就业需要呼唤“双创”教育

近年来，大学生就业创业问题受到了政府和社会的高度重视，从中央到地方均出台了促进大学生就业创业的政策与措施，旨在改善大学生就业创业环境，提升大学生就业创业能力与水平。

国务院总理李克强 2014 年 9 月在夏季达沃斯论坛上公开发出“大众创业、万众创新”的号召，“双创”一词由此开始走红。在 2015 年 6 月 4 日的国务院常务会议后，“双创”再度吸引了人们的注意，该次会议决定鼓励地方设立创业基金，对众创空间所需的办公用房、网络等给予优惠；对小微企业、孵化机构等给予税收支持；创新投贷联动、股权众筹等融资方式；取消妨碍人才自由流动、自由组合的户籍、学历等限制，为创业创新创造条件；大力发展营销、财务等第三方服务，加强知识产权保护，打造信息、技术等共享平台。每年的 6 月份高考都会将解放近千万名学生，7 月份的毕业季则将释放出 700 万人的劳动力，每一次高考，都预示着 4 年之后那可怕的就业压力。解决就业难题，学生本人着急，学生家里着急，国家更是着急。而从该次的国务院常务会议可以看出，国家对双创将贡献大量的人力、物力、资源、资金，这也从另一个角度反映出国家在大学生就业难的背景下，开始鼓励学生们创业。如今，在“双创”的背景下，大学生创业将迎来更多的机遇。

经过大学四年的各种锤炼，大学生的思维可以说是最为活跃的，他们有想法、愿吃苦、能坚持更善于创新。大学生缺少的是人生经验，不论一所高校学术氛围浓郁与否，都不可能将社会上的人生经验传递给学生。大学生是“大众创业、万众创新”中很重要的主体。从各个方面看，大学生创业都有较大的优势，大学生具有较高的教育素质，并且有强烈的创业热情，这两个特点是非常重要的。

此前，我国经济发展进入新常态，经济结构持续优化升级、创新驱动发展为个人、企业提供了新的战略性机遇。高校毕业生作为国家宝贵的人才资源，具有良好的教育背景，政府、高校及毕业生个人应把握机遇，搭上打造“大众创业、万众创新”新引擎的顺风车，转变就业创业理念，实现更高质量的就业创业。

9.2 大学生创业体验的绩效追求

9.2.1 创新创业的创效之需

案例 9–4 苏东坡创新思维美西湖——杭州历来被称为人间天堂。青山隐隐，绿水迢迢，美不胜收。杭州的美丽在西湖，苏东坡诗曰:“水光潋艳晴方好，山色空门雨亦奇，欲将西湖比西子，淡妆浓抹总相宜。”西湖是杭州之灵。然而，北宋时代的西湖却憔悴而苍老，仿佛西子姑娘变得衰老了。年深日久，西湖湖盆日益抬高，湖边成了长满茭白的沼泽，湖面大为缩小。“四面湖泽，皆是菰葑”便是当时西湖的写照。西湖的沼泽化如果不加治理，随着湖面逐渐缩小，西湖变成沼泽，变成草地从杭州消失。正在西湖日益危机之时，大诗人苏东坡官场失意，于元右4年（1089年）被谪为杭州太守，常在湖畔吟哦漫步。眼见西湖缩小变浅，决心疏浚西湖，让西湖恢复青春。但西湖疏浚遇到两大难题。一是湖边和湖底挖出的大量泥土运往何方；二是治湖资金从何方筹措。一天，苏东坡环湖而游，但见西湖湖边变成一片葑（茭白的根）地，湖心却没有路，要到湖对岸，除了坐船只有环湖半圈才能达到。苏东坡忽然想到，把从葑地挖出的泥土不用远运，就近在湖中选一条南北大堤，不仅利用了葑地泥土，而且有利于交通，可穿湖而行。湖底的淤泥极为肥沃，将它就近堆垫沼泽变成耕地，让无地农民和社会闲散人员交纳不多的钱便可耕种，所得款项用作浚湖经费，无地农民亦可安居乐业。治湖工作结束后，一条秀丽的全长2.8km长堤横穿湖中，堤旁遍种花木，堤上有映波、锁澜、望山、压堤、东浦、跨虹六桥，春季桃红柳绿，风景尤佳，意境动人，“苏堤春晓”为西湖十景之首。西湖经过疏浚，湖上烟波淼淼，浅淤的湖变深湖，日益缩小的湖变大湖。至今游人漫步苏堤，无不赞叹苏东坡的创新思维之妙。堆泥造堤可谓一石三鸟，一举数得。西湖由此疏浚，湖泥有了堆放的地方，而且大大缩短了运泥的距离，使工程效率大大提高。造堤更使南北交通为之通畅，还为西湖创造了一个秀美的人工景点，同时还使难以处理的淤泥使淤塞无用的沼泽变成良田，并以此举解决了治理西湖的资金问题。

这个历史故事揭示了绩效的两个方面的含义：

“绩”即有良好的成绩。在故事中，疏浚了的西湖，穿湖而过的苏堤，淤泥堆成的良田及治理西湖的资金就是成绩。

“效”即有较高的效率。如果按常理，挖出的葑土和湖泥都应运到远处抛弃，占地不说，治湖效率不知要低多少，用土和泥筑堤和垫地造田，大大提高了治湖效率。

创新，说到底就是创造了新的、更好的绩效。就“绩”而言，创新的精神产物或物质产物的本身就是成绩。就“效”而言，创新的产物都会在大小不同的程度上提高效率。产生多快好省的效果，不然也就不能叫创新。试想火车如果比牛马车拉的少、走得慢、总翻车、费时间，那还是创新吗？

9.2.1.1 成绩+效率=绩效

A 成绩

“成绩”的“成”有“完成”的动词的基本含义，也有“成果”成就的意思，“成绩”强调已经完成了的结果。“绩”是“功业”“成果”。与“成绩”意义相近并能表达“绩效”中的“绩”的还有“业绩”“劳绩”“殊绩”“战绩”“政绩”“伟绩”等。

从成绩的特征可以全面了解绩效：

（1）成绩的优劣性。优劣常用质量来衡量，质量已经成为绩效的一个核心特征。根据报道，在美国或英国，至少有3/4的公司主动开展各种质量管理活动。对于质量的定义，目前有四种类型的说法，即卓越、价值、与规范的符合程度、满足或超过预期要求，它们都能表达成绩的优劣。

（2）成绩的领先性。领先性是一个比较概念，例如一名小学生在学校运动会的运动会上取得第一名，是一个好成绩，而这个好成绩在中学、大学或全省、全国就不一定是好成绩。又例如，刘翔在奥运会上与世界顶尖运动员比赛取得第一名，既在优秀运动员中领先，又在比赛水平最高的运动会上领先，这不仅是好成绩，真可称为伟绩或勋绩了。

（3）成绩的独特性。凡取得别人无法取得的独到的成绩是好成绩。艺术大师徐悲鸿独创的水墨画法画马已成为艺术珍品。“高空王子”阿迪力至今还无人与其争锋，全世界尚无第二人敢于挑战他所创造的几项成绩。

B 效率

效率最早用在机械上，是指有用功与总功的比率。自20世纪初以来，效率开始应用于各种学科乃至政府及其他部门中。所谓工作或劳动生产效率，是指一定条件下做一件事消耗的劳动量与所获得的劳动效果的比率，即投入产出比，反映了资源被转化为产出的效率。投入了多少资源，包括人力，物力、时间、金钱等，从而获得了多少产出，即实际的成品、收入等，都是可以用数字来衡量的。一个工人在与其他工人相同时间、相同工具和相同劳动条件下，生产出更多的优质产品，习惯上可说他“成绩好”，严格讲正确的说法应该是“效率高”。反过来说，一个工人生产出与其他工人一样多的合格产品，却少用了时间、能源、原料，同样也是生产效率高。因此，生产力水平从根本上说是生产效率水平。

C 绩效

案例9-5 北宋时期的创效大师——北宋祥符年间，开封皇宫发生大火，被烧成一堆废墟。皇帝要求尽快建造新的皇宫。主管建造新皇宫的官员丁谓面临诸多难题：时间紧迫、工程艰巨，既要运送大批木料、石料砖瓦、沙土等建筑材料到皇宫，皇宫建成后又要运出大量建筑垃圾，主要是碎砖瓦和渣土。由于陆路运输要经过城门去城内街道，道路不畅，运输费力又不方便。丁谓思考良久，又征询了建筑官员和工匠的意见，拟出巧妙的施工方案。先从城外通过城内街道，开凿一条直达皇宫的运河，与城外大河相连，创造了一条方便快捷又省工省力的运输线，大批沉重巨大的建筑材料源源不断从水路运入皇宫，效率大大提高。开凿运河挖出的土，就近运入皇宫被用来做地基和宫殿台基，皇宫建成后的大量建筑垃圾直接填入河中，河道恢复成街道，这样就节约了大量的劳力，节约了时间，又不会因取土和堆放垃圾而破坏环境。在很短的时间，一座新的皇宫就造好了。

（1）既要“绩”也要“效”。丁谓发挥了系统思考法的效能，皇宫完满建成是丁谓创效的成果，丁谓可谓创效大师。

管理大师彼得·德鲁克说：“所谓效率，可以说是‘把事情做得对’（to do things right）的能力，而不是‘做对的事情’（to got the right things done）的能力。”而“做对的事情”的能力便是成绩，绩效就是既要做对的事情又要把事情做对。

（2）与目标一致的行为才是绩效——绩效实际上是被视为工作的属性而加以定义的。成绩指的是工作成绩，同样，效率明确就是工作效率。而工作则一定有目标，管理学认为目标是员工应该在工作中努力实现的结果，是行动的目的和宗旨。目标指明了在一项活动完成之后应取得什么样的结果，也就是说，要达到的标准或预期的结果，重点在产出上。因此，与目标一致的行为才是绩效，要想创造新的绩效就应该盯住目标不放。

（3）绩效意识是职业素质的第一内容。把绩效意识定义为现代职业人职业素质的第一内容，相信大家都是赞同的。但是，你有没有绩效意识？你有没有认识到绩效的重要性？

你有没有在工作中和学习中有意识地采取一些方法来提高你的绩效？

9.2.1.2 体验高绩效的快乐

A 高绩效生存是一种快乐

有人误以为高绩效工作和学习会紧张、很累或很苦。其实不然，高绩效生存是快乐的。

案例 9-6 工作并快乐着——我毕业后来到一家公司，工作紧张而充实。领导我的是一个比我大不了多少的研究生，他的工作效率极高，每一项业务都处理得很漂亮，却从不加班，可也很少能瞧见他工作时与同事谈笑，手中总是做完一件事又忙另一件事。

刚一开始，我挺不适应。工作间隙我一拿起报纸想翻翻体育新闻，总觉得有谁在盯着我，第六感觉让我立刻放下，投入工作。最初的三个月真是苦不堪言，就连感冒发烧我都不请假，领导看见我一副病态仍坚持工作的样子，提醒我注意身体，还不时鼓励我，告诉我有能力工作得更好。那一刻我感动得不得了，发誓要重塑自我。这一干就是5年，我的业务水平大有长进，也喜欢上了这种快节奏、高绩效的工作方式。为了挑战自我，我向领导递了辞职信，他笑着握住我的手说祝我好运。

高绩效的上司并不一定可怕，也并非不近人情，只是他们对待工作的态度和方法与常人不同，在他们看来，工作就是最大的快乐。

很多视工作为生命，做事迅速，效率极高，业绩卓著的人，对他们自身来说，高绩效的工作何尝不是一种快乐呢？

B 从表现看绩效

（1）一个追求绩效，不断创造新绩效的人的表现

1）时刻都有紧迫感和进取心，从不放松对自己更高的要求。

2）相信“不快进则退”，不断鞭策自己参与到更高层次更激烈的竞争中去，或者参与到更高层次更新的事业中去。

3）遵循“三思而后行”，在没有充分考虑和周密计划之前绝对不会莽撞行事。

4）服从并执行计划、规定而并不盲从，有自己的个人行事计划和标准。

5）行动之前自己对自己签订具体的并有激励作用的绩效契约，包括应该进行的工作、应取得的成果及为取得成果所必需的素质和能力，以及绩效评估标准。

6）不断改进工作方法，使完成同一件工作的时间尽量缩短。

7）想方设法在同样的时间内争取有最大的收获。

8）善于立体式操作，即在做一项工作的同时可以交叉或并行另外的工作，能够“一心二用”“一心多用”。

9）工作轻松愉快，很少有为工作而“焦头烂额”的时候。

10）经常回顾和总结经验教训，有足够的时间用来思考。

（2）一个欠缺绩效意识，对绩效无追求的人的表现：

1）信奉“平平淡淡才是真”“工作不出错，神仙怪不得”，做好分内工作便万事大吉，对提高绩效，参与竞争缺乏热情。

2）信奉“车到山前必有路”，认为想得再多也只能是空想，喜欢事到临头才处理，从行动中发现错误再纠正不迟。

3）认为工作就是服从，服从上司的安排，有上司带路自己干活就行了。

4）迫于无奈才同上司签订一个形式化的绩效契约。

5）尽快完成工作只会给自己带来更多的工作，达到基本合格就行。

6）总是在下班时安慰自己：不要紧，反正明天还可以继续做。

7）每天总有太多的时间在等待，等待别人交给自己任务或是等待工作自动消失。

8）经常抱怨工作太累，要么无所事事眼里没工作，要么忙得焦头烂额团团转。

9）每天忙于应付工作中的各种琐事，思考对他来说是一种奢侈的习惯，极少思考如何改进工作提高效率。

以上列举了追求绩效和没有绩效意识两种人的表现，对深入理解绩效是有帮助的，同时也是检验自己属于哪一种人的参照标准。

9.2.1.3 高绩效带来自我满足：追求个人价值的最大化

对于个人来说，必须认识：绩效不是为考核设立的，不是对付人的鞭子，也不是单纯为了回报。从个人角度而言，创效是为了实现个人价值的最大化，满足自我实现这一最高层次的需要。由此看来，我们必须从根本上认识到工作的价值所在。工作可以满足生存的需求；有工作便有寄托，生活安定，产生安全感；工作可以保持人际接触，满足个人隶属的要求；有工作就不必依赖别人，满足个人自尊心，尤其是有意义声望高的工作；工作亦可满足成就的需要，借助工作可获得自我价值。所以，工作对于人意义重大。工作不仅仅是为了一份工资，更重要的是自我价值的实现，只有在创效中努力追求高效率的工作状态，追求好成绩的工作方法，追求高绩效的工作业绩，才能真正在工作中体验自身成长的快乐。

9.2.2 创新创业的创效之道

绩效是一个可以根据一定的途径和方法增加或减少的变量，它的这些变化可以通过外部刺激和内部意识的作用得以实现。人类的思维和操作已经有了很大的发展和进步，但任何有关行为科学的手段都难以预测，在人的思维和操作方面究竟还有多少潜能可以挖掘，还有多少绩效可以提高，主要有12种创效之道可供借鉴。

9.2.2.1 创效的直接手段：模仿

一个人从生下来到独立生活，离不开模仿，就连那一生难以遗忘和改掉的乡音，都是模仿的产物。模仿分为两类：一是有意识模仿。当一个人看见一个和自己一起学习或工作的人比自己绩效高，用有意识模仿自觉地向那人学习、看齐，努力使自己赶上或超过他。一是本能性模仿。在人群中安排一部分绩效高的人穿插于人群之中，本能性模仿会使大家提高绩效。模仿能力是一种重要的能力，高绩效的人大多数都是模仿能力极强的人。通过模仿，他获得了其他人具有的知识和技能，并在这个基础上构建了自己的创效结构，取得了创效佳绩。善于模仿的人并不是随意地模仿，也不只停留在本能性模仿上，而是集中精力去模仿那些符合他追求的事情和人物。这种模仿会使我们变得更加积极主动和勤奋进取，绩效会更高。

为了充分发挥模仿这一创效的直接手段的作用，常采三种方法：一为员工和学生的模仿提供高绩效的典范，二是对高绩效行为予以宣传和表彰，三是将模仿广泛运用于工作和学习的各个流程。

9.2.2.2 创效的有效途径：竞争

人类在生存斗争中得以进化的要素之一就是与同等对手之间普遍存在的无休止的竞争。当前，世界范围内的经济竞争十分激烈，这场看似残酷的竞争推动了世界经济的发展，人类自身也在竞争中进步。没有竞争，人类就不可能获得发展。我们需要竞争来刺激我们实现自己的最高目标。与我们能力大致相当的人竞争，其效果远不如与理想中的前进方向和努力目标竞争。竞争不仅发生在个体与个体和群体与群体之间，就一个人或一个群体来说，现在的绩效和以前的记录也存在一定程度的竞争，虽然这种竞争没有不同个体、群体之间的竞争那样激烈和令人瞩目，同样能够创效。

竞争对于创效的作用，最重要的是“做得更好”的欲望能提高绩效。

9.2.2.3 创效的根本前提：忠诚

忠诚在这里的同义词或近似的表达常常是信任、同心同德、同舟共济、爱国爱校爱企业、奉献、凝聚力、团结、“心往一块想，劲往一处使”“身土不二”等。

案例 9-7 工人的忠诚——由于意外事故，一家大型承建商，不能按期完成一项价值百万美元的城市地下隧道的修建合同，面临罚款。虽然承建者竭尽全力努力完成这项合同，但他仍然没有成功。因为对工程知之不多的普通老百姓，害怕这项在松软地层进行的工程对自己不安全，政府当局也就势拒绝延长期限，并想通过取消合同，收回罚金，然后再把工程转租出去获得利润。困境下的承建商把工长以上人员叫到一起，向他们讲了情况，最后说:“把实际情况告诉工人”。他的很多工人已经在公司跟着他完成了一个又一个工程，他们曾在就业困难时找到他谋求到一份工作，他们把对工作的热爱和对公司的深深依恋回报给他。这位承建商十分体贴工人，在施工条件艰苦和危险时会给工人多于他们要求的工资。工人们行动起来结成同盟对他进行援助，向行会和上级工会上诉，与政府机构交涉。工人的忠诚也影响了社会公正人士，他们指出政府在勘探及绘制隧道路线方向的失误应对工程失败承担一定责任。承担一定的赔偿而不是解除合同，应该给承建者额外的三个月时间使工程竣工。市长屈服了，延期得到批准。工人们主动放弃加班费和劳动保护，一天工作 12 小时，工人不遗余力地工作，在 3 个月宽限期满之前，这条地下隧道完满竣工。

忠诚在这里，就像它在赢得战争和创建企业的过程中一样效果显著，它可以大大提高工作效率，从整体上大幅度提高一个部门和企业的绩效。忠诚能创效是依据这样几点：一是越是危急关头忠诚越起作用；二是只有领导者和企业家忠诚，才能使员工产生忠诚感；三是领导者和企业家与员工建立的亲和关系以及领导者和企业家的个性魅力，创造出有效的忠诚感；四是上级与下属之间的认同感和合作态度对于建立高度的忠诚感有重要作用。在培养忠诚感方面，可以通过学习公司或部门的历史，把公司部门的传统、奋斗目标和相关背景提供给员工等方法培养忠诚感。

9.2.2.4 创效的有力保证：专注

专注是一种通过加强注意力的精神活动来实现的精神状态。专注是人类意志力的强大力量。成功人士取得骄人的成就与专注密不可分。“在一个时刻只能做一件事情，这件事是最重要的，这个时刻是处理这件事情最好的时刻。”这样一句话也许是对专注最好的说明。许多人都在抱怨疲惫，并不是他们为创效付出的太多，而是因为他们要抗拒外界干扰以求专注的工作消耗了巨大精力。还有些人绩效不高，并不是因为不勤奋，而是他们缺乏把精力完全放到手头该做的事情上的能力，这也可能就是一些学生学习成绩不好的主要原因。

防止精力分散以保持专注的方法很多。首先，降低干扰注意力的噪音、光线、人员运动等；其次，合理安排工作是防止精力分散的理想方法；第三，保持身心健康和精力充沛，身体的疲累影响注意力；第四，为员工提供良好的工作和生活环境；第五，提高工作学习兴趣有利于保持专注；最后，加强专注的心理训练，提高抗干扰能力和专注工作学习的兴奋度。

9.2.2.5 创效的催化剂：工资

每一个人为了获得报酬而工作，这是一种生存的手段。只有生存的本能满足后，其他需求才能被提及。人对生存必需品的需求是不断增长的，而更重要的是一个人要通过工资体现出他的社会价值，并通过存钱满足自己的储藏本能。正因为工资是用来唤醒一个从业者体内的生存本能、社会价值和储藏本能最常见的手段。所以，工资被看作是创效最主要的手段。

在运用工资创效这一点上，怎样支付工资比支付多少更重要，这是一个必须记住并执行的原则。

案例 9-8 能激发绩效的工资制度——一家包装公司的经理，发现做一件工作，最优秀员工的产出至少是最平庸员工的两倍，于是他决定把每个员工的工资分成三个组成部分：

第一部分是根据员工所做的工作而定，工作性质相同的员工工资相同。

第二部分是效益工资，每年根据企业收益情况适度调整。

第三部分为浮动工资，根据每个员工当月的绩效而定，绩效不同所得报酬就不一样。

结果公司中表现平庸因而绩效不佳的员工就得不到第三部分工资或者很少第三部分工资，而绩效好的员工所得的第三部分工资几乎等于第一、二部分之和。

这位深谙工资创效原理的经理说得明白，工资中的第三部分不是加薪，应该叫绩效工资，它将依据员工前一阶段的绩效不断调整，而加薪只有在职位和资历变化时才会有。绩效工资可随时调整，员工绩效不佳时，工资随之下降。这项工资制度一经推出，便在公司内部引起强烈反响，当员工们看到绩效出色能够获得奖励时，突然发现了自己的价值，工作热情空前高涨，企业效益成倍数增长。

9.2.2.6 创效的润滑剂：快乐

快乐可以提高绩效。快乐在这里包括舒适的环境、比赛的胜利、工作取得满意进展、把工作当作“享受”、心情舒畅等，并不局限于高兴、愉快和欢乐。

案例 9-9 愉悦的心情可以提高工作效率——一家服装厂有上百名缝纫女工，一到六至八月的炎热季节，就会出现生产的“夏季下滑”，而她们生产的服装又是夏季的紧俏货，虽然实行多项监督、表扬、奖励措施，也只有不超过十来个精力特别旺盛的女工产量有所上升，大多数人收效甚微。怎样解决绩效随所气温上升而下降的问题呢？第二天，经理把自己办公室的电扇搬到了一排机器的最前面，一天下来，靠近风扇的 6 名女工绩效都比前一天高，明显超过其他女工。一周后，厂房安装了一排排吊扇和一部大功率送风机，生产绩效眼看着一路攀升到最高平均水平，不只产量比前几个夏天提高了20%，次品率也明显下降。第一天提高绩效的 6 名女工中的一名说：“那天我感觉特别舒服，凉爽的工作环境可让你忘记其他女孩，忘记休息，忘记杂事，只想着正在缝的缝口，感到今天实在是个好日子，也不像往常那样总感到累。”

快乐还可以促进所有对机体有利的身体活动，他可以忘我工作而不累。享受工作的人需要消遣和锻炼的时间也比较少，因为他的“享受”已经给能量“电池”充了“电”。

很多人认为只要他们胜任工作，有专业技术或能力，他们就会很愉快。事实却并非如此。我们可能精通烹饪，但并不想当一名厨师；我们可能长于打字，但不想当一名秘书；我们可能熟练驾驶，但不想当一名出租汽车司机。所以，能满足一个人动机需求的工作才会带来快乐的工作。

“在工作中创造快乐，在快乐中享受工作”是一种创效的新理念。

9.2.2.7 创效的能量转化：敬业

敬业的人对自己的职业有敬畏之心、挚爱之情、精熟之能、勤勉之行和忘我之境。敬业核心含义是对职业和事业的敬重和热爱。

在任何一个部门或任何一种职业，获得最优绩效的人必定是把他的热忱建立在对本职工作的热爱上，这样的人必定有敬业精神。然而，敬业精神是经过怎样的能量转化为创效的呢？这是敬业能够创效的关键。

（1）必须全面认识敬业精神，切不可将敬业精神空泛化，这正是我们把“精熟之能”和“勤勉之行”作为敬业的必备要素纳入敬业精神的道理所在。过去常讲“爱岗敬业”，这个提法本身是不够合理和准确的，出现了概念重叠的毛病，因为敬业中本身就包含了爱岗。试想一个不热爱本职工作岗位的人能是一个敬业的人吗？而将能力和行为的“精熟之能”和“勤勉之行”纳入敬业，使敬业通过提高能力和规范行为，成为具有操作价值的职业品质，敬业便可从能力和行为的能量转化为创效。

（2）培养以热爱为基本特征的敬业品质，就应让他因此承担某些责任，要有个人的主动性，要感到他是在创造某些事物并且要在工作中实现自我价值、展示和表现自我。富有独立性和创造性，就培养一个人热爱工作来说，是绝不可少的。

（3）培养对工作的热爱的条件和因素是社会声望和声誉。从本质上讲，人是社会性的，都希望得到社会、大众和同事的肯定。往往社会认定什么，我们就追求什么。例如大学生是学龄青年所认可的，有较高的社会声望，虽然大学生活相对比较清苦，学习压力很大，就业形势也并不乐观，但无数青年仍以自己是一个大学生而自豪，热爱大学生这一光荣称号。

（4）培养对工作的热爱从而具有敬业精神，要使工作本身有某种重要性和有用性而对个人有吸引力。例如要培养一名医生具有敬业精神，必须从认识上明确医生的重要性和有用性，还应在工作中不断感受自己的职业是不可缺少的。

综上所述，敬业通过出色的能力和行为、富有独立性和创造性以及获得职业声誉、工作本身的重要性对从业者的吸引力，可以转化为创效。

9.2.2.8 创效的身心需要：放松

以高绩效出名的人几乎总是显得不慌不忙，他们每天花不了几个小时处理日常事务，但却保持清醒的头脑和放松的心态。他们总是沉着镇静，从不慌乱，但随时准备尽最大的努力处理新的问题。高绩效人有时间去做与他们的事业完全无关的事情，从中得到快乐和放松。

案例 9-10 不要白白浪费精力——约瑟夫·莱昂斯是一位以办事效率高出名的著名英国社会活动家，当人们请莱昂斯解释他怎样做到事务缠身却游刃有余时，他回答道:"把生活和事业安排得井井有条；锻炼自己保持冷静；做该做的事，花该花的精力；避免一切无用功。这样一来，当我完成一天的工作后，我会觉得几乎跟刚开始一样充满活力。"

如果人总是感到身体处于过度紧张和兴奋状态，会让思维也养成过度紧张和兴奋的习惯。放松是创效生理上的需要，若试图取消身体活动的一张一弛的休息周期，我们只会因始终保持紧张而精疲力竭，而绩效却不会相应提高。要学会少花力气多办事，掌握一些行之有效的放松练习，享受工作中的短暂休息和双休日及节日的休息。

9.2.2.9 创效的动力之源：兴趣

大学生或新员工在接受一项新课程或新工作的初期，进步常令人惊讶，绩效也直线上升。但有经验的教师或管理者不会被新手的表现所蒙蔽，他们能接受并理解最初的快速进步，却不认为这种绩效会长期保持下去。这是因为对新鲜事物的兴趣如果不能保持的话，对学习或工作的新鲜感的丧失很快使人随之丧失兴趣导致绩效下降。

因此，对想提高自己的绩效或促进他人提高绩效的人来说，就要从以下 4 个方面入手去提高绩效。

(1) 自己应努力保持对工作和学习的兴趣，不断地提出新问题和寻找新思路，以激起自己的兴趣。还应从工作和学习上寻找让自己感兴趣的和引起自己兴奋的事物。

(2) 改变对已取得的成绩和进步的看法，认识到这些进步和成绩并不很难取得，以后的才是真正比较难取得的成绩和进步，使自己保持一种迎击一个个新的挑战的心态,，并以此为最大的乐趣。

(3) 当自己经过一段时间的进步后总会伴随着一个停滞期，必须有一个主动去进入的"消化期"去学习消化和掌握新知识、新技能，以越过几乎不可避免的"高原期"。

(4) 努力提高注意水平。需要付出努力的工作总是容易有起伏的，意志坚强的人可以让注意下降的时间相对短一些。没有坚强意志的人，不可能有高绩效。

9.2.2.10 创效的实践保障：经验

经验是由实践得来的知识或技能，能够把一个人充实起来，既可在当前帮助他创造绩效与他人竞争或生存，又可帮助他充分理解自己和自己的工作，使他可以随时适应新的关系，这样的经验才是最有价值的经验。它强调形成必要的习惯，同时也不忽视培养判断力。这样的经验需有深度与广度、正式的与非正式的、实践的与理论的、理性的与感性的。只有这样的经验才能适合社会的需要，才能创造新的绩效。

经验有以下 4 种：

(1) 偶然经验。一种靠无指导的尝试偶然获得的经验，实用而有效，但却不经济；

(2) 学徒经验。用一段较长时间的跟随观察、实习式的学习而获得的实践性经验，具有熟练性和可靠性，但随着时代的发展，显得单一和浅显；

(3) 先理论后实践经验。主要是学生在学校学习而具备的经验，虽然比较全面深入，但与实际工作脱节；

(4) 先实践后理论再实践经验。对创效来说是最好的经验，这种从理论解释补充实践经验是一种现代趋势，已经有越来越多的企业采用这种方法。

经验是创效的实践保证，因为创造新的绩效是在实践中实现的，在创效实践中发现问题，察觉到不足，正是问题和不足妨碍了更高绩效的获得，再通过理论解释问题和不足，从理论中寻找获得更高绩效的指导，用于创效实践，这样最终获得的经验是创效的实践保证。

9.2.2.11　创效的智慧积累：判断

从经验进一步引申出来的问题是，什么样的经验才是最有价值的？怎样才能获得和利用这些最有价值的经验？两个同样有着丰富经验的管理者，他们甚至在同一个办公室面对面的办公；两个同样有教学经验的教师在上着同一门课，为什么其中一位几年后绩效卓著，在职务、职称，更主要的是成就上超过另一位？有人从努力程度、工作方法，甚至用运气来解释，其实这都不是最主要的，关键在于进步快的那人具有改变未来行动的经验，这就是判断。

判断分为实用判断、思考判断和经验判断。

（1）实用判断。指有意识地回忆起过去某个具体的经验，并借助这个有意识回忆起来的事件来决定某个行动。

（2）思考判断。基于来源于许多先前经验中的普遍性、抽象概念或原则而形成的判断。思考判断在创效方面能起到的显著作用。

（3）经验判断。指一旦做出一个判断，就可以一次又一次地加以利用，运用这些预先形成的判断的过程就是经验判断，又称直觉判断。经验判断是更高级的，建立在实用判断和思考判断基础上的判断。

重视判断在创效上的重要作用，运用判断创效，是每一个想获得高绩效的人要掌握的一种智慧积累，特别是领导者和管理者。对每一个创业者来说，也是至关重要的。

9.2.2.12　创效的经验资本：习惯

习惯是自动化了的思考和行为方式。可分为个人习惯、社会习惯和职业习惯。已经转化为个人资本的经验是在大量有用的习惯中积累起来的，良好的职业习惯十分有利于创效：

（1）习惯能缩短思考或行动所需的时间；

（2）习惯能提高行为和思考的精确性；

（3）习惯能减轻对无关紧要的细节的关注；

（4）习惯能减少精力消耗和减轻疲惫感；

（5）习惯可以减轻精神压力简化办事的过程；

（6）习惯能使经验和能力持久的保存。

9.3　大学生创业体验的技巧训练：学会绘制创业商业模式画布

9.3.1　商业模式画布的基本概念

商业模式画布是一种简洁、快速的判定创业可行性的工具。它制作迅速、内容紧凑、携带方便。创业者可以将商业模式画在一页纸上便于与他人分享、讨论，以随时修改和完善。

通过绘制商业画布，有助于创业者运用商业模式思维迅速形成一套完整的创业项目构想，将商业模式中的元素标准化，更容易满足用户的需求，并强调元素间的相互作用。

商业模式画布可以帮助创业者对创业项目的可行性进行预测分析，催生创意、降低猜测、确保他们找对了目标用户。商业模式画布适用于新产品开放、老产品重新设计等。

9.3.2 商业模式画布的构造模块

商业模式画布图由 9 个既相互独立、又相互联系的构造模块组成，用来描绘创业者的创业商业模式，如图 9-1 所示。每一个格子都代表着多种可能性和替代方案，创业者所要做的就是找到最佳的那一个。由于每个创业者的基础不同，所关注的视角也不同，因而向各个模块中添加的具体内容也不尽相同，于是就有了不同的商业模式。

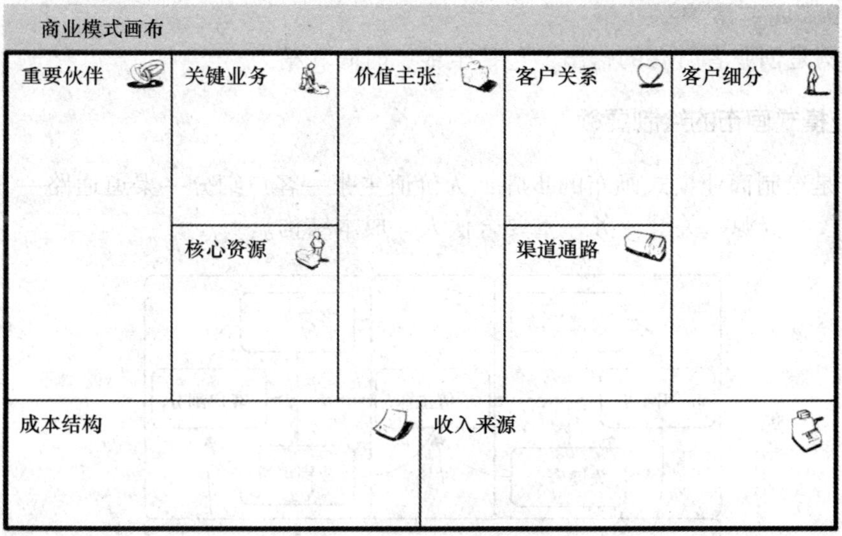

图 9-1 商业模式画布模版

9.3.2.1 价值主张

创业者打算提供怎样的产品或服务。理解如何为客户带来价值服务非常重要，这是描述商业模式的基础。创业者应该问自己这样两个问题："我完成创业工作会给客户带来什么好处？我给客户解决什么问题？"

9.3.2.2 客户细分

创业者要准确找出你的目标用户。谁是创业组织的真正客户？客户细分回答"为谁提供""谁是真正的客户"等问题。

9.3.2.3 渠道通路

创业者如何向客户宣传自己的创业组织，或交付产品和服务？客户怎样才能知道你能帮助他们？怎样才能决定是否购买你的产品和服务？怎样保证客户满意的售后服务？

9.3.2.4 客户关系

创业者想同目标用户建立怎样的关系，怎样和对方打交道。与客户的关系是可持续性的还是一次性的？关注的目标是扩大客户数量还是满足现有客户的需求？

9.3.2.5 收益来源

创业者从每个客户群体获取的现金收入（注：需要扣除成本）。可以表现为使用收费、订阅收费、租赁收入等。

9.3.2.6 核心资源

创业组织的核心资源是资金、技术和人才。具体表现为实体资产、金融资产、知识资产、人力资源。

9.3.2.7 关键业务

创业组织必须要做的催生价值的核心活动，主要表现为业务流程。

9.3.2.8 重要合伙人

重要合伙人是那些支持你的创业、帮助你顺利完成任务的人。包括职业圈内的成员、同事和导师、家人朋友及专业顾问。

9.3.2.9 成本结构

成本结构是创业者所有的付出，包括金钱、时间和精力。

9.3.3 商业模式画布的绘制要领

图 9-2 是绘制商业模式画布的步骤，为价值主张—客户细分—渠道通路—客户关系—收益来源—核心资源—关键业务—重要合伙人—成本结构。

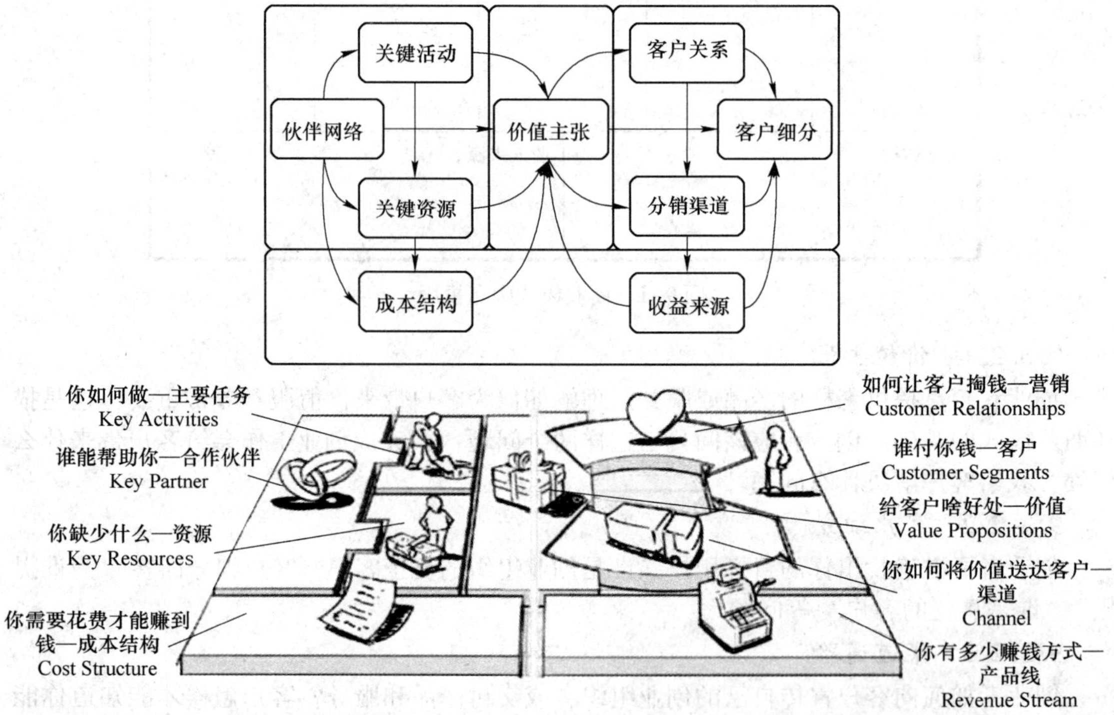

图 9-2 绘制商业模式画布的步骤

本章小结

创业不是盲目的冲动，而是应该在了解大学生创业特征和创业环境因素的前提下，对大学生创业实践需求有所了解而做出的理智决策。

创新致用，指创新不是一个漫无目的的，创新要面向应用，面向目标，对实现目标有所帮助。创新成果要转化成现实的生产力，才能真正对社会有所贡献。

创业的真谛是创新，创新的真谛是创效。“效”就是效率、效益、效能、效果，在创新的工程中，通过对 12 种创效之道的学习、实践、反思、再学习，结合实施提高绩效的有效方法，达到提高效率、增加效益、显示效能、突出效果的目的，最终实现创新。

延续思考

9-1　针对大学生创业实践的环境特征，结合你所处环境想到了什么？

9-2　结合你的学习、工作和生活，分析一下你的绩效水平如何？你将如何改进不足之处？

9-3　如何快速模拟绘制商业画布？

参考文献

[1] 傅世侠，罗玲玲．科学创新方法论—关于科学创造与创造力研究的方法论探讨［M］．北京：中国经济出版社，2000.
[2] 张掌然，张大松．思维训练［M］．武汉：华中理工大学出版社，2000.
[3] 罗伯·史登堡，特德·鲁巴特．不同凡响的创造力［M］．洪兰，译．北京：中国城市出版社，2000.
[4] 陈国明，金亚敏．创新潜能自测与咨询［M］．杭州：浙江人民教育出版社，2000.
[5] 张武升．教育创新论［M］．上海：上海教育出版社，2000.
[6] 罗庆生，韩宝玲．大学生创造学—理论学习篇［M］．北京：中国建材工业出版社，2001.
[7] 罗庆生，韩宝玲．大学生创造学—技法篇［M］．北京：中国建材工业出版社，2001.
[8] 罗庆生，韩宝玲．大学生创造学—能力提高篇［M］．北京：中国建材工业出版社，2001.
[9] 夏昌祥．现代企业管理［M］．重庆：重庆大学出版社，2002.
[10] 夏昌祥．创新感悟［M］．北京：当代中国出版社，2002.
[11] 彭行荣．创业教育［M］．北京：中国科学技术出版社，2003.
[12] 栾玉广．科技创新的艺术［M］．北京：科学出版社，2003.
[13] 李文义，曹云升．创新理论与创新思维训练教程［M］．北京：中国财政经济出版社，2004.
[14] 余伟．创新能力培养与应用教程［M］．北京：航空工业出版社，2004.
[15] 夏晓．思维训练教程［M］．北京：机械工业出版社，2004.
[16] 刘永中．创新意识给你的思维插上翅膀［M］．广州：广东经济出版社，2004.
[17] 夏昌祥．高等职业教育研究与实践［M］．北京：高等教育出版社，2004.
[18] 赵明华．创意学教程［M］．西安：西北工业大学出版社，2004.
[19] 罗天虎．创业教程［M］．西安：西北工业大学出版社，2004.
[20] 李时椿，常建坤，杨怡．大学生创业与高等院校创业教育［M］．北京：国防工业出版社，2004.
[21] 沃尔特·D·斯科特．效率—提高工作绩效的12种途径［M］．孙宏志，译．北京：中国发展出版社，2004.
[22] 刘太刚．高等职业教育探索、创新、实践［M］．长沙：湖南人民出版社，2004.
[23] 黄弈华．解放亚洲学生的创造力［M］．北京：中国轻工业出版社，2005.
[24] 杨雁斌．创新思维法［M］．上海：华东理工大学出版社，2005.
[25] 夏昌祥，鲁克成．点燃创新之火—创造力开发读本［M］．北京：科学出版社，2005.
[26] 陶学忠．创造创新能力训练［M］．北京：中国经济出版社，2005.
[27] 夏昌祥．现代企业管理［M］．2版．重庆：重庆大学出版社，2006.
[28] 罗玲玲．大学生创造力开发［M］．北京：科学出版社，2007.
[29] 李海燕．高等院校就业创业读本［M］．天津：天津科学技术出版社，2007.
[30] 陈放，武力．创意学［M］．北京：金城出版社，2007.
[31] 张开逊．回望人类发明之路［M］．北京：北京出版社，2007.
[32] 夏昌祥．人文素质教育探索与实务［M］．上海：上海交通大学出版社，2007.
[33] 赵敏，胡钰．创新的方法［M］．北京：当代中国出版社，2008.
[34] 夏昌祥．实用创新思维［M］．北京：高等教育出版社，2008.
[35] 赵敏，史晓凌，段海波．TRIZ入门及实践［M］．北京：科学出版社，2009.
[36] 李建军．创造发明学导引［M］．中国人民大学出版社，2009.
[37] 赵延忱．民富论：创业原理与过程［M］．北京：中央编译出版社，2009.
[38] 夏昌祥．双定生高技能人才培养模式的创新探索［M］．昆明：云南大学出版社，2009.
[39] 曾国平．让思维再创新［M］．重庆：重庆大学出版社，2009.

[40] 夏昌祥，杨丽敏．双定生模式的研究与实践［M］. 成都：四川大学出版社，2010.
[41] 许湘岳，邓峰．创新创业教程［M］. 北京：人民出版社，2011.
[42] 李家华．创业有道-大学生创业指导［M］. 北京：高等教育出版社，2011.
[43] 李岩．创新与创业［M］. 青岛：青岛出版社，2012.
[44] 刘训涛，曹贺，陈国晶．TRIZ 理论及应用［M］. 北京：北京大学出版社，2011.
[45] 夏昌祥，罗玲玲．快乐的大学生发明家［M］. 北京：中国知识产权出版社，2011.
[46] 黄达人．大学的观念与实践［M］. 北京：商务印书馆，2012.
[47] 陈高生，孙国辉．高校创业教育［M］. 北京：经济日报出版社，2012.
[48] 夏昌祥．湿法炼锌［M］. 北京：冶金工业出版社，2012.
[49] 陈润，雷军．让创业回归简单［M］. 合肥：安徽人民出版社，2013.
[50] 罗玲玲．播撒创意的种子—小学生创造了开发［M］. 北京：首都经贸大学出版社，2013.
[51] 张开逊．人类文明的源与流［M］. 广州：南方日报出版社，2013.
[52] 夏洪胜．创业与企业家精神［M］. 北京：经济管理出版社，2014.
[53] 王晓进．大学生创新理论与实践［M］. 北京：科学出版社，2014.
[54] 杨乐克．大学生创新创业教程［M］. 北京：中国时代经济出版社，2014.
[55] 张立艳．创业实训［M］. 天津：天津科技翻译出版有限公司，2015.
[56] 陈永奎．大学生创新创业基础教程［M］. 北京：经济管理出版社，2015.
[57] 李伟，张世辉．创新创业教程［M］. 北京：清华大学出版社，2015.
[58] 陈奎庆，丁恒龙．大学生创新创业教程［M］. 北京：科学出版社，2016.
[59] 赵延忱．创业其实很简单-创业原理与案例［M］. 北京：中国人民大学出版社，2016.
[60] 刘海春，谢秀兰，娄会东，等．中外创新创业教育理论与实践［M］. 广州：广东高等教育出版社，2016
[61] 周苏．创新思维与科技创新［M］. 北京：机械工业出版社，2016.
[62] 史蒂夫·布兰克．创业成功范式［M］. 王明伟，等译．北京：机械工业出版社，2016.
[63] 张彦春．创业原理与案例解析［M］. 北京：中国广播影视出版社，2016.
[64] 鸿雁．九型人格［M］. 长春：吉林文史出版社，2017.

后　记

适用于本科和专科科创新创业基础教育的高等学校“十三五”规划教材《大学生创新创业概论》，在以昆明冶金高等专科学校夏昌祥为“创新创业系列教材”编委会主任、天津财经大学杨晓梅为第一副主任和本教材第一主编、天津职业技术师范大学鲁克成为本教材主审及“创新创业系列教材”编委会多位同仁两年多的共同努力下，终于与读者见面了。

本教材是参与编写的高校教师深入贯彻党中央、国务院和习近平总书记、李克强总理关于大力推进创新创业一系列精神、回应2017年4月27日第71届联合国大会通过的第284号决议将每年4月21日确定为“世界创意和创新日”和推动全国高校创新创业教育广泛开展的学习研究体会、重要科研成果和一份教学研究献礼。

本教材共设计9章，前7章主要阐述创新基础，后2章主要阐述创业基础。没有创新就没有创业，创新是创业的基础，创业是创新的体现。本教材编写的出发点和落脚点就是在增强大学生创新精神和创业意识的基础上，尽快增强大学生的创新创业能力；本教材编写的主要特色和特点就是及时帮助创新创业初学者分别打牢创新基础和创业基础、帮助创新创业初学者尽快牢固确立先创新、再创意、最后创业和创新创业融为一体、共生共荣的创新创业思路；本教材编写的关键环节和重中之重就是通过学习、实习、体验、实践尽快培养大学生的创新思维。

本教材由天津财经大学杨晓梅、成都航空职业技术学院张蕴启、湖南商贸职业技术学院徐艺和昆明冶金高等专科学校夏昌祥担任主编，天津职业技术师范大学鲁克成担任主审。并由杨晓梅和夏昌祥两位主编共同负责全书的整体结构设计和内容编写构思并最终修改定稿，各章二维码思维导图及课件均由本教材副主编、以高科技和趣味性课堂教学闻名川大内外的四川大学“十佳青年教师”和“五粮液青年教师优秀教学奖”获得者化工学院周加贝博士负责设计完成。

本教材的具体编写分工为：第1章由张蕴启、李春明、周加贝、李明富、聂文俊、林训超、林祎、王磊和马健编写；第2章由徐艺、丁钢、吾甫尔·艾买提江、夏仡、张海彬、程媛媛、李伸荣、杨柳和牟波编写；第3章由李小薇、杨浩、孔卿、李庆芹、李志波、张丽华、刘稳章、旃亚玲和周霞霞编写；第4

章由杨晓梅、张秀芳、何瑛、林磊、方显峰、王火清和安敏杰编写；第5章由刘风明、田玉伟、杨俊雄、李歆、袁媛、王静、赵述彤和勾英编写；第6章由杨晓梅、杨渝、黄琪、李颖、张海涛、高岗强和武晨华编写；第7章由杨永锋、刘健、曹彩霞、杨彬楠、郑晖、赵雪君、李娟和陈勉编写；第8章由夏昌祥、孔维军、张喜春、郭科研、陈向贵、刘伟、赵红军、蔡欣编写；第9章由杨晓梅、周刚、万由祥、孔凡杰、杨增俊、杜蕾、陈家旭和吕清编写。

本教材的主要联系人为夏昌祥（13808731359）和杨晓梅（18630994383）。

由于作者水平所限，书中不妥之处，敬请广大读者批评指正。

编　者

2018年12月